DuMont Schnellkurs

ASTROLOGIE

Matthias Vogt, 1963 in Frankfurt am Main geboren, studierte Geschichte, Kunstgeschichte, Romanistik und Betriebswirtschaftslehre in Frankfurt. Sein besonderes Interesse gilt neben der Philosophie und Astrologie den romanischen Ländern und der Geschichte Europas. Bei DuMont erschienen von ihm »Handbuch der Philosophie« und »Handbuch Allgemeinbildung«.

DuMont Schnellkurs

ASTROLOGIE

Matthias Vogt

DUMONT

Impressum

Umschlagvorderseite von links nach rechts und von oben nach unten:
Der Planet Mars (dpa Frankfurt) – Abenddämmerung in Stonehenge (Corbis) – Astronomische Uhr am Prager Rathaus, 15. Jh. (Dave G. Houser/Corbis) – Tarotkarten aus dem Spiel des Goldenen Dawn (U.S. Games Systems, Inc. Illustrated by Robert Wang) – Nostradamus (Archivio Iconografico, S. A./Corbis)

Umschlagrückseite von links nach rechts und von oben nach unten:
Die Positionen des Tierkreises (Bridgeman Art Library) – Jugendstilkalender mit Tierkreis (Alfons Mucha)

Frontispiz:
Deckenfresken in der Sala del Mappamondo im Palazzo Farnese in Caprarola bei Viterbo (akg-images, Jürgen Sorges)

Seite 6
Druckgraphik aus dem 17. Jahrhundert von Andreas Cellarius mit den Positionen des Tierkreises (Bridgeman Art Library)

Bibliographische Information der Deutschen Bibliothek
Die Deutsche Bibliothek verzeichnet diese Publikation in der Deutschen Nationalbibliographie; detaillierte bibliographische Angaben sind im Internet über http://dnb.ddb.de abrufbar.

Originalausgabe

Druck: Rasch, Bramsche
Buchbinderische Verarbeitung:
Bramscher Buchbinder Betriebe

Printed in Germany ISBN 3-8321-7620-9

Inhalt

POLVS ARCTICVS
CIRCVLVS ARCTICVS
TROPICVS ÆSTIVVS SEV TROPICVS CANCRI
SATVRNVS
IVPITER
SOL
MARS
LVNA
VENVS
OCCIDENS
ORIENS
INDIA
TROPICVS HYBERNVS SIVE TROPICVS CAPRICORNI
CIRCVLVS ANTARCTICVS
POLVS ANTARCTICVS

Mehr als zwei Jahrtausende Astrologie haben zahlreiche Spuren in der Kunst, der Philosophie und der Wissenschaft aller Epochen hinterlassen und selbst dem Alltag vieler Menschen ihren Stempel aufgedrückt. Nicht nur Dschingis Khan richtete sich nach den Vorhersagen seiner Astrologen und beendete 1226 seine Kriege, da Jupiter demnächst an Saturn vorüberziehen sollte und dies als schlechtes Omen galt. Wenn auch amerikanische Präsidenten unserer Zeit nicht so weit gehen wie der Mongolenherrscher oder der nepalesische König, der noch im 20. Jh. einen Hofastrologen beschäftigte, so sollen auch sie sich manchmal von Sternkundigen beraten lassen. Auch wenn dies vielleicht ins Reich der Phantasie gehört, so spielt doch die Astrologie trotz Aufklärung, industrieller Revolution, Relativitätstheorie und Raumfahrt auch im 21. Jh. eine nicht zuletzt ökonomisch wichtige Rolle. Viel Geld wird damit verdient, Schätzungen reichen bis zu einer Viertel Milliarde Euro alleine für Deutschland, die mit Beratungen, Literatur, Seminaren und anderen astrologischen Angeboten jährlich umgesetzt werden.

Was ist dran an dieser Wissenschaft? Oder ist es gar keine Wissenschaft? Ist es Aberglaube? Worauf basiert die Sternenkunde, wer erfand sie, wie funktioniert sie? Die esoterischen Buchhandlungen sind voll mit Büchern selbsternannter Gurus, professioneller Scharlatane und vergessener VIPs, die phantasievolle Geschichten von den Sternen erzählen. Es gibt natürlich auch zahlreiche seriöse Versuche, dem Thema gerecht zu werden. Meistens jedoch aus einer Nähe zu der Materie geschrieben, die eine gesunde Skepsis vermissen lässt oder zu viel an Vorwissen einklagt, das derjenige, der sich erstmals umfassend mit Astrologie beschäftigen möchte, häufig nicht mitbringt. Für diesen Leser, den interessierten, neutralen Laien ist dieses Buch geschrieben und in einer Reihe erschienen, die durch ihre Gestaltung und die reiche Illustrierung das ihre tut, den Zugang zu einem faszinierenden Kapitel der menschlichen Erfahrung leicht zu machen.

Neben dem Wissen um die grundlegenden Techniken ist zur Beurteilung der Astrologie (grch. = Lehre von den Sternen) die Kenntnis ihrer Geschichte unbedingte Voraussetzung. Wo kommt sie her, wie begann alles, welche Wandlungen hat sie durchgemacht, welche Zeiten haben die Astrologie geschätzt, welche verteufelt? Warum gibt es die Trennung zwischen Astrologie und Astronomie und wer nahm sie vor? Welches sind die Personen, die zu ihrer Entwicklung Entschiedenes geleistet haben und woher kommen die Fachtermini, die notwendig sind, um »mitreden« zu können? Ist die Astrologie ein Relikt aus dem Mittelalter? Das alles soll der folgende Überblick zu klären helfen, der einer Periodisierung der Geschichte folgt, wie sie üblich ist, um historische Abläufe zweckmäßig und übersichtlich erfassen zu können. Der Schwerpunkt liegt dabei auf den Entwicklungen, die zu der Astrologie führten, wie sie heute in unserem Kulturkreis verstanden wird. Trotzdem werden auch fremde Kulturen gestreift, wie die ägyptische; die chinesische und indische werden in einem eigenen Kapitel im Anschluss dargestellt. Auch hier hat die Astrologie lange Traditionen, die erstaunliche Parallelen zu der europäischen Entwicklung aufweisen, liegen doch die Wurzeln der Astrologie in allen Völkern in der Betrachtung des Himmels und der Notwendigkeit der Zeitmessung.

Babylonische Anfänge

Laut Duden ist die Astrologie die Lehre, die aus der mathematischen Erfassung der Orte und Bewegungen der Himmelskörper sowie orts- und zeitabhängiger Koordinatenschnittpunkte Schlüsse zur Beurteilung von irdischen Gegebenheiten und deren Entwicklung zieht. Diese Definition behält in verkürzter Form auch ihre Gültigkeit, wenn man die Anfänge der Astrologie betrachtet, allerdings mit der Einschränkung, dass an ihrem Beginn eine mathematisch exakte Erfassung noch nicht möglich war.

Nicht immer wurde dieser Zusammenhang zwischen Himmelserscheinungen und Ereignissen auf

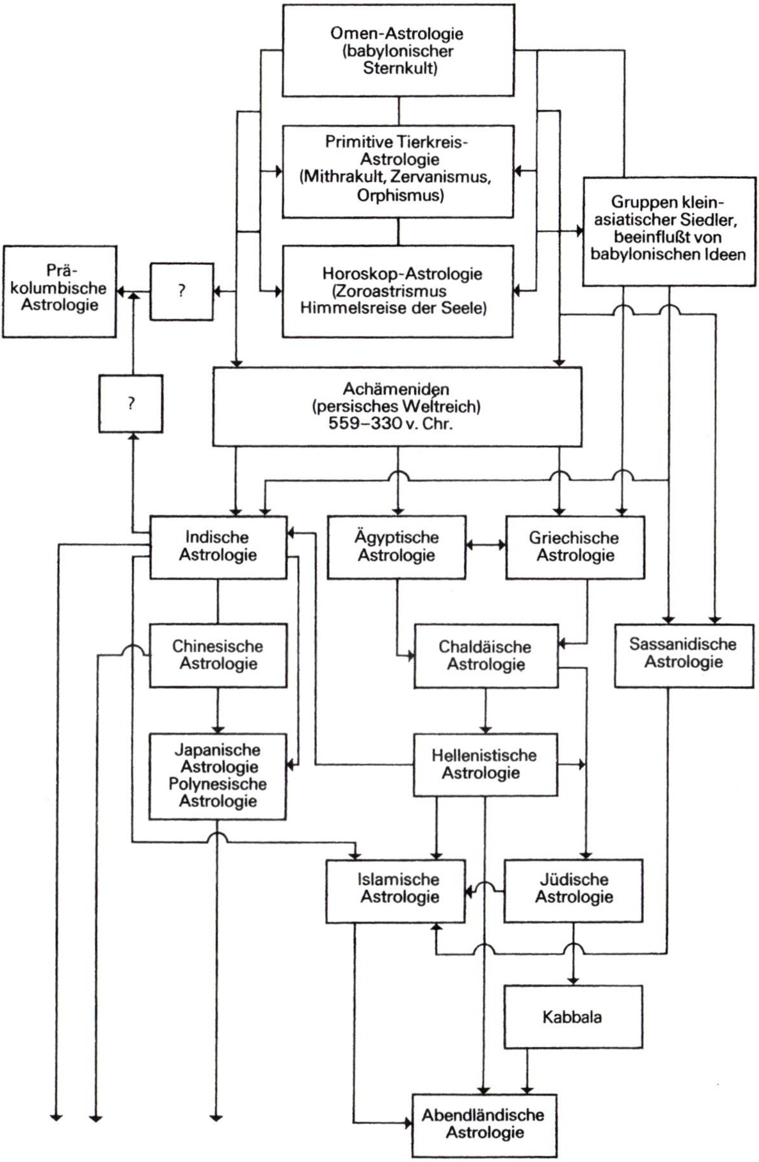

System der verschiedenen »Astrologien« ohne Berücksichtigung der Bedeutung oder Dauer einzelner Zweige.

der Erde wissenschaftlich genau erfasst. Erst seitdem dies möglich ist, seitdem man damit begann, aus Beobachtungen Schlüsse zu ziehen, die auch Voraussagen über die Bewegung von Himmelskörpern in der Zukunft zuließen, trennte sich die Astronomie, die rechnende Sternkunde, von der Astrologie, wenn auch eine begriffliche Trennung in Astrologie und Astronomie erst sehr viel später einsetzte, man lange Zeit nur von »Mathematik« sprach, wenn man sowohl Astrologie als auch Astronomie meinte.

Wann Menschen damit begonnen haben, die Vorgänge, die sie am Himmel beobachteten, zu deuten und ihnen Entsprechungen auf der Erde zuzuordnen, lässt sich nicht mehr feststellen, da insbesondere über die Vor- und Frühgeschichte der Menschheit keine schriftlichen Aufzeichnungen vorliegen. Die Forscher müssen sich auf archäologische Funde stützen und versuchen, diese zu deuten. So weisen Funde wie der bronzezeitliche »Sonnenwagen von Trundholm«, 1902 auf der dänischen Insel Seeland entdeckt, darauf hin, dass der Sonne schon zu dieser Zeit in Europa eine religiöse Verehrung zu Teil wurde. Ob die Darstellung eines einen Anhänger mit einer verzierten gold-silber-

Der sensationellste astrologiegeschichtliche Fund der letzten Jahre: Die Himmelsscheibe von Nebra. 3600 Jahre alt, 2,1 kg schwer, verziert mit 32 Sternen aus Gold und anderen Darstellungen. Ihre Aufgabe ist umstritten.

nen Scheibe ziehenden Pferdes schon beweisen kann, dass hier Astronomen am Werk waren, bleibt Auffassungssache. Gleiches gilt für die 2002 im sachsen-anhaltinischen Nebra gefundene »Himmelsscheibe« mit ihren Darstellungen von Sonne, Mond und Sternen aus Gold. Auch bei diesem über 3600 Jahre alten Artefakt ist unklar, was genau dargestellt ist, welche Bedeutung diese bisher älteste europäische Wiedergabe des Kosmos hat.

Diese rekonstruierende Darstellung der Steinkreisanlage von Stonehenge aus dem 19. Jh. zeigt das endsteinzeitliche Weltkulturerbe als Kultstätte. Sie diente jedoch wohl auch gleichzeitig als Sonnen- und Mondkalender.

Ebenfalls im Bereich der Spekulationen bewegt sich die Wissenschaft bei der Interpretation eines Monuments aus der gleichen Zeit bei der englischen Stadt Salisbury. Die Steinkreisanlage in Stonehenge mit ihrer exakten Ausrichtung auf die Sommersonnenwende wird teils als Observatorium, teils als Kultzentrum und Kalender gedeutet. Auf jeden Fall zeigt sie genauso wie steinzeitliche Kreisgrabenanlagen in Mitteleuropa, dass schon in der Vorgeschichte Europas zweckgerichtete Himmelsbeobachtungen vorgenommen und verwertet wurden. Was unsere Vorfahren damit genau verfolgten, wird jedoch vermutlich für immer im Dunkeln bleiben.

Wenn auch eine Festlegung der Geburtsstunde der Astrologie unmöglich ist, so kann wenigstens ihre eigentliche Wiege – zumindest für die Astrologie, wie sie später im Römischen Reich und dann wieder in der europäischen Renaissance zur Blüte kam – mit dem geographischen Gebiet gekennzeichnet werden, in dem unsere ganze Kultur ihren Ausgang nahm: mit dem Zweistromland, Mesopotamien. Hier, zwischen den Flüssen Euphrat und Tigris, die in den Persischen Golf münden, entstanden bereits im 3. Jahrtausend v.u.Z. die Stadtstaaten der Sumerer, denen wir die Erfindung der Schrift verdanken. Ihre Kultur wurde von einem Staat übernommen, der unter ihrem bedeutendsten Herrscher, Hammurapi (1728–1686 v.u.Z.) die größte Ausdehnung erreichte und nach seiner Hauptstadt Babylonisches Reich genannt wird. Dieser Staat verfügte neben einer einheitlichen Sprache vor allem auch über ein einheitliches Rechtssystem und eine Religion, die viele Götter kannte. Man erreichte sie, indem man sie anrief, Opfer brachte. Ihre Reaktion war an bestimmten Zeichen abzulesen, die die Priester deuteten. Zeichen wie Donner und Blitz, die Innereien von Opfertieren oder der Vogelflug, Zeichen aber auch in Form von Vorgängen am Himmel, wie Sonnen- und Mondfinsternisse, das Auftauchen von Kometen oder ganz einfach die Bewegung der Planeten. Zu den fünf mit bloßem Auge sichtbaren – Merkur, Venus, Mars, Jupiter und Saturn – zählte man Sonne und Mond dazu, sie repräsentierten die Götter. Die drei leuchtendsten Himmelskörper standen für Sin, den Mondgott, der die Geschicke der Menschen lenkt, Ischtar, die sich in der Venus offenbarte, und vor allem für den Sonnengott Schamasch, den Herrn des Lebens, Bekämpfer des Todes, Sinnbild der Gerechtigkeit. Höchster Gott war der im Jupiter manifestierte Marduk, sein durch den Planeten Merkur repräsentierter Sohn Nabu war der Gott der Wissenschaften. Im rotleuchtenden Mars manifestierte sich der Unterweltgott Nergal, im Saturn, den die Babylonier als die Sonne in der Nacht begriffen sah man den Sturm- und Jagdgott Ninurta. Er stand für Beständigkeit und Ordnung, war doch der Saturn der langsamste Planet, den man beobachten konnte.

Neben der Notwendigkeit, die Himmelsphänomene zu beobachten, um den Willen der Götter zu erkunden, war auch die pünktliche Einhaltung der Feste zu

Der König von Babylon präsentiert dem Hohepriester seine Tochter. Eine Szene, die ihre Bedeutung durch die Anwesenheit der drei wichtigsten Götter in Gestalt von Sonne, Mond und Venus erhält und sich im 13. Jh. v.u.Z. zugetragen haben soll.

ihren Ehren eine Aufgabe der Priester, also die Erstellung eines Kalenders. Schon unter Hammurapi enthielt er 12 Monate mit 30 Tagen sowie (seit 527 v.u.Z.) in regelmäßigen Abständen einen Schaltmonat. Die Beobachtungen des Himmels ergaben gewisse Regelmäßigkeiten und es wurde klar, dass die Gestirne an bestimmten Tagen jedes Jahr aufs Neue in bestimmten Konstellationen standen. Da es sich hierbei um Omen der Götter handelte, musste dies etwas für jeden der

Diese Zeichnung eines verlorenen römischen Steckkalenders zeigt, wie man das Original nutzen konnte: Mittels dreier Stecker markierte man Tag und Monat sowie – in der oberen Reihe – einen Wochentag.

Tage bedeuten. Die Tagewählerei, mit dem Fremdwort »Hemerologie«, als Vorläufer der Astrologie war erfunden und wurde schon 1500 v.u.Z. im »Babylonischen Almanach« dokumentiert.

»Monat Nisannu, 13. Tag: Er soll nicht heiraten; 14. Tag: Vor Gericht günstig; 15. Tag: Ein Bann wird ihn packen; 16. Tag: Erreiche ein Ziel!; 17. Tag: Ein Arzt soll keinen Kranken berühren.«

Auch wenn die dortigen Regeln, deren innere Logik nicht enträtselt werden konnte, so klingen wie unsere heutigen Tageshoroskope aus der Zeitung, so erzielte der Almanach im alten Babylon eine große und lang andauernde Wirkung und wurde zur Bestimmung guter Tage für religiöse Rituale oder Vertragsabschlüsse wie auch im privaten Bereich genutzt.

Das erste eigentliche Werk der Astrologie wurde 1847 bei den Ruinen von Ninive, der Hauptstadt des assyrischen Reiches, dessen Könige Babylon erobert hatten, entdeckt. Auf Tausenden von Tontafeln identifizierte man die Omensammlung des Königs Assurbanipal, die nach ihren Anfangsworten »Enuma Anu Enlil« genannt wird und wahrscheinlich schon 1000 v.u.Z. fertiggestellt war. In diesem Nachschlagewerk für Berufsdeuter, die jeweils eventuell über kleinere Auszüge aus dem Gesamtwerk verfügten, waren himmlische Erscheinungen mit ihren irdischen Entsprechungen verzeichnet, die sich jedoch nie auf Einzelschicksale, sondern auf politische Entwicklungen bezogen. Die damalige Astrologie war ausschließlich Mundan-, also politische Astrologie. Dass einzelne Menschen, besonders der König, ins Zentrum der Omendeutung rückten, ist erst einige Jahrhunderte später nachzuweisen.

»Wenn im Monat abatu am 15. Tage Venus im Westen verschwindet, drei Tage unsichtbar bleibt und am 18. abatu wieder erscheint, so gibt es Katastrophen von Königen.
Oder: Steht Jupiter vor dem Mond, so wird ein großer König sterben, steht er hinter dem Mond, gibt es Feindseligkeiten im eigenen Land.«

Um jedoch nicht den himmlischen Ereignissen hinterherzuhinken, sondern Voraussagen machen zu können, bedurfte es Berechnungen, die über zukünftige Sternenbewegungen Aussagen machen konnten. Die ersten Astrolabien entstanden, kreisförmige Darstellungen der Sterne, die im Ablauf eines Jahres in der Morgendämmerung aufgehen, unterteilt in zwölf gleich große Sektoren entsprechend den Monaten. Ergänzt wurden diese Darstellungen durch Berechnungsgrundlagen für die Dauer der Tageszeiten sowie die Sichtbarkeit des Mondes. Dieser später Tierkreis (grch. Zodiak) genannte Kreis konnte nun auch für Rechenvorgänge eingesetzt werden, da mit seiner Hilfe die Positionen der Planeten in Bezug auf die aus besonders hellen Sternen bestehenden Sternbilder genau bezeichnet werden konnten. Am ausführlichsten dargestellt sind diese astronomischen Berechnungen in dem Lehrbuch »Mul Apin« aus dem 7. Jh. v.u.Z. Hier sind bei der Behandlung des Mondweges 17 bzw. 18 Sternbilder beschrieben, durch die der Mond im Laufe des Jahres wandert und von denen zwölf später zur Bezeichnung der entsprechenden Kreisteile verwendet wurden. Sie decken sich mit einer Ausnahme mit den noch heute zur Benennung der zwölf Tierkreiszeichen verwendeten Sternbildern. Ihre Namen wurden nicht aufgrund von Äußerlichkeiten vergeben, sondern eher fantasievoll hineingedeutet. Kurz gesagt hat damit unser Zodiak seine Ursprünge also in pragmatischen Überlegungen der babylonischen und assyrischen Astrologen und ihrer Aufgabe, den Himmel zu beobachten und nach Zeichen der Götter zu forschen.

Chaldäer
Dieser in der Spätantike abwertend für Astrologen aus dem Orient gebrauchter Begriff geht zurück auf das Volk der Chaldäer, die seit etwa 1000 v.u.Z. in Babylonien nachweisbar sind und mit Nabupolassar, Nebukadnezar II. und Nabonid die letzte einheimische Königsdynastie stellten, bevor der Perserkönig Kyros II. 539 v.u.Z. das Großreich eroberte.

In seinen letzten Jahrhunderten geriet das babylonisch-assyrische Reich unter die Herrschaft der Perser und der Seleukiden, sie folgten auf Alexander den Großen, der im 4. Jh. v.u.Z. auch das Zweistromland erobert hatte. In dieser Zeit wurden die astronomischen Berechnungsmöglichkeiten weiter verfeinert, die Horoskopie ausgebaut, erst jetzt kann man von »Klassischer Astrologie« im Gegensatz zur bloßen Omendeutung sprechen. Hierzu war ein umfangreiches, über viele Jahre gewonnenes Datenmaterial genauso notwendig wie Anregungen aus dem griechischen Raum, in dem mit Alexander der Hellenismus angebrochen war. Zahlreiche astronomische Tagebücher, die astronomische und meteorologische Beobachtungen enthalten, sind seit 652 v.u.Z. überliefert.

Hier finden sich insbesondere Aufzeichnungen über den Mondlauf, Mondfinsternisse, Tagundnachtgleichen (Äquinoktien) und Sonnenwenden (Solstitien), den Auf- und Untergang sowie die Kulmination (höchster Stand) der Planeten und die jeweilige Beschreibung der Planetenstände, wozu nun nicht mehr die realen

»Am 14. war der Gott mit dem Gotte sichtbar (d.h. Sonne und Mond standen sich am Abend genau gegenüber). 16 Minuten vergingen zwischen Sonnenauf- und Monduntergang am nächsten Morgen.«

Sternbilder, sondern vereinfachend die sich aus ihnen ergebenden Sternzeichen des Tierkreises verwendet wurden. Sie unterscheiden sich von ihren Vorbildern dadurch, dass ihr Anteil an der Ekliptik, also an dem Streifen, den die Sonne von der Erde aus gesehen im Laufe des Jahres durchwandert und der in dieser Zeit einen Kreis bildet, jeweils 30 Grad beträgt und nicht mal mehr mal weniger, je nach tatsächlicher Größe des entsprechenden Sternbildes. Ausgehend von der Tagundnachtgleiche, dem Frühjahrsäquinoktium, am Anfang des damaligen Jahres nannte man das erste Sternzeichen des Tierkreises, das erste Tierkreiszeichen also, »Widder«, die Grade 31 bis 60 »Stier« usw. Detaillierte Tabellen, in denen der prognostizierte Stand der Planeten und von Sonne und Mond niedergeschrieben waren, sogenannte Ephemeriden, erlaubten es schon vor unserer Zeitrechnung Neumonde, Finsternisse und das Zusammenscheinen von Planeten im gleichen Zeichen (Konjunktion) vorauszusagen.

Es grenzt fast an ein Wunder, in diesen Steinen das älteste bekannte Horoskop erkennen zu können, gestellt auf den 29. April 410 v.u.Z.

Mit Hilfe der Ephemeriden gelang nun auch die Aufstellung von genauen Horoskopen. Nach ihrer noch heute gebräuchlichen Definition sind Horoskope (lat. Stundenschau) die Darstellungen von Planetenstellungen zu gegebenen Zeitpunkten. Durch die Möglichkeit, diese Stellungen auch rückblickend zu dokumentieren, war es jetzt möglich, das Horoskop für einen bestimmten Termin zu berechnen, insbesondere für einen bestimmten Geburtstermin. Erste babylonische Geburtshoroskope sind aus dem 5. Jh. v.u.Z. nachweisbar und damit älter als die bisher gefundenen ägyptischen und griechischen. Die Betonung liegt hier auf »bisher gefunden«, denn in einem Land, Ägypten, in dem die Sonne von grundlegender religiöser und kultureller Bedeutung war und das von der Antike bis heute für viele das Land von Magie und Okkultismus ist, ist anzunehmen, dass die Beobachtung des Himmels und damit verbundene Künste schon in Zeiten eine Rolle gespielt haben müssen, aus denen bisher keine diesbezüglichen Quellen überliefert wurden.

Pharao Echnaton über die Sonne: »Wenn du aufgehst, so leben wir; gehst du unter, so sterben wir, denn du bist die Lebenszeit, durch dich leben die Menschen.«

Bekannt ist im Wesentlichen lediglich, dass die Planeten mit Götternamen bezeichnet wurden und dass das aus 360 Tagen und 5 Schalttagen bestehende Sonnenjahr mit dem spätsommerlichen Nilhochwasser begann, dessen Ankündigung durch die erstmalige Sichtbarkeit des Sirius, eines Fixsterns, bei Sonnenaufgang erfolgte. Erst aus dem Hellenismus, als mit den Ptolemäern auch hier die Erben Alexanders des Großen herrschten und ihre griechischen Traditionen mit denen der Ägypter verbanden, sind astrologische Texte auf uns überkommen. Bedeutsam für die Entwicklung der Astrologie sind dabei zwei ägyptische Neuerungen: die Dekanlehre und der schriftstellernde Gott Hermes Trismegistos.

Dekane, so der hellenistische Name, sind nichts anderes als das Ergebnis einer weiteren Aufteilung des Tierkreises in insgesamt 36 Abschnitte, je 3 Abschnitte oder Dekane pro Tierkreiszeichen. Ihnen entsprachen ursprünglich Sterne oder Sternbilder, die, wie die Sternbilder des Tierkreises, sich in der Nähe der Ekliptik, der scheinbaren jährlichen Bahn der Sonne am Himmel, befinden. In römischer Zeit wurden aus den Dekanen Gottheiten, die in Religion, Magie und Medi-

Ursprünglich am Dach des Tempels der Himmelsgöttin Hathor in Dendera am Nil angebracht, zeigt dieses Relief neben den Tierkreiszeichen die erstmals in der ägyptischen Astrologie auftauchenden 36 Dekane.

zin eine große Rolle spielten. Heute bezeichnet der Begriff »Dekan« einen Zodiakalabschnitt von 10 Grad.

Hermes Trismegistos war der griechische Name für den altägyptischen Gott Thot, den Gott der Schrift und der Weisheit, denn Hermes, der Sohn des Zeus, entsprach diesem in einigen Attributen. Der Beiname Trismegistos bedeutet der »dreimal Größte«. Ihm wurden bis in die Neuzeit verfasste Schriften zugeschrieben, die magische, alchemistische oder eben auch astrologische Inhalte hatten. Schon im 2. Jh. v.u.Z. waren es 42 Bücher, denen die jeder Esoterik zugrunde liegende Lehre einer Entsprechung von Makro- und Mikrokosmos gemeinsam ist und deren Zahl sich bis zum Ende der Antike schätzungsweise bis auf 20 000 Zuschreibungen ausdehnte – nur das allerwenigste ist erhalten. Inhaltliche Parallelen zu den Schriften des Hermes Trismegistos sind in den Schriften eines anderen berühmten ägyptischen Autors zu finden, bei Ne-

Portrait eines Erfundenen: Hermes Trismegistos mit Himmelsglobus auf einem Stich des 17. Jh.

chepso, einem sagenhaften König, dem die Sterngötter ihre Geheimnisse offenbarten. Angeblich niedergeschrieben durch den Oberpriester Petosiris bilden sie Basistexte der Astrologie des 2. Jh. v.u.Z.

Sonnenaufgang: Antike

Wurde die Bedeutung des Hellenismus, also des Griechentums nach Alexander dem Großen, bereits darin deutlich, dass sich in der Zeit der Diadochen, der Nachfolger Alexanders, die Astrologie in Babylon und auch in Ägypten zu dem weiter entwickelte, was man »Klassische Astrologie« nennen kann, so wäre ohne seinen Einfluss der Siegeszug der Astrologie im Rom der Kaiserzeit undenkbar, als sie als ars mathematica zu den sieben Künsten gehörte, neben anderen Fächern wie Grammatik oder Rhetorik.

Zu verdanken war dies vor allem der griechischen Philosophie, insbesondere der Richtung, die als »Stoa« bekannt wurde. Doch bereits vor dem Auftreten dieser Denkrichtung im 3. Jh. v.u.Z. legten die beiden größten Denker Griechenlands, die in einem Lehrer-Schüler-Verhältnis standen, die Basis: Platon und Aristoteles.

Platon (427–347) sah den Kosmos als lebendiges Wesen, die Planeten durch seelische Bande verbunden, die Fixsterne als »lebende Wesen göttlicher Art und unvergänglich«. Sie erschafften im Auftrag Gottes – Platon nennt ihn Demiurg – die Lebewesen, die sie gemäß ihrer Beschaffenheit schicksalhaft führen sollen. Neben solchen grundlegenden Gedanken sind auch bereits Ansätze einer Aspektlehre zu erkennen, der Theorie vom Zusammenwirken zweier Himmels-

Der Tierkreis auf diesem Mumiensarg des 2. Jh. ist im Uhrzeigersinn zu lesen, beginnend unten links mit dem Wassermann. Eine besondere Bedeutung kommt dem Steinbock zu: Er befindet sich an der rechten Hand der hier dargestellten Himmelsgöttin.

körper, wenn sie in einem bestimmten Winkel zueinander stehen. Der eigentliche Wegbereiter der Astrologie war Platons bedeutendster Schüler Aristoteles (384/83–322). Sein Modell der Welt war im Wesentlichen bis zur Renaissance gültig. Er stellte sich den Kosmos als Kugel mit der Erde als Mittelpunkt vor.

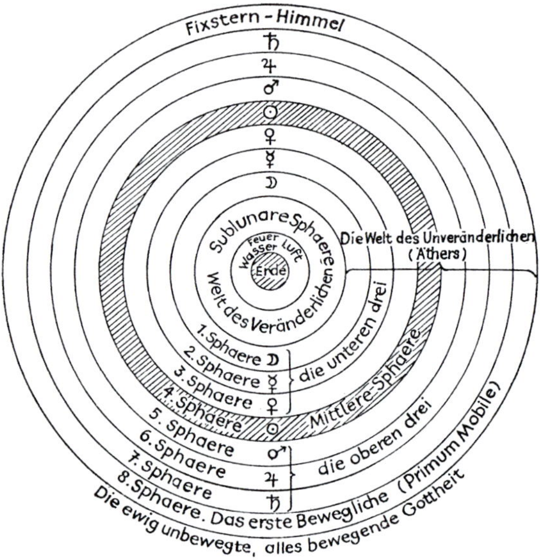

Fast zweitausend Jahre blieb das hier skizzierte Weltbild des Aristoteles maßgeblich.

Darum bewegen sich Kugelschalen, die »Sphären«, auf denen sich Mond und Planeten sowie Sonne und Sterne befinden. Auf die äußerste Sphäre wirkt ein unbewegter Beweger – Gott –, dessen Wirken durch die unstofflichen Gestirnseelen der restlichen Welt vermittelt wird. Es gibt keinen leeren Raum, alles wird ausgefüllt durch die vier klassischen Elemente Feuer, Wasser, Erde und Luft sowie ein fünftes, den Äther. Erde und Wasser bewegen sich abwärts, Feuer und Luft aufwärts, der Äther im Kreis. Da die Kreisbewegung ewig ist, ist auch die Welt ewig. Die Wirkung der Gestirne auf die Erde sieht Aristoteles beispielsweise darin bewiesen, dass dem Erscheinen von Kometen oder Finsternissen Springfluten, Erdbeben und Stürme folgen, selbst Fixsternen wie Orion oder Sirius gesteht er eine Beeinflussung der Witterung zu.

Weder Platon noch Aristoteles ist eine Verbindung zur babylonischen Astrologie nachzuweisen. Wenn auch schon unter ihren philosophierenden Vorgängern teilweise Kontakte in den Nahen Osten bestanden, musste sich erst ein Priester des babylonischen Gottes Marduk auf die griechische Insel Kos aufmachen und dort eine Astrologenschule gründen, um zu vermitteln. Berossos, so sein Name, berechnete nicht nur als erster die Dauer der Welt – er kam auf 2 148 000 Jahre – sondern machte ein größeres griechisches Publikum mit den östlichen Lehren bekannt. Der nächste in der Reihe der bedeutenden griechischen Astrologen war Hipparch von Nicaea (um 190– um 125), der von den genauen Beobachtungen der Babylonier profitierte. Sie hatten festgestellt, dass die Sonne zum Sommeranfang, am längsten Tag des Jahres, nicht jedes Jahr an der selben Stelle stand, sondern sich in 100 Jahren um etwa 1 Grad gegen den Tierkreis weiterbewegte. Sie konnten jedoch noch nicht wissen, dass dies an einer Pendelbewegung der Erde liegt. Die Achse der Erde steht nicht im rechten Winkel zur Sonne, sondern mit

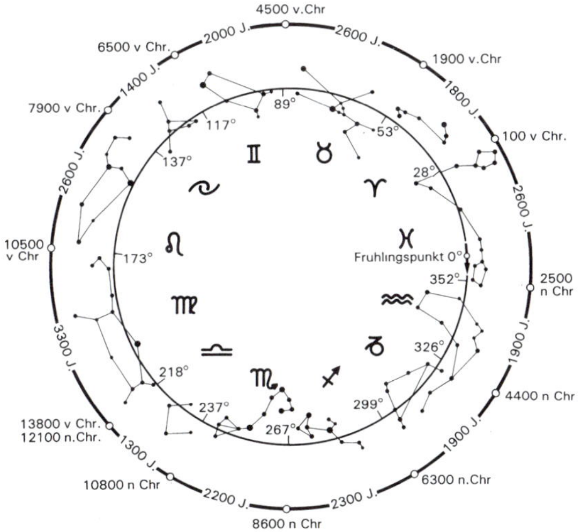

Der Frühlingspunkt heute und im Laufe eines Platonischen Jahres. Ablesbar sind auch die Zeitalter: Wir befinden uns demnach seit 100 v. Chr. im Fischezeitalter, das 2500 enden wird – hierüber existieren allerdings verschiedene Ansichten.

einem Winkel von 23,5 Grad. Da die Erdachse ähnlich einem Kreisel schwankt, ändert sich dieser Winkel Jahr für Jahr bis er nach ca. 26 000 Jahren wieder in der alten Position ist. Da die Länge von Tag und Nacht und damit die Jahreszeiten durch diese Schrägstellung hervorgerufen werden, ändert sich mit der Achsenlage auch der Zeitpunkt der Tagundnachtgleiche, der Frühlingspunkt verschiebt sich und fällt so inzwischen – mehr als 2 000 Jahren nach Hipparch – nicht mehr in das Zeichen Fische, sondern in den Wassermann (daher im Musical »Hair« auch das Lied vom »Age of Aquarius«, vom Wassermannzeitalter). Diese Verschiebung, die Präzession, erstmals errechnet zu haben, ist der Verdienst des Hipparch.

Doch dies war nur die wissenschaftliche Seite der Astrologie, was bedeutete das alles für den einzelnen Menschen? Diese Frage klärten die beiden bekanntesten Philosophen der mittleren Stoa, einer seit etwa 300 v.u.Z. aufkommenden Philosophierichtung, Panaitios und sein Schüler Poseidonios, ersterer etwa ein Zeitgenosse des Hipparch, mit den Begriffen Sympatheia und Heimarmene. Da alles zusammenhängt, das eine mit dem anderen »mitleidet« (sympatheia grch. = Mitleiden), und notwendig passiert, glaubten die frühen Stoiker an Vorzeichen, Traumdeutungen und Prophezeiungen, denn alles ist vorherbestimmt durch das Göttliche (heimarmene grch. = Schicksal). Damit gelangten sie, beeinflusst durch Aristoteles, zu demselben Schluss wie dieser: Da alles, Gestirne wie auch Menschen, Teil an der Weltseele hat, sind Himmel und Erde durch Entsprechungen verbunden; was am Himmel passiert, findet demnach auf der Erde seinen Widerhall. Dieses fatalistische Astrologieverständnis, das von späteren Stoikern wie Seneca abgemildert wurde, war es dann auch, was nicht nur unter den Römern zu scharfer Kritik führte, sondern natürlich vor allem zu einer Konfrontation mit dem Christentum und seiner Betonung des freien Willens (zur Kritik Ciceros siehe S. 192).

Die Kaiser Roms, besonders in den ersten Jahrhunderten der Kaiserzeit, waren häufig glühende Anhänger der Astrologie. Schon Augustus nutzte die Aussagen der Astrologen für seine Politik. Da er annahm, 64 v.u.Z. im Zeichen des Steinbocks empfangen worden zu sein, war dieses Tierkreiszeichen und nicht sein Geburtszeichen auf Münzen oder Schmuckstücken zu finden. Wegen der staatsgefährdenden Prophezeiungen über das Datum seines Todes verbot er den Astrologen Vorhersagen zu Lebensdauer oder Tod hochstehender Personen. Auch sein Schwiegersohn und Nachfolger Tiberius, der während seiner Verbannung nach Rhodos an der dortigen Astrologenschule seinen späteren Hofastrologen Thrasyllus kennenlernte, berücksichtigte nicht nur die traditionellen römischen Prognosetechniken wie Eingeweideschau (Haruspizien) oder Vogelschau (Auspizien), sondern vorzugsweise die seriöse Astrologie zur Unterstützung seiner Politik. Die volkstümliche Astrologie, wie sie von zwielichtigen Gestalten, Wahrsagern und Gauklern betrieben wurde, lehnte er ab, verfolgte sie sogar, indem er ihr Praktizieren verbieten ließ und ihre Vertreter mit Ausweisung und sogar der Todesstrafe bedrohte. Obwohl die schillerndsten Vertreter ihrer Zunft unter den besonders astrologiegläubigen Kaisern Tiberius, Nero, Domitian und Hadrian jener Thrasyllus

Das in der Antike am häufigsten abgebildete Tierkreiszeichen war Capricornus, der Steinbock, hier auf einer Münze des Augustus.

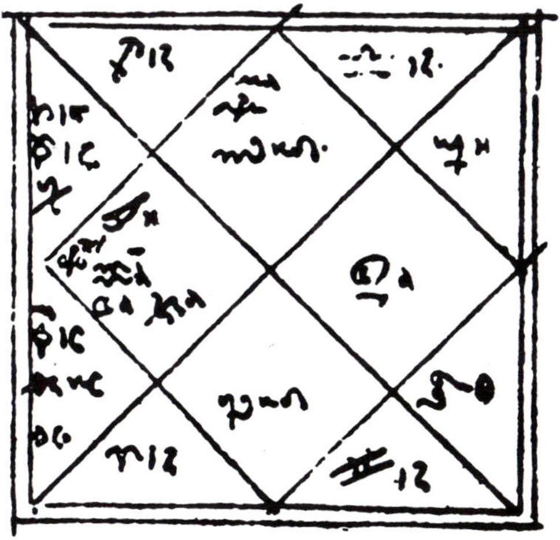

Kaiser Hadrian (76–138), dessen hier abgebildetes Geburtshoroskop die Zeiten überdauert hat, war Julia Balbilla, Urenkelin des Thrasyllus und wie Hadrian in der Astrologie bewandert, familiär verbunden.

und seine Nachfahren waren – seine Urenkelin verehelichte sich schließlich sogar mit einem Mitglied der Kaiserfamilie –, sind für die Weiterentwicklung der Astrologie drei andere Persönlichkeiten von größter Wichtigkeit: Manilius, Claudius Ptolemäus und Firmicus.

Der chronologisch erste von ihnen, der unter dem Pseudonym Manilius schrieb, war Zeitgenosse der römischen Kaiser Augustus und Tiberius und ist der Verfasser der »Astronomica«, fünf Bücher, die in der Form eines Lehrgedichtes einen Überblick über das damals bekannte Wissen über die Astrologie bot und damit – ähnlich dem hier vorliegenden Schnellkurs – auch interessierten Laien einen Einstieg. Lediglich die Planeten fehlen, jedoch nur deshalb, weil ein geplantes sechstes Buch nie erschien.

Titelseite des von den humanistischen Astrologen Peuerbach (1433–61) und Regiomontanus (1436–76) ins Lateinische übersetzten Almagest.

Auf dieser kartographischen Darstellung des Himmels aus dem 9.–10. Jh. sind die von Ptolemäus bezeichneten Sternbilder, in der Mitte der Drache, zu sehen.

Der bedeutendste Autor der Spätantike für die Gebiete Astrologie und Astronomie, auf den sich noch die Gegner Galileis im 17. Jh. beriefen, war der an der Universität von Alexandria lehrende Ägypter Claudius Ptolemäus (um 100–178, grch.: Ptolemaios). Als Geograph, der 350 Orte der damals bekannten Welt mit Längen- und Breitenangaben versah, verfasste er sein Hauptwerk »Syntaxis mathematike«, das vor allem unter seinem arabischen Namen »Almagest« zu einem der meistgelesenen antiken Bücher des Mittelalters wurde und nicht weniger als ein geozentrisches Weltsystem beschrieb, das die empirischen Beobachtungen des Himmels in einen mathematisch beweisbaren Erklärungszusammenhang brachte. Es umfasst dreizehn Bücher und basiert auf der Annahme eines kugelförmigen Himmels und einer ebensolchen Erde. Es beschreibt die Schiefe der Ekliptik, die Bahnen von Sonne und Mond sowie die Lage von 1022 Einzelsternen, zusammengefasst in 48 Sternbildern. Die Theorie zur Bewegung der fünf Planeten beschließt das umfangreiche Werk, das zur Bibel der Astronomie wurde. Die Bibel der Astrologie schließlich – nicht nur dem Namen nach – ist sein »Tetrabiblos« bzw. auf Lateinisch »Quadripartitum« (beides bedeutet: Vierbuch) genanntes Werk. In seinem ersten Teil begründet Ptolemäus die Möglichkeit und Nützlichkeit der Sterndeutung und legt mit einer möglichst rationalen, alles mythische vermeidenden Beschreibung der Elemente der Astrologie die Grundlagen für die anderen drei Teile oder Bücher. Der zweite Teil ist der Mundanastrologie gewidmet, also der politischen Astrologie, den Voraussagen für Länder, Städte und Völker und beinhaltet hierzu auch eine astrologische Geographie, um damit den Einfluss der Gestirne auf die Rassen- und Charaktereigentümlichkeiten von Völkern zu beweisen. Das Thema von Ptolemäus' drittem und viertem Buch ist die Geburtshoroskopie, zu deren Deutung er bereits bestehende Ansätze der Lehre von den Aspekten, von den Stellungen der das Horoskop bestimmenden Faktoren zueinander, ausbaute. Dies ist aber nur eine der wichtigen Neuerungen, zu denen ansonsten noch die Verknüpfung von Planeten- und Tierkreisastrologie und die Nichtberücksichtigung der Sterne gehört, die den Zodiak nicht streifen.

Das einzige vollständig erhaltene antike Lehrbuch der Astrologie in lateinischer Sprache, die »Mathesis« schrieb der sizilianische Senator Julius Firmicus Maternus bereits zu einer Zeit, in der der Siegeszug des Christentums kaum noch aufzuhalten war, in der ersten Hälfte des 4. Jh. Er sah die Astrologie als ein von Hermes offenbartes Wissen, das von dessen Priestern, den Astrologen, den Menschen vermittelt wurde. Im Gegensatz zu Ptolemäus sind seine Lehren nicht inno-

Der Ring des Zodiakos war schon bei römischen Künstlern als Motiv sehr beliebt. Das Fußbodenmosaik aus der Nähe von Bingen zeigt ihn mit dem Sonnengott Helios-Sol auf einer Quadriga in der Mitte.

vativ – bedeutende Lehrmeister hat es in den letzten 200 Jahren des Römischen Reiches nicht mehr gegeben –, sondern zehren vor allem von Manilius aber auch vom ägyptischen Nechepso-Petosiris. Sein Leben zeigt jedoch an einem Einzelschicksal recht anschaulich die Veränderungen, die das Christentum bewirkten: Firmicus wurde nach der Taufe des Kaisers Konstantin (337) ebenfalls Christ und zu einem erbitterten Gegner dessen, worüber er noch einige Jahre zuvor aus vollster Überzeugung schrieb.

Diese Einstellung teilten nicht nur die christlichen Konzile, sondern seit Diokletian auch die römischen Kaiser – mit wenigen Ausnahmen: so ließ Kaiser Konstantin von einem Astrologen einen günstigen Termin für die Gründung Konstantinopels (26. November 326) ermitteln. Sie verdammten nun nicht mehr nur einzelne Astrologen, die statt »Chaldäer« inzwischen »mathematici« genannt wurden, sondern verwarfen gemeinsam mit Magie und Wahrsagerei die ganze Disziplin, die damit auch ihre Berechtigung als Bestandteil der sieben freien Künste verlor.

Edikt des Kaisers Diokletian aus dem Jahr 294: »Die Wissenschaft der Geometrie zu erlernen und auszuüben liegt im öffentlichen Interesse, die Astrologie hingegen ist verdammenswert und deshalb verboten.«

Waren Astrologen damit schon aus der Gesellschaft

Auch die besonders in Ephesos verehrte Göttin der Jagd, Artemis, wurde häufig mit Zeichen aus dem Tierkreis geschmückt in Marmor gemeißelt. Zwischen Halsband und »Brüsten« sind von Löwe bis Wassermann alle Tierkreiszeichen zu sehen.

ausgeschlossen und wurde ihnen, genauso wie ihren Auftraggebern, schließlich ca. 100 Jahre später sogar die Todesstrafe angedroht, verloren sie zudem das Recht, zum Sakrament der Taufe zugelassen zu werden. In den Augen der Kirche war es nur konsequent, 365 auf dem Konzil von Laodicea die Betätigung von Christen als Magier oder Astrologen schärfstens zu verurteilen, denn es war ihnen in notwendiger Abgrenzung zur alten Religion von Griechen und Römern verboten, zu Sonne, Mond und Sternen zu beten, die Gestirne als schicksalbestimmende Faktoren, als gottgleiche Wesen anzusehen. Der Fatalismus der Stoa vertrug sich nicht mit dem christlichen Erlösungsgedanken. War dies das Ende für die Astrologie?

Finsternis: Das Mittelalter

War mit dem Christentum die Ausübung der Astrologie unmöglich geworden? War sie überflüssig, verfehmt, existierte sie nicht mehr im Mittelalter? Bevor hierauf eine Antwort zu geben ist, noch ein paar Erläuterungen zu »dem Christentum«. Vom Kreuzestod des Religionsgründers bis zur dogmatischen Verfestigung seiner Ideen war es ein noch weiterer Weg als bis zur Anerkennung als Staatsreligion durch den römischen Kaiser Theodosius im Jahre 380. Bis dahin existierten verschiedene Lehrmeinungen und auch die Haltungen zur Astrologie waren verschieden. Im Ursprungstext der neuen Religion, der Bibel, findet sich an vielen Stellen eine astrale Symbolik. Die Zahl der Tierkreiszeichen, die Zwölf, bildet die Anzahl der Stämme Israels und ist im Neuen Testament die Zahl der von Christus ursprünglich berufenen Apostel. Aber auch die Zahl der Himmelsrichtungen, die Vier (vier Evangelien) oder die Sieben für die Planeten inklusive Sonne und Mond (die sieben Schöpfungstage) bieten Hinweise darauf, dass den Autoren dieses Heiligen Buches der Christen astrologische Motive nicht fremd waren. Da das Neue Testament zu einer Zeit entstand, als sich die Astrologie in höchster Blüte befand und Kenntnisse darüber bei jedem gebildeten Bewohner des Römischen Reiches angenommen werden dürfen, sind einige astrologische Lehrmeinungen mit in den Text eingegangen. Am bekanntesten ist sicherlich der Stern von Bethlehem, wahrscheinlich die

Als Modell des »Sterns von Bethlehem« diente Giotto auf seiner 1304 gemalten »Anbetung der Könige« wahrscheinlich der Halleysche Komet, den er drei Jahre zuvor gesehen hatte.

Jupiter-Saturn-Konjunktion des Jahres 7 v.u.Z., der, wie für Kometen und Konjunktionen gemäß damals allgemeiner Lehrmeinung üblich, große Dinge ankündigen musste, handelte es sich doch auch für christliche Gelehrte hierbei um die »Handschrift Gottes«. Am extremsten astrologisch aufgeladen ist jedoch die Apokalypse des Johannes, das letzte Buch der Bibel, das stark von der hellenistischen Sternkunde abhängig ist. Doch das alles hat es nicht verhindert, dass sich schon der Apostel Paulus gegen jeden astrologischen Fatalismus aussprach, sondern den christlichen Erlösungsgedanken und die Willensfreiheit des Menschen betonte. Eine Argumentation, die sich bei den ersten wichtigen christlichen Philosophen noch weiter verfestigte, die die Sterne nicht als für das Schicksal verantwortliche Kräfte, sondern nur als Anzeichen sahen, wie es auch schon in der Genesis, dem 1. Buch Mose, heißt.

»Und Gott sprach: Es werden Lichter an der Feste des Himmels, die da scheiden Tag und Nacht und geben Zeichen, Zeiten, Tage und Jahre.«

Noch war die Zeit für extreme Positionen nicht reif, Toleranz und Integration hieß die Parole der frühen Christen. Erst als Kaiser Konstantin mit seiner Taufe (337) der neuen Religion endgültig in den Sattel half, konnte dem Pferd die Peitsche gegeben werden und die Kirchenväter von den Planetengöttern als Dämonen und Teufel sprechen, konnte der Bischof von Hippo, Augustinus (354–430), anhand von Zwillingen, die ja dem selben Horoskop unterliegen müssten, den Irrglauben der Astrologie belegen und verteufeln. So schreibt er in seiner Autobiographie, dass er »die trügerischen Prophezeiungen der Sterndeuter und ihre gottlosen Albernheiten erkannt und verworfen« habe. Selbst eine Aussage wie der berühmte Satz seines längst verstorbenen Amtskollegen Clemens, »die Sterne machen uns nur geneigt, sie zwingen nicht« war nun indiskutabel, ja häretisch geworden.

Zwei bedeutende frühchristliche Glaubensrichtungen wichen von dieser zuletzt richtungsweisenden Einstellung der Kirche zur Astrologie ab, verloren allerdings bereits im 5. Jh. ihre Relevanz und gingen unter, die Gnosis und der Manichäismus. Die Gnostiker (von

Nachdem das Christentum den heidnischen Götterglauben abgelöst hatte, ersetzten die Künstler, wie auf dieser Buchmalerei des 9. Jh., den meist in der Mitte des Tierkreises abgebildeten Sonnengott durch Christus.

gnosis, grch. Wissen) versuchten sich die Astrologie dienstbar zu machen, denn sie waren der Überzeugung, dass man, nur wenn man die Schicksalsmächte kennt, ihnen begegnen und sie eventuell überlisten kann. Die Manichäer (nach ihrem Stifter Mani benannt) gingen darüber noch hinaus: Sie sahen die Planeten als Herrschermächte, denen eine Macht über Krieg und Frieden, Ordnung und Unordnung verliehen wurde. Erst am Ende der Zeiten würden die Seelen der Erwählten von ihrer negativen Macht befreit. In seiner umfangreichen astrologischen Lehre glaubt Mani jedoch auch nicht an eine direkte Wirkung der Sternensphäre auf die Erde, sondern an eine symbolische Entsprechung von Tierkreiszeichen und Körperteilen, wie sie schon bei den drei großen römischen Astrologen zu finden ist. Die Integration der Astrologie in die theologischen Vorstellungen des Christentums machte die Bedeutung dieser seit dem 5. Jh. verdammten christlichen Sekte aus und gab ihr die wichtige Rolle, die sie aufgrund ihres geographischen Schwerpunktes im östlichen Mittelmeerraum bei der Vermittlung astrologischen Wissens der Römer zum Islam spielte.

Obwohl heidnischen Ursprungs versuchte die Kirche lange Zeit, den Tierkreis zu integrieren. So sind auf diesem Deckenfresko einer mazedonischen Kirche aus dem 14. Jh. neben Christus und zahlreichen Heiligen auch Tierkreiszeichen zu entdecken.

Auch für die Hauptrichtung des Christentums, die römisch-katholische Kirche, war die Astrologie nicht generell verdammenswert. Nur so war es möglich, dass christliche Kaiser wie Karl der Große, Heinrich II. oder Friedrich II. öffentlich ihr Interesse daran betonten, sie sogar zur Legitimation ihrer Macht mit heranzogen. Hierzu war jedoch grundlegend, was bereits der Kirchenlehrer und Bischof Isidor von Sevilla (um 570–636) lehrte: Man müsse die Astrologie zweiteilen und einen dieser beiden Teile als durch Christi Geburt erledigt ansehen, nämlich die astrologia superstitiosa, den heidnischen Aberglauben, der mit dem Anspruch, das Schicksal des Einzelnen vorhersagen zu wollen, scheitern muss – was Kaiser Friedrich Barbarossa jedoch 1164 nicht daran hinderte, sich ein Horoskop für seinen zweitältesten Sohn stellen zu lassen; es gilt als das älteste erhaltene deutsche Horoskop. Dagegen dürfe man mit der astrologia naturalis die Natur der Dinge wissenschaftlich erforschen. Besonders nützlich sei dies im Bereich der Medizin und der Meteorologie. Diese Ansicht hielt sich im Wesentlichen das ganze Mittelalter hindurch.

Erneut bestätigt wurde diese Auffassung und die damit verbundene Ablehnung der Geburtshoroskopie auch durch Gerbert von Aurillac (um 940–1003), dessen Bedeutung für die Kirche aus seinem hohen Amt herrührt: er war als Sylvester II. der Papst der Jahrtausendwende, der man – ähnlich wie auch beim Jahreswechsel 2000 – allerlei Endzeiterwartungen andichtete. Er legte seine Meinung in einer Schrift über das Astrolabium dar, einem bereits im Altertum erfundenen, von den Arabern weiterentwickelten Winkelmessgerät, das die Himmelsbeobachtung und notwendige Berechnungen stark vereinfachte. Je mehr man mit dem Islam (siehe S. 83) in Berührung kam, vor allem die Kreuzzüge (1096–1270) boten hierfür Gelegenheit, desto größer wurde auch das Wissen um die Astrologie und umso notwendiger die Behandlung der Frage, wie weit sie sich mit den Glaubenssätzen der Kirche verträgt. Erste Übersetzungen des 12. Jh. von astrologischen Schriften ins Lateinische, oft nicht direkt aus dem Griechischen sondern aus dem Arabischen, bildeten die Voraussetzung für die Philosophen der Zeit, sich dazu zu äußern. Der Scholastiker Pierre Abélard (1079– 1142), im Gedächtnis geblieben auch durch sei-

Mittelalter
Geschichtliche Periode, die gewöhnlich durch das Ende des Weströmischen Reichs (476) oder die Schließung der platonischen Akademie in Athen (529) und die Eroberung Konstantinopels durch die Türken (1453) oder die Entdeckung Amerikas (1492) begrenzt wird.

Auf der Buchmalerei des 12. Jh., die ein 1870 verbranntes Buch der Äbtissin Herrad von Landsperg zierte, ist der Steinbock noch in babylonischer Tradition als Ziegenfisch wiedergegeben.

ne von den Romantikern häufig verarbeitete Liebesbeziehung zu seiner Schülerin Héloise, formulierte erneut die offizielle Haltung der Kirche, wenn er darauf hinwies, dass die Astrologie keinesfalls das prognostizieren könne, was vom Zufall, dem freien Willen der Menschen und vom Willen Gottes abhänge. Eine Beschäftigung mit der Natur hingegen war erlaubt, wenn natürlich auch immer noch unter dem Vorbehalt, damit nicht an den biblischen Wahrheiten zu rühren. Dies hieß aber ebenso, dass allgemein geglaubt wurde,

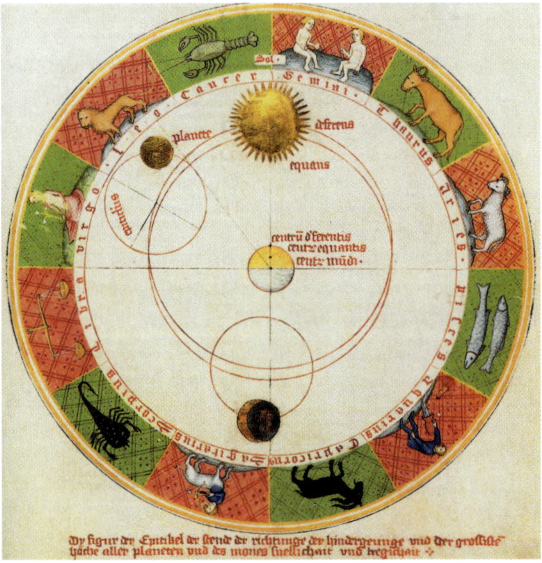

Im Mittelalter galt unverändert das ptolemäische System mit der Erde im Mittelpunkt und der sie umkreisenden Sonne. Mond und Planeten umrunden sie ebenfalls, jedoch auf Epizykeln, Kreisen mit einem Mittelpunkt, der sich seinerseits um die Erde bewegt.

der Himmel wirke selbstverständlich auf die Erde ein. Die Sterne seien keine göttlichen Wesen, wie bei Platon, sondern – wie bei Aristoteles – nur noch Werkzeuge Gottes – so Albertus Magnus (1193 oder 1207–1280), einer der bedeutendsten Philosophen des gesamten Mittelalters. In seinem »Spiegel der Astronomie« trennte er folgerichtig Astronomie und Astrologie, schrieb der einen Disziplin den mathematischen, der anderen den deutenden Teil der Sternkunde zu.

Noch wichtiger ist die Ansicht des »engelgleichen Gelehrten« – so sein mittelalterlicher Beiname – Thomas von Aquin (1224/25–1273), da seine Philosophie 1879 förmlich zur offiziellen Lehre der katholischen Kirche wurde. In einem seiner drei Hauptwerke, der »Summa theologiae« beleuchtete er die Frage, »ob die Wahrsagung aus den Sternen erlaubt sei«. Seine logische Antwort: Ja, denn da man aus der Beobachtung der Ursachen auf die Wirkungen schließen dürfe und da die Bewegungen der Himmelskörper die Ursache von materiellen Veränderungen auf der Erde seien, muss die Prognose aus den Sternen erlaubt sein. Da sie jedoch, weil beides nichtmaterieller Natur ist, ohne Einfluss auf den freien Willen und die Vernunft seien und auch den Zufall nicht berührten, sei eine Vorhersage des menschlichen Lebens nicht nur verboten, sondern verdammenswert. Noch genauer untergliedert Roger Bacon (um 1210–1294), der wegen seiner Bemerkung, »ohne Erfahrung könne nichts ausreichend gewusst werden« häufig als erster Empiriker bezeichnet wird, in seinem »Opus maius« den Willen. Für ihn macht es einen Unterschied, ob es sich um die Willenskraft eines Einzelnen oder einer Gruppe, zum Beispiel eines Heeres oder den Einwohnern einer Stadt, handelt. Der Einzelne kann widerstehen, die Masse ist den Sternen ausgeliefert, nur dies erkläre Kriege und Seuchen. Bacon gilt als stärkster Verteidiger der Astrologie im christlichen Mittelalter, dessen Forderung, die Kirche solle die Führung in der Sternkunde übernehmen, ungehört verhallte.

Nicht unerwähnt bleiben soll ein französischer Gelehrter, Kanzler der Pariser Universität und Kardinal, Pierre d'Ailly (1350–1420), der zwar vor allem als Gesandter auf dem Konstanzer Konzil Geschichte schrieb, jedoch auch als großer Verteidiger der Astrologie gilt und – sozusagen als »Hobbyastrologe« – eine bemerkenswerte Vorhersage machte. Anno Christi 1789 – wenn die Welt bis dahin noch stehe, was nur Gott allein wisse – bringe große und wunderbare Veränderungen der Welt; am 14. Juli 1789 begann mit dem Sturm auf die Bastille die Französische Revolution!

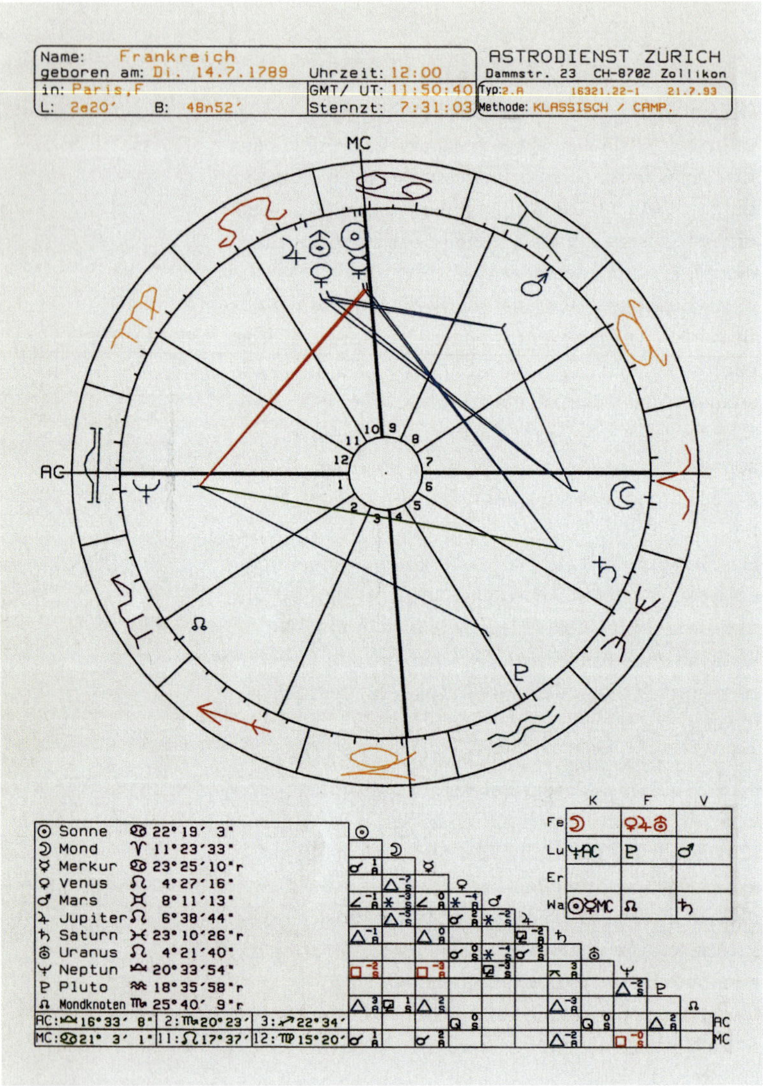

Nicht nur auf Menschen, auch auf Revolutionen lassen sich Horoskope berechnen. Das »Neugeborene« ist dann der Staat, Zeit und Ort der Revolution die Daten der »Entbindung«. Dementsprechend wurde hier Frankreich am 14. Juli 1789, dem Datum des Sturms auf die Bastille, neugeboren.

Sternstunden: Die Neuzeit

Was die Wiedergeburt (frz. = Renaissance) der Antike für die Astrologie bedeutete, liegt auf der Hand. War sie schon in der Antike alles in allem hoch geschätzt, so steigerte sich diese Bewertung mit der Verehrung für alles römische und griechische durch die alten adligen und neuen bürgerlichen Eliten sogar noch, so dass die europäische Renaissance die eigentliche Blütezeit dieser Disziplin ist.

Man befreite sich von theologischen Zwängen, die Bildung erfuhr durch zahlreiche Universitätsgründungen einen großen Schub. Das aufstrebende Bürgertum sonnte sich gerne im Glanz von Wissenschaft und Künsten und förderte neben Malern und Architekten auch Philosophen, zu denen in einer Zeit, die lediglich ein Studium der Theologie, des Rechts oder der Medizin sowie – als Vorstufe – das der sieben freien Künste des Altertums kannte, auch Physiker, Soziologen oder eben auch Astronomen gehörten. Insbesondere die zu großem Reichtum gelangte Florentiner Familie Medici war nicht nur kunstsinnig, sondern verstand es auch, sich neben politischem Ruhm Ansehen als Wissenschaftsmäzene zu verschaffen. Mitte des 15. Jh. gründete sie eine Platonische Akademie, an der, wie einst in Athen, modernes Gedankengut diskutiert und gelehrt werden sollte. Schon in den 30er Jahren des 15. Jh. waren die Medici als besonders interessiert an der Sternenkunde aufgefallen, denn sie ließen die Kuppel ihrer Grabkapelle nicht mit biblischen Szenen oder Heiligenlegenden, sondern mit Sternbildern und Planetenpositionen schmücken. Sie gründeten 1444 die erste öffentliche Bibliothek und beauftragten Marsilio Ficino (1433–99), den Leiter der Akademie, 1463 mit der Übersetzung einer griechischen Sammlung her-

Theologen und Astronomen setzten sich nicht erst seit Kopernikus über ihre Vorstellungen des Himmels auseinander. Auf diesem Holzschnitt disputieren sie unter dem aristotelischen Himmelsmodell.

Renaissance

Das erste Zeitalter innerhalb der Neuzeit, der Epoche, die an das Mittelalter anschloss, war die Renaissance. Sie ist geprägt durch vier Faktoren: 1. die neuerliche Beschäftigung mit dem Menschen und der Natur, 2. als deren Folge große Erfindungen und Entdeckungen, 3. die Erneuerung, also die Reformation der Kirche und 4. nicht zuletzt durch die Umwälzungen in Politik und Wirtschaft, durch die entstehenden Nationalstaaten und den Aufstieg des Bürgertums. Alles das spiegelte sich auch in Art und Inhalt des Denkens wider. Renaissance bedeutet »Wiedergeburt« und das ist es auch, was sie vor allem auszeichnete: eine Wiedergeburt oder Rückbesinnung auf die Antike, deren Ideale und Sichtweisen. Die Fundamente waren schon seit dem 12. Jh. gelegt worden: Seit dem Hochmittelalter waren über islamische Gelehrte viele antike Texte nach Europa zurück gelangt, auf die man sich nun berufen konnte und deren Kenntnis durch neue, von theologischen Aspekten unbeeinflusste Übersetzungen noch vergrößert wurde. Die Wiedergeburt antiker Ideen begann aber im eigentlichen Sinne im 14. Jh. mit dem italienischen Dichter Francesco Petrarca, dessen bewusste Abkehr von der scholastischen Denkweise und Hinwendung zur Natur den Humanismus begründete. Sein Beispiel machte Schule, erfuhr durch reich gewordene, selbstbewusste Kaufleute vor allem in Florenz einen enormen Schub und führte dort schließlich in der Mitte des 15. Jh. zur Gründung der Platonischen Akademie. Die Hinwendung zur Natur und dem Menschen als Naturwesen, die Trennung der Wissenschaften von der Theologie – ohne Lossagung von der Religion –, zusammen mit dem Streben nach wirtschaftlichem Erfolg ließen nun Dinge wagen, die vorher nicht denkbar waren: große Entdeckungsreisen um die ganze Welt und eine Neubetrachtung von Himmel und Erde.

Viel seltener als der Kreis ist das Oval zur Darstellung des Tierkreises. Auf dem »Tierkreiszeichenmann« im Stundenbuch des Herzogs von Berry aus dem 15. Jh. ist er gleich noch ein zweites Mal zu sehen, in einer Form, wie sie in medizinischen Fachbüchern der Zeit üblich war, denn die Entsprechungen zwischen Körperteilen und Tierkreiszeichen zu kennen, war für eine erfolgreiche Behandlung unabdingbar.

metischer Schriften, die soeben in Mazedonien entdeckt worden waren. Hermes Trismegistos galt zu einer Zeit, in der kritische Quellenkunde noch im entstehen war, älter als Moses und so zog Ficino diese Arbeit der Übersetzung Platons sogar vor. Wie auch sein Schüler Giovanni Pico della Mirandola (1463–94) lehnte Ficino die Voraussagemöglichkeit von Ereignissen durch die Astrologie ab und betonte, wie schon die Philosophen des Mittelalters, die Willensfreiheit des Menschen. Dennoch glaubte er, dass man durch Talismane, also durch Magie, auf die Umwelt einwirken könne. Die Begründung: Alle Körper hätten eine Seele und diese, nicht die materiellen Dinge, stünden in Verbindung miteinander. Doch Pico ging noch weiter und geriet deswegen auch mit der Kirche in Konflikt. Er verneinte generell einen Einfluss des Himmels, von transzendenten, übernatürlichen Mächten, außer auf physikalischem Wege wie die Erwärmung der Luft durch die Sonne. Konsequenterweise bedeutete das für ihn auch, dass Sternkonstellationen keine Zeichen für irgendetwas sein können, denn was sollten Sterne und Planeten anzeigen, was sie nicht beeinflussen können? Aber natürlich gab es in dieser diskussionsfreudigen Zeit auch die gegenteilige Auffassung. Hier ist Pietro Pomponazzi (1462–1524), Professor in Padua, ein wichtiger Vertreter, der anders als Ficino oder Pico den freien Willen verneint und den Menschen als ein Rädchen in einem Räderwerk sieht, aus dem er nicht entkommen kann, in dem seine Rolle vorgegeben ist; er sieht ihn einem Schicksal ausgesetzt, dem er nicht entrinnen kann. Ist die Gedankenwelt Ficinos stark vom griechischen Philosophen Platon mit seinem beseelten Weltbild beeinflusst, zeigt sich bei Pomponazzi, dass er eher Aristoteles zuneigt, dem »Erfinder« eines deterministischen Weltbildes, in dem ein erster Beweger, Gott, die äußere Sphäre anstößt und sich diese Bewegung dann immer weiter fortsetzt. Da somit der himmlischen eine irdische Ebene entspricht, sie von ihr abhängt, ist es auch sinnvoll, in himmlischen Erscheinungen Hinweise auf irdische Abläufe zu su-

Der astronomischen Uhr am Prager Altstädter Rathaus von 1410 liegt noch das vorkopernikanische Weltbild zu Grunde. Der untere Teil stammt aus dem 19. Jh.

chen. Pomponazzi verstand dies jedoch rein naturwissenschaftlich, gemäß dem Beispiel: Sehe ich die Sonne am Himmel, kann ich vorhersagen, dass sich die Luft erwärmen wird – und verwahrt sich mit seiner Anerkennung der wissenschaftlichen Sternkunde, dem Teil, der später zur Astronomie wurde, gleichzeitig gegen jeden Aber- und Wunderglauben.

Auch im Heiligen Römischen Reich Deutscher Nation, dem Staatsgebilde auf deutschem Boden, entdeckt man das Wissen der Antike neu. Besonders Johannes Müller, der seinen Namen nach seinem Geburtsort in Franken in Regiomontanus latinisierte, und drei Zeitgenossen müssen dabei genannt werden: Heinrich Cornelius, alias Agrippa (nach dem antiken Namen seiner Geburtsstadt Köln: Colonia Agrippina) von Nettesheim, Theophrastus Bombastus von Hohenheim, besser bekannt als Paracelsus und Philipp Schwarzerd, der seinen Namen zu Melanchthon gräzisierte.

Regiomontanus (1436–76) ist im Gegensatz zu den anderen drei noch heute unter Astrologen präsent, da ein viel benutztes Rechenverfahren zur Bestimmung der Häusereinteilung im Horoskop nach ihm benannt ist. Er richtete ab 1471 in Nürnberg die erste deutsche Sternwarte ein, gab die ersten gedruckten Ephemeriden heraus und starb schließlich in Rom, wohin ihn der Papst zur Reform des Kalenders berufen hatte.

Agrippa (1486–1535), Gelehrter, Arzt, Jurist, Soldat und Diplomat, verband altes hermetisches Denken mit neuem naturwissenschaftlichem Wissen. Er teilte den Makrokosmos in drei Welten ein: eine elementare, eine himmlische und eine göttliche. Diesen entsprachen beim Menschen, im Mikrokosmos, der menschliche Körper, die Seele und der Geist und auf der Ebene der Magie eine physische, eine astrologische und eine religiöse Magie. In seinem Buch über die okkulte Philosophie spricht er von diesen Ebenen als sich gegenseitig entsprechend, nicht als bloße Analogien, sondern als miteinander jeweils zusammenhängend, himmlische Welt, menschliche Seele und astrologische Magie gehören für ihn zusammen. Mehr noch: Er ordnete dem auch noch Entsprechungen im Mineral-, Tier- und Pflanzenreich zu. Erst Jahre später machte er eine Kehrtwendung. Im 31. Buch seiner Schrift »Über die Ungewissheit und Eitelkeit der Wissenschaften und Künste« brach er mit der Astrologie, nannte sie eine Scharlatanerie und berief sich dabei auf Argumente Picos.

Auch Paracelsus (1493/94–1541) dachte in Analogien und war wie Agrippa stark von den durch Ficino übersetzten hermetischen Schriften beeinflusst. Bei aller Gemeinsamkeit zu Agrippa aber – bereits rein oberflächlich ähnelte er diesem, indem er nach Humanistenmanier seinen echten Namen durch ein Pseudonym ersetzte –, unterschied er sich von diesem jedoch schon dadurch, dass er Zeit seines Lebens der Medizin genauso treu blieb wie seinem Weltbild. Sein Erkennt-

Philippus Aureolus Theophrastus Bombastus von Hohenheim – dieser Name verlangte nach einem griffigen Pseudonym. Der aus Einsiedeln stammende Arzt und Astrologe fand es bei einem römischen Philosophen und nannte sich kurz »Paracelsus«.

nisdrang, den er über die Naturphilosophie zu stillen hoffte, richtete sich am Menschen aus, ihn wollte er aus der Welt begreifen, die Welt um seinetwillen. Krankheit war für ihn als eine Störung der Weltordnung neben dem individuellen auch ein soziales Problem. Der Träger des Lebens war für ihn nicht die Seele, sondern ein immaterielles Prinzip, das alles im Körper auf chemischem Wege regelt. Salz, Quecksilber und Schwefel seien die Grundbestandteile des Körpers und dessen Reaktionen ließen sich darum auch im Reagenzglas, experimentell, bestimmen. Durchschaute man die Natur, gelänge es auch, falsche Abläufe im Körper zu korrigieren. Dies hatte Folgen auf die Pharmakologie, es waren ganz andere Arzneien nötig, als es die bisher vorherrschende Theorie der vier Säfte, die im Menschen wirken, nötig machte – so führte er chemische Heilmittel in die Medizin ein. Wie Ficino oder auch Agrippa war er überzeugt davon, dass zwischen Makro- und Mikrokosmos ein Zusammenhang besteht. Der menschliche Körper bzw. dessen Aura ziehe astrale Kräfte wie ein Magnet an, beide wirkten gegenseitig aufeinander, darum seien astrologische Kenntnisse unbedingt erforderlich, um Krankheiten zu heilen.

Philipp Melanchthon (1497–1560), Professor für Griechisch in Wittenberg und Großneffe des Humanisten Reuchlin, einer der bedeutendsten Weggefährten Luthers und als »Praeceptor Germaniae«, als Lehrer Deutschlands, von den Reformatoren verehrt, reiht sich in die Reihe derer ein, die das Tetrabiblos des Ptolemäus kommentierten. Er definierte Astrologie so:

Die Astrologie ist ein Teil der Physik, welcher lehrt, welche Wirkungen das Licht der Gestirne auf einfache und zusammengesetzte Körper ausübt, welche Mischungen, Veränderungen und Neigungen es hervorbringt.

Ihm, der Sprachrohr Luthers und Speerspitze des Protestantismus war, galt die Astrologie als »Krone des

In einer Handschrift aus der Hofbibliothek des deutschen Kaisers Karl IV. (14. Jh.) ist ein böhmischer Astrologe bei der Arbeit zu sehen, die durch das ihn umgebende umfangreiche System aus Aspekten und kommentierten Tierkreiszeichen dokumentiert wird.

Menschengeschlechts«, ihre »ehrwürdige Weisheit als Zeugnis Gottes«. Mit ihr sei der Mensch in der Lage, den göttlichen Willen zu ergründen, wenn auch der freie Wille, Gottes Lenkung und der Teufel verhinderten, das menschliche Leben als schicksalhaft anzusehen.

Luther selbst hatte ein ambivalentes Verhältnis zur Astrologie, hielt Planetenkonstellationen für göttliche Zeichen, wurde jedoch, was Horoskope anging, immer skeptischer. Sein Geburtsdatum und die genaue Geburtszeit wurden von seinen Anhängern und Gegnern bewusst so manipuliert, dass die sich jeweils ergebenden Horoskope ein besonders gutes oder schlechtes Bild von seiner Person gaben, ein für eine Zeit ohne Geburtsurkunden oder Kirchenbücher schwer zu widerlegender Fall von Geschichtsfälschung. Auch Luthers Reformatorenkollege in der Schweiz, Calvin, verurteilte die Astrologie als teuflischen Aberglauben und lehnte Horoskopstellerei und Wahrsagerei wie die meisten Gelehrten seiner Zeit ganz ab.

Es war eher die große Zeit der Astronomie, die sich aber noch immer »klassische« oder »gelehrte« Astrologie nannte. Und hier gab es ernorme Fortschritte, während sich bezüglich der Deutungen von himmlischen Ereignissen, dem System der Planeten, Tierkreiszeichen und Aspekten kaum etwas veränderte. Fleißig

Reformation der Kirche: ja, Revolution des Himmels: nein. Luther (vorne links), Melanchthon (rechts) und ihre Mitstreiter waren von Kopernikus nicht überzeugt.

kommentierte man in den neuen Lehrbüchern die islamische Astrologie und besonders Ptolemäus, die Autorität in Fragen der Himmelsmechanik. Verbesserungen auf technischem und mathematischem Gebiet führten zu neuen Häusersystemen und zu genaueren Direktionsmethoden, Methoden, mit deren Hilfe Prognosen abgeleitet werden können. Die Berechnungen wurden nicht nur genauer, sondern damit leider auch komplizierter, so kompliziert, dass immer mehr Tafelwerke entstanden, aus denen man die Ergebnisse leicht ablesen konnte. Tafeln, die aufgrund der Bahnberechnung die geozentrischen Orte eines Himmelskörpers in bestimmten Intervallen im voraus wie auch zurückblickend wiedergaben, nannte man Ephemeriden. Es gab sie zwar schon seit langem, sie wurden nun jedoch perfektioniert und erschienen teilweise als mit Deutungen und Prognosen versehene Almanache, mit Holzschnitten geschmückt, in der jeweiligen Landessprache und nicht in Latein. Seit den ersten gedruckten Tafelwerken des Regiomontanus für die Jahre 1474–1505, die Vasco da Gama und Kolumbus auch zur Orientierung auf See dienten, wurden Auflagen von bis zu über 100 000 Exemplaren erreicht. Die Erfindung des Buchdrucks Mitte des 15. Jh. trug somit auch für die Astrologie Früchte.

1524 kam es zur Häufung aller damals bekannten Planeten inklusive Sonne und Mond im Zeichen Fische. Ein sehr seltenes Ereignis, das in zahlreichen Flugblättern und Schriften kommentiert wurde.

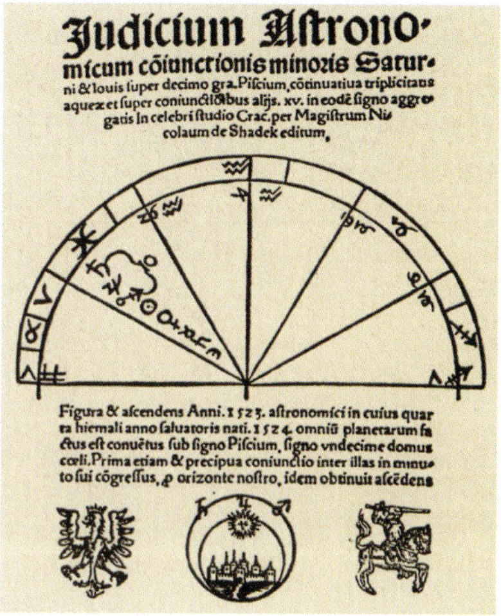

Es musste etwas bedeuten, wenn Saturn, Jupiter, Mars, Sonne, Mond, Merkur und Venus unter den Fischen und der letztlich entscheidenden Hand Gottes auf einer Wolke zusammen stehen. Aber was? Die Planetenhäufung (stellium) von 1524 bot viel Stoff für astrologische Mutmaßungen.

Von noch direkterer Wirkung auf die Astrologie als die Erfindung des Buchdrucks war jedoch eine andere Revolution, die sich mit einem deutsch-polnischen Gelehrten verbindet: die Postulierung des heliozentrischen Weltbilds! Auch das blieb den Altgläubigen nicht erspart: Zeitgleich mit der Spaltung des Christentums durch das Aufkommen neuer Konfessionen wurde an der uralten und dogmatisch vertretenen Ansicht, die Erde sei der Mittelpunkt der Welt, durch einen Domherrn gerüttelt, der fast schon bei den Wilden, im fernen Frauenburg, ansässig war. Dort in Ostpreußen machte Nikolaus Kopernikus (1473–1543) seine bahnbrechende Entdeckung, die als radikalster Umbruch in der Geschichte des Denkens angesehen werden kann. Er behauptete: »Der Erdmittelpunkt ist nicht der Mittelpunkt der Welt, sondern nur der der Schwere und des Mondbahnkreises«. Und außerdem: »Alle Bahnkreise umgeben die Sonne, als stünde sie in aller Mitte, und daher liegt der Mittelpunkt der Welt in Sonnennähe.« Dieses, sein heliozentrisches (helios grch. Sonne) System, legte er in seiner neben einer Übersetzungsarbeit einzigen Schrift vor, die erstmals um seinen Sterbetag (24.5.1543) zum Druck kam, angeblich erreichte ihn das erste Exemplar auf dem Sterbebett. Die Erstauflage von 1000 Exemplaren wurde nie ausverkauft. Wie kam er zu seiner Auffassung? Aristarchos' Lehre, die bereits im 3. Jh. v.u.Z. die Sonne in den Mittelpunkt stellte, später jedoch in Vergessenheit geriet, hat er nicht gekannt, das Fernrohr wurde erst um 1600 erfunden. Dennoch gab es Beobachtungen, die mit dem aristotelischen und ptolemäischen Weltbild, das ja immerhin von einer sich um sich selbst drehenden, kugelförmigen Erde ausging, nur schwer zu erklären waren. Mit der Annahme, die Erde sei wie die anderen Wandelsterne, die fünf bekannten Planeten, beweglich, drehe sich nicht nur um sich selbst, sondern auch um die Sonne und oszilliere mit ihrer Achse noch dazu um ihren Pol (was die Präzession erklärt, siehe S. 106),

Nur wenige Philosophen – zu ihnen zählten sich die Naturwissenschaftler bis zum 19. Jh., veränderten die Sicht der Welt so wie der im seit 1466 polnischen Thorn an der Weichsel geborene Niklas Koppernigk, der sich latinisiert Nicolaus Copernicus, eingedeutscht Nikolaus Kopernikus, nannte. Wenn auch schon im antiken Griechenland ähnliche Ansichten zu vernehmen waren, gilt er als eigentlicher Begründer des heliozentrischen Weltbilds, dessen Symbol, eine die Sonne umkreisende Erde, er in seiner Hand hält.

Das kopernikanische Weltsystem als Modell mit Zodiak und geneigter Erdbahn (17. Jh.).

gelang dies wesentlich leichter. »Unter allen Entdeckungen und Überzeugungen möchte nichts eine größere Wirkung auf den menschlichen Geist hervorgebracht haben als die Lehre von Kopernikus«, schrieb Goethe und hatte damit Recht, denn, wenn die Erde nicht Mittelpunkt ist, war dann der Mensch noch die Krone der Schöpfung? Hatte die Kirche die ganze Zeit Dogmen verkündet, die falsch waren? Obwohl sein Buch dem Papst gewidmet, der Kirche also bekannt war, reagierte sie nicht. Noch nicht. Erst 1611 wurde es verboten. Auch der Protestantismus – Luther schickte eigens einen protestantischen Gelehrten zu Kopernikus – wusste nichts mit dem neuen Weltbild anzufangen. Eigentlich wäre es nun an der Zeit gewesen, alle antike Astrologie über den Haufen zu werfen, denn war sie nicht die ganze Zeit von einem völlig falschen Weltbild ausgegangen? Tat sie nicht so, als kreiste der Himmel mit Sonne und Sternen um die Erde? Nichts dergleichen geschah. Im Gegenteil: Man begrüßte das neue Modell ebenso wie später die Entdeckung der Planeten Uranus, Neptun und Pluto, mit einem unverbrüchlichen Festhalten an den alten astrologischen Lehrsätzen bei gleichzeitiger Akzeptanz des Neuen. Kepler und Galilei, die beiden bedeutendsten Verfechter des heliozentrischen Modells, beide selbst der Astrologie zugeneigt und im Horoskopstellen bewandert, praktizierten den deutenden Teil der Sternkunde, die Astrologie, trotz der astronomischen Revolution nicht anders als ihre vorkopernikanischen Kollegen.

Wenn auch in Rom die Uhren noch langsamer gingen als anderswo – man rechnete hier in Jahrhunderten –, blieb man hier, am Sitz der Päpste, keinesfalls untätig. Man erkannte, dass es einer offiziellen Regelung bedurfte, um zu klären, was ein katholischer Christ von der Astrologie zu halten habe. Waren ihr die

Renaissancepäpste bisher im Ganzen eher zugeneigt, hielten sich eigene Hofastrologen, gründeten an der päpstlichen Universität einen Lehrstuhl für Astrologie (1520) und machten mit Lucas Gauricus einen Astrologen aus Dank gar zum Bischof, weil er Alessandro Farnese die Wahl zum Papst – Paul III. – vorhergesagt hatte, so bestimmte nun das als Reaktion auf die Reformation einberufene Konzil von Trient 1563: »Die Bischöfe sollen außerdem noch sorgfältig darauf achten, dass keine Bücher, Abhandlungen oder Verzeichnisse der Astrologie gelesen oder in Besitz gehalten werden, die es wagen, über künftige sich ereignende Erfolge oder zufällige Begebenheiten oder solche Handlungen, die vom menschlichen Willen abhängen, etwas als gewiss geschehend zu behaupten. Erlaubt sind dagegen Bestimmungen und natürliche Beobachtungen, die zum Besten der Schifffahrt, der Landwirtschaft oder der Arzneikunst geschrieben sind«. Doch dieses schwammige Verbot blieb wirkungslos, auch seine schärfere Fassung von 1586 konnte das Erscheinen von astrologischen Prognosen nicht verhindern. Wie bei der Prohibition in den USA im 20. Jh. ist eher der gegenteilige Effekt der Fall gewesen, und so berühmte katholische Astrologen wie Cardano, Nostradamus oder Kepler, alle Kinder des 16. Jh., scherten sich ebenso wenig darum wie deren Auftraggeber, reiche Privatleute, allerchristlichste Könige und fromme Kaiser.

Der älteste der drei, Girolamo Cardano (1501–76) ist heute vor allem wegen seines Buches »De vita propria«, *der* Autobiographie der Renaissance, und seiner Erfindung einer speziellen Aufhängung, aus der sich die Kardanwelle ableitet, ein Begriff. Er war ein in ganz Europa bewunderter Astrologe, daneben auch Arzt und Mathematiker. Seine Gedanken über die Astrologie, die sehr modern anmuten, legte er in einem Lehrbuch »Libelli duo« nieder, das im Todesjahr des Kopernikus (1543) erschien und in dem er unter anderem meinte, dass einen Astrologen neben Bescheidenheit vor allem psychologische Kenntnisse auszeichneten. Daneben müsse er selbstverständlich alle Techniken

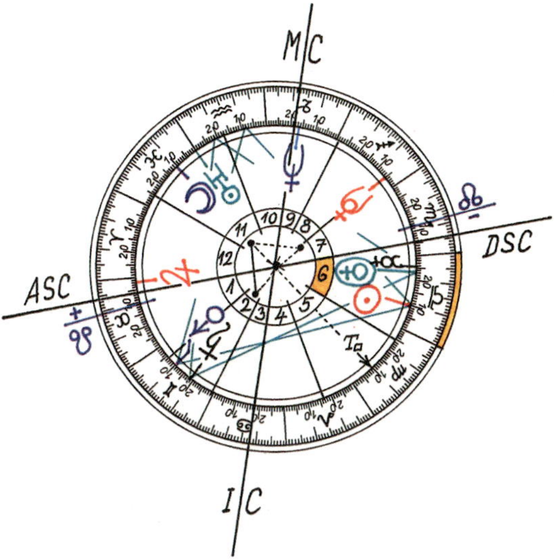

»Da die Sonne und die beiden Verderben bringenden Sterne, auch die Venus und der Merkur, gerade in männlichen Zeichen des Tierkreises standen, behielt mein Leib normale menschliche Gestalt. Und weil der Jupiter am Aszendenten stand und die Venus Herrscherin der ganzen Konstellation war, so ward ich nirgends verletzt als an den Geschlechtsteilen, sodass ich von meinem 21. bis zum 31. Lebensjahre nicht mit Frauen verkehren konnte…« schreibt Cardano in seiner Autobiographie über sein hier in einer modernen Version abgebildetes Horoskop.

beherrschen, sich von Gefühlen frei machen, die seine Aussagen beeinflussen, dürfe sich nicht mit trivialen Fragen abgeben und keine öffentlichen Prognosen erstellen. Auf jeden Fall solle er Prognosen für solche Personen ablehnen, die ihn nur auf die Probe stellen wollten und ebenso für diejenigen, die ihre Geburtszeit nicht genau kennen oder – er war ganz Pragmatiker – zu wenig zahlen wollten. Die Finanzen waren nicht Cardanos Problem, er war ein gesuchter Horoskopdeuter, der außerdem Prognosen stellte und wie schon bei den Babyloniern, günstige Termine für allerlei Vorhaben berechnete. Überschattet wurden seine letzten Lebensjahre, nach dem Beschluss des Trientiner Konzils, jedoch durch die Inquisition, die ihm das Leben schwer machte.

Vor der Inquisition bewahrt wurde sein noch berühmterer Kollege und Zeitgenosse Michel de Notre-Dame, besser bekannt als Nostradamus (1503–66), durch seine mächtigste Kundin, Katharina von Medici, die als Angehörige dieser astrologiebegeisterten, eigentlich bürgerlichen Florentiner Familie das ihr bereits von

Nostradamus verfasste seine Prophezeiungen bewusst verschlüsselt. Dies führte jedoch auch dazu, dass keine seiner Vorhersagen vor dem Eintritt eines Ereignisses richtig enthüllt worden ist – erst in Nachhinein erwiesen sie sich als zutreffend.

Nostradamus

Zum sicherlich bekanntesten und umstrittensten Vertreter der Astrologie machten den französischen Arzt Nostradamus zwei Tatsachen: Sein 1555 erschienenes und später erweitertes Werk »Prophezeiungen« und sein Einfluss auf die dem Okkulten zugeneigte französische Königin Katharina von Medici. In den »Prophezeiungen«, einer Sammlung von mysteriösen Vierzeilern (»Quatrains«), von denen jeweils hundert eine Centurie bildeten (die ersten drei Centurien erschienen 1555, danach noch sieben weitere) machte er Prognosen, die bis weit in die Zukunft reichen sollten und aus denen man vieles deuten kann, so den großen Brand von London 1666, die Französische Revolution von 1789, die Entstehung des Britischen Weltreiches oder das Ende der Welt für Juli 1999. Nicht zuletzt war es eine dieser Prognosen, die Katharina bewog, sich diesen Mann näher zu betrachten, denn sie schien zu bestätigen, was schon ein anderer Astrologe, der Bischof Lucas Gauricus vorhergesagt hatte: Ihr Mann, König Heinrich II., werde in seinem 41. Lebensjahr bei einem Einzelkampf sterben. Bei Nostradamus las sich das als Vierzeiler so: Der junge Löwe schlägt den alten/ auf kriegsähnlichem Gefilde im Einzelkampf,/ im güldnen Käfig wird die Augen er durchstechen,/ aus zweier Wunden eine dann wird grausamen Tod der alte Löwe sterben. Heinrich II. war zwar weder unter dem Tierkreiszeichen Löwe geboren, noch empfangen, aber er starb durch einen Lanzenstoß durch seinen käfigartigen Helm ins Auge, den er 1559, in seinem 41. Lebensjahr, bei einem Duell erhalten hatte. Waren die Franzosen und insbesondere deren Königin Nostradamus schon vorher ergeben, so waren sie ihm nun hörig und Katharina bezog einen anderen Vierzeiler, der vom »Tod des Hauses der Sieben« sprach, nun auch auf sich, denn sie hatte sieben überlebende Kinder. Auch wenn sie kaum glaubte, dass die Prophezeiung zutreffen könne, dass ihr Haus, die Dynastie der Valois, bei vier erwachsenen Söhnen aussterben würde, hielt sie weiter ihre schützende Hand über Nostradamus und musste bei ihrem Tod 1589 feststellen, dass er Recht behalten hatte. Nur noch ein Sohn, Heinrich III., war am Leben, seine Ehe jedoch kinderlos. Mit seinem Tod, sieben Monate nachdem sie für immer die Augen geschlossen hatte, endete das Geschlecht der Valois tatsächlich, die Bourbonen kamen auf den Thron.

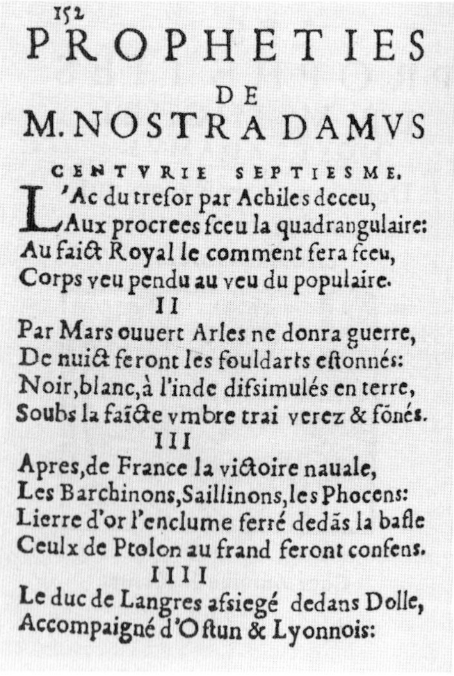

152

PROPHETIES
DE
M. NOSTRADAMVS

CENTVRIE SEPTIESME.

L'Ac du treſor par Achiles deceu,
Aux procrees ſceu la quadrangulaire:
Au faict Royal le comment ſera ſceu,
Corps veu pendu au veu du populaire.

II

Par Mars ouuert Arles ne donra guerre,
De nuict feront les fouldarts eſtonnés:
Noir, blanc, à l'inde diſsimulés en terre,
Soubs la faicte vmbre trai verez & ſonés.

III

Apres, de France la victoire nauale,
Les Barchinons, Saillinons, les Phocens:
Lierre d'or l'enclume ferré dedãs la baſle
Ceulx de Ptolon au frand feront confens.

IIII

Le duc de Langres aſsiegé dedans Dolle,
Accompaigné d'Oſtun & Lyonnois:

Beispiel aus der ersten Seite der siebten Zenturie aus den »Prophezeiungen« des Nostradamus, wie sie 1557 erschienen.

einem italienischen Astrologen prophezeite Glück hatte, durch Heirat zur Königin von Frankreich zu werden. Man ist sich heute nicht sicher, wie er zu seinen düsteren Prognosen kam, ob es sich dabei um Astrologie oder pure Wahrsagerei handelte, ob er, vielleicht selber Jude, kabbalistischen Lehren anhing. Vor allem unsicher ist man sich aber heute über seine Prognosen, die in immer neuen Auflagen und Deutungen erscheinen. Unbestritten ist, dass er selber schon viel für das Bild getan hat, das seine Anhänger von ihm hatten und haben.

Als Protestant hatte Johannes Kepler kein leichtes Leben am katholischen Hof Rudolfs II. Noch dazu wurde seine Mutter der Hexerei bezichtigt und konnte nur durch das Eingreifen ihres Sohnes vor dem Feuertod bewahrt werden.

Der letzte der drei im 16. Jh. geborenen Astrologen, Johannes Kepler (1571–1630), hatte ein zwiespältiges Verhältnis zu seinem Brotberuf. Er nannte die Astrologie »die närrische kleine Tochter der achtenswerten vernünftigen Mutter Astronomie«, fertigte gleichzeitig aber für seine fürstlichen Auftraggeber Horoskope an. Anstellung fand er zuerst als Mathematiklehrer an einer Stiftsschule in Graz. Zu seinen dortigen Aufgaben gehörte auch die Erstellung der jährlichen Kalender, in denen vor allem die Sterne gedeutet wurden, damit Ärzte, Landwirte und auch Staatsmänner wussten, wann ihnen die Sterne für ihre Geschäfte günstig waren. Obwohl Protestant, wurde er 1601 Nachfolger Tycho Brahes als Hofmathematicus bei Kaiser Rudolf II. in Prag. Beruhend auf Brahes langfristigen Beobachtungen in einem selbstgebauten Observatorium, gelang es ihm, Kopernikus' Modell zu beweisen, es sogar zu verbessern, indem er mit dem ersten der drei bis heute gültigen Keplerschen Gesetze klarstellte, dass die Planeten sich nicht in Kreisen, sondern in Ellipsen um die Sonne bewegen. Zuletzt war er als Hofastrologe des kaiserlichen Generals im 30jährigen Krieg, Wallenstein, in Anstellung, entwarf und deutete Horoskope, begründete sein Tun mit der Schrift »Von den gesicherten Grundlagen der Astrologie« und empfand es

Seit 1628 war Kepler auch »Fürstlich Friedländischer Mathematicus«, da sein Dienstherr nun der Herzog von Friedland, Albrecht von Wallenstein, war.

als selbstverständlich, Planetenbewegungen oder Himmelserscheinungen als Zeichen Gottes anzusehen. In seinem Wallensteinhoroskop schrieb er: »Die Philosophia und also auch die wahre Astrologia ist ein Zeugnis von Gottes Werken und also ein heilig und gar nicht ein leichtfertig Ding, das will ich meines Teils nicht verunehren.«

Gleiches gilt auch für Keplers italienischen Geistesverwandten Galileo Galilei (1564–1642), dessen Eintreten für das von der Kirche nicht akzeptierte kopernikanische Weltmodell ihn zur leichten Beute der Inquisition machte. Er wurde zwar nicht verbrannt, stand jedoch unter Hausarrest und konnte so wenigstens seine Beobachtungen des Himmels mit einem von ihm verbesserten Fernrohr fortsetzen, die zur Entdeckung der Jupitermonde, des Saturnringes und der Sonnenflecken führten. Bei all der gelehrten, wissenschaftlich exakten Forschung, die er unter Einsatz seines Lebens betrieb, gehörte aber auch er noch der Blütezeit der Astrologie an, die er selber ausübte und erforschte. Doch eigentlich befand sie sich bereits in der Krise.

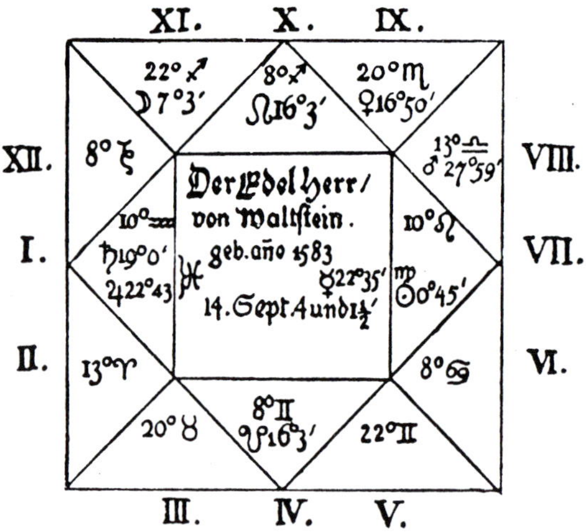

Schon 1608 hatte sich der noch unbekannte Wallenstein bei dem kaiserlichen Astrologen Kepler ein Horoskop stellen lassen. Die ihm darin für 1609 vorhergesagte Eheschließung mit einer reichen Witwe traf ein, Wallenstein machte Karriere und sicherte später Keplers Überleben.

Dämmerung: Aufklärung und 19. Jahrhundert

Im Todesjahr Galileis wurde Isaac Newton (1642–1712) geboren. Der englische Gelehrte, der sich selber immer noch als Naturphilosoph und nicht als Physiker bezeichnet hätte, machte mit seiner Ansicht, die von ihm entdeckten Gravitationsgesetze müssten überall, nicht nur auf der Erde gelten, ein Ende mit der Sonderbehandlung des Himmels, er entzauberte ihn endgültig. Man stelle sich vor: Alles Übernatürliche verschwand auf einmal aus der Wissenschaft. Die Vollkommenheit der Sterne – hinweggewischt. Die göttlichen Eigenschaften des Kosmos – bedeutungslos. Die Idee eines ersten Bewegers, dessen Anstoß sich durch Sphären bis zur Erde fortpflanzt – erledigt. Auch wenn diese Auffassungen nicht gleich von allen geteilt wurden und auch Newton manchen Beweis schuldig bleiben musste, so war nicht mehr zu kaschieren, dass die Astrologie sich dringend umorientieren musste. Sie musste sich der Forderung Keplers aufgeschlossen gegenüber zeigen, der ihr die symbolische Deutung des himmlischen Geschehens zuwies und nicht die naturwissenschaftliche Ergründung. Die qualitativ-deutende Sternkunde musste sich von der quantitativ-mechanischen Wissenschaft trennen, die Astrologie von den Universitäten verbannt, die Astronomie etabliert werden.

Trotz seiner naturwissenschaftlichen Entdeckungen und der Anerkennung der heliozentrischen Lehre des Kopernikus unterwarf sich Galilei nicht nur der Kirche, sondern blieb auch der Astrologie treu.

Italien

Etwas anderes war es noch in Italien. Hier hatte sich die Astrologie aufgrund der Nähe zur antiwissenschaftlich eingestellten Kirche mit den Konservativen verbündet, die am aristotelischen Weltbild festhielten, das sich ihrer Meinung nach am besten mit dem Text der Bibel zu vereinbaren schien. In dieser Nische konnten Astrologen wie Placido Titi (1603–68), Benediktiner und Professor in Pavia, ihrer Arbeit nachgehen, als hätte es einen Kopernikus oder Galilei nie gegeben. Placidus, wie er sich selbst in seinen auf Latein verfassten Schriften nannte, ist einer der beiden Hauptvertreter der neuscholastischen Astrologie, die auf Lehren

Auch als Professor in Pavia (1657–68) wurde Placido Titi mit seinem Ordensnamen, Placidus, gerufen. Unter diesem Namen wurden seine zuerst pseudonym erschienenen Werke berühmt.

der Scholastik, also der im Mittelalter gelehrten Philosophie, aufbaut, die durch die Rezeption von Aristoteles und Platon geprägt wurde. Zugeständnisse machte er nur insofern, als er ganz mechanistisch von den Tierkreiszeichen, Häusern und Aspekten lehrte, sie seien real existierend und wirkten ganz kausal über Lichtstrahlen auf die Erde, auf das einzelne Individuum. In seiner »Physiomathematik oder Philosophie des Himmels« aus dem Jahr 1650 verbesserte er in diesem Sinne die traditionelle, rein geometrische Häuserlehre zu einem System, das heute das weltweit am meisten benutzte ist. Darum und wegen seiner Arbeiten im Bereich der Sekundärdirektionen, einer speziellen Prognosemethode, gilt Placidus auch als »Vater« der modernen Horoskoptechnik.

Der andere Neuscholastiker, der etwas ältere französische Mathematikprofessor Jean-Baptiste Morin de Villefranche (1583–1656), war Hofastrologe König Ludwigs XIII. von Frankreich, sein Rat war aber auch von den Kardinälen Richelieu und Mazarin und der protestantischen Königin von Schweden gefragt. Sein Hauptwerk »Astrologia gallica«, eine umfangreiche Enzyklopädie der praktizierenden Astrologie, an der er 30 Jahre gearbeitet hatte, erschien etwa zeitgleich mit der Physiomathematik des Placidus und war für über 200 Jahre das letzte Lehrbuch für Astrologie in Frankreich. Obwohl auch er wie sein italienischer Kollege auf den bibelkompatiblen Aristoteles aufbaute, kam dieses komplexe Standardwerk zusammen mit allen anderen astrologischen Büchern, die bisher trotz Konzilsentscheidung in Trient (siehe S. 48) mit kirchlicher Druckerlaubnis erschienen waren, 1688 auf den Index der verbotenen Schriften. Wie nach den Beschlüssen Kaiser Justi-

Wie Placidus war auch Morin Professor der Mathematik. Trotz der ablehnenden Position der offiziellen Kirche zur Astrologie beriet er auch die Kardinäle Richelieu und Mazarin.

nians gegen die Astrologie, die einst eine Abwanderung der Sternkundler nach Persien zur Folge hatte, verkrochen sich die letzten ihrer Zunft in Gebiete, in die der päpstliche Arm nicht reichte und in denen man zwar inzwischen angesichts der wissenschaftlichen Fortschritte auch die Nase rümpfte, aber wenigstens vor Verfolgung geschützt war. Das Goldene Jahrhundert der Astrologie in England war gekommen!

England

Schon zu Zeiten der Tochter Heinrichs VIII., während der langen Regierung der ersten Elisabeth, unter der nicht nur Piraterie und Theater, sondern allgemein Wirtschaft und Kultur gefördert wurden, befand sich die Astrologie im Aufschwung. Ist in unserem Bericht aus Großbritannien zuletzt von dem Franziskaner Roger Bacon die Rede gewesen, der mit seiner Hochachtung vor der Erfahrung als einer der ersten Empiriker gilt, so ist es wieder ein Bacon, der adlige Philosoph Francis Bacon (1561–1626), der die allgemein in England vorherrschende Ansicht wiedergibt, wenn er schreibt: »Die Astrologie ist voll von Aberglauben, dass man kaum etwas Vernünftiges in ihr entdecken kann; doch halte ich dafür, dass man sie eher reinigen als ganz verwerfen soll ... Es ist sicher, dass die Himmelskörper außer Licht und Wärme noch andere Einflüsse besitzen ...« Dies mag auch die Einstellung der außergewöhnlich klugen Königin gewesen sein und so wundert es nicht, dass sie einem Astrologen und Mathematiker, John Dee (1527–1608) vertraute, der einerseits durch seine Berechnungen die Reformation des Julianischen Kalenders durch Papst Gregor XIII. (1583) vorbereiten half, gleichzeitig aber auch als Alchimist und Magier nach dem Stein der Weisen suchte und einfache Metalle in Gold umwandeln wollte. Im 16. Jh. war dies noch kein Widerspruch, entlarvte einen solchen Mann nicht als Träumer, als Spinner oder Gaukler, denn anders erklärt es sich nicht, dass Elisabeth ihn als Hofastrologen beschäftigte und sich von ihm einen günstigen Tag für ihre Krönung (1558) suchen ließ.

Obwohl John Dee Elisabeth I. beriet, stammt ihr Horoskop nicht von diesem auch als Alchimist und Magier bekannten Astrologen, sondern entstand zu einer späteren Zeit. Das Oval als Darstellungsform für Horoskope war besonders im England des 18. und 19. Jh. modern.

Mit ihrem Nachfolger verschlechterte sich das Klima für die Astrologen, die sich nun, vom Hof verbannt, neue Arbeitsbereiche suchten und oft zu herumreisenden Vagabunden wurden, die auf Jahrmärkten ihre Kunst ausübten. Die Obrigkeit tat ihr Übriges mit Gesetzen gegen die Sterndeuterei und einer mächtigen Zensur. Doch das politische Klima änderte sich, 1641 fiel die Zensur und wie ein ausgetrockneter Schwamm das Wasser, so saugten die Briten nun alles auf, dessen sie habhaft werden konnten, es musste nur mit den Sternen zu tun haben. Das »Goldene Jahrhundert der Astrologie« brach an, innerhalb von zwei Jahren stieg die Zahl der astrologischen Veröffentlichungen von 22 (1640) auf 1966 (1642). Größter Profiteur war William Lilly (1602–81), der »Vater der britischen Astrologie«, ein vermögender Immobilienspekulant, der sich erst spät astrologische Kenntnisse angeeignet hatte. Er widmete sich vor allem der Mundanastrologie und gab politische Almanache heraus, ein Genre, das bis ins 19. Jh. in England populär blieb. Er prognostizierte die Hinrichtung Karls I., die Restauration der Monarchie nach der Herrschaft Cromwells und den großen Brand Londons – jedenfalls wurde dies in seine in puncto Konkretheit an Nostradamus erinnernden Vorhersagen hineininterpretiert. Aber ihn als schillernde Figur abzutun verkennt, dass er auch bestrebt war, sein Wissen in Buchform weiterzugeben. So in dem grundlegenden Werk »Christian astrology«, ein schon deswegen bemerkenswertes Buch, da es über eine Bibliographie und ein Register verfügte. Ein Beispiel für die darin behandelte Stundenastrologie, wie sie Lilly praktizierte und damit Maßstäbe setzte, gibt dieses Beispiel über ein gestohlenes Pferd, dessen Besitzer von Lilly bzw. den Sternen Näheres darüber wissen will:

Merkur, der hier als Herrscher des Zwölften Hauses für das Pferd steht, sehen wir rückläufig und auf eine Konjunktion mit der Sonne zueilen, die zugleich der Herrscher des Substanzhauses des Klienten ist; weil Merkur durch seine retrograde Bewegung zum Herrscher des Substanzhauses des Klienten gehört, darüber hinaus der Mond lokal im Zweiten und sowohl Jupiter als auch Mars retrograd in der Nähe der Spitze des Zweiten Hauses sind, kam ich zu dem Ergebnis, dass der Klient seinen Besitz oder sein Pferd zügig und unvorhergesehen zurück erhalten werde, und zwar innerhalb von einem oder zwei Tagen nach der Befragung. Und weil das Siebte Haus vom Drachenschwanz betroffen ist, urteilte ich, dass der Dieb die Sache nicht behalten werde.

Neben vielerlei zweifelhaften Gestalten, wie John Case, der die Erschaffung der Sterne auf Mittwoch, den 22. April 4002 vor Christi berechnete oder einzelnen Tierkreiszeichen bestimmte Fragen des menschlichen Lebens zuordnete, so zum Beispiel die Frage danach, ob ein Weib seinem Mann die Treue halte der Waage, gab es in dieser Hochzeit der englischen Astrologie weiterhin seriösere Astrologen wie Lilly, deren Beweggründe, sich mit den Sternen zu befassen, jedoch auch nicht die Sammlung wissenschaftlicher Meriten war, sondern finanzielle Unabhängigkeit. Der Handel mit Almanachen florierte (manche Reihen erschienen bis zum Zweiten Weltkrieg), die Leute waren gierig nach Übersinnlichem in einer Zeit, in der französische Philosophen wie René Descartes (1596–1650) Rationalität predigten und die englischen – beginnend mit John Locke (1632–1704) – ihr Heil in der Empirie, der Erfahrungswissenschaft, suchten und fanden. Gegen die Leichtgläubigkeit war kein Kraut gewachsen und ein berühmter Versuch Jonathan Swifts, Autor des Gulliver, mit einer astrologischen Satire »Voraussagen für das Jahr 1708« seine Landsleute aufzurütteln, zum Scheitern verurteilt. Eine gewisse Wirkung entfaltete sie nur auf den Astrologen John Patridge, dessen Tod Swift vorhergesagt und später durch eine andere

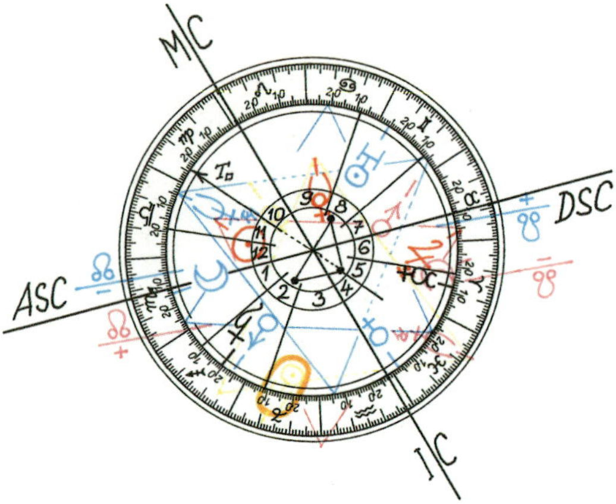

Geburtstag: 13. März 1781. Geburtszeit: 22:30 Uhr. Geburtsort: Greenwich. Geburtshelfer: Friedrich Wilhelm Herschel. Name des Kindes: Uranus. Das Horoskop bezieht sich auf die Entdeckung des Planeten Uranus und deutet denn auch tatsächlich auf ein umwälzendes Ereignis hin.

Schrift bestätigt hatte. Obwohl Patridge sich bester Gesundheit erfreute, war er nun in Beweisnot und musste Anzeigen aufgeben, dass er noch am Leben sei. Im Land Isaac Newtons war die Lehre von den Sternen endgültig volkstümlich geworden, den Universitäten überließ man den wissenschaftlichen Teil, die Astronomie. Ein deutschstämmiger Astronom war es, der im ausgehenden Jahrhundert mit einer Entdeckung noch einmal die Gemüter der Astrologen erregte und für noch immer andauernden Diskussionsstoff sorgte: Friedrich Wilhelm Herschel (1738–1822) gelang 1781 die Entdeckung eines neuen Planeten, den er, in klassischer Tradition, nach dem griechischen Himmelsgott Uranus nannte. Es war der erste Planet, den man nur mit dem Teleskop sah und nicht der letzte. Es folgten neben den transsaturnischen Planeten Neptun (entdeckt 1846) und schließlich Pluto (1930) zahlreiche Asteroiden und Monde – und die Suche ist auch heute noch im Gange. Musste man nun alle astrologischen Gesetze ändern? Musste man komplett umdenken? War damit bewiesen, dass die Astrologie keinen Nutzen hatte, wenn sie ein paar Planeten Jahrhunderte unberücksichtigt gelassen hatte? Wie gesagt war am pragmatischsten, die neuen Wandelsterne einfach in die praktizierten Modelle zu integrieren und ansonsten so zu verfahren, wie man es mit dem kopernikanischen Weltbild getan hatte: Man ignorierte es zwar nicht, machte aber so weiter wie bisher.

Deutschland

Ähnlich wie in England verfuhr man im Deutschen Reich, hier konnte man nur noch an wenigen Universitäten Astrologie studieren. Immer abstruser wurden die Veröffentlichungen der praktizierenden Astrologen. Da werden Gründungsdaten von Städten genauso berechnet wie die Lage des biblischen Paradieses oder Daten aus der Bibel, bösartigen Sternen wird zugeschrieben, dass sie die Luft verunreinigen und zur astralischen Pest führen können. Der vielschreibende Pater Athanasius Kircher (1601–80) ging schließlich soweit, Farbe, Geruch und Zusammensetzung der Planeten zu beschreiben und die Eigenschaften ihrer Bewohner. Vielem davon wurde durch einen Reichstag-

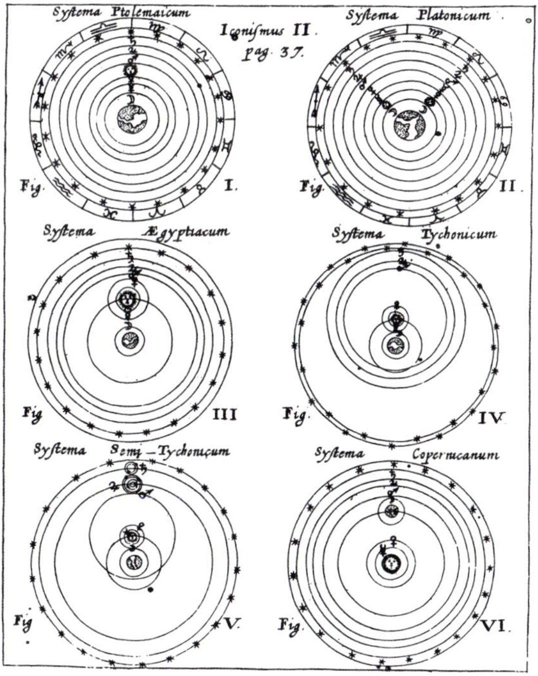

Auch 1671, mehr als 100 Jahre nach dem Erscheinen von Kopernikus' epochalem Werk, konkurrierten in einem Buch Athanasius Kirchers noch sechs astronomische Systeme um die wahre Erklärung des Himmels. Und dabei hat er das Kepler'sche noch nicht einmal berücksichtigt!

abschied 1699 der Riegel vorgeschoben, der astrologische Almanache und Prognostiken verbot. Aber der Tiefpunkt war noch nicht erreicht.

Das 18. Jahrhundert brach an und mit ihm der Geist der Aufklärung. Mit dem Schlachtruf »Écrasez l'infâme!« (Rottet den niederträchtigen Aberglauben aus!) stürmte der französische Schriftsteller und Philosoph Voltaire allem entgegen, was nicht mit dem Verstand zu erfassen war, und dazu gehörte natürlich auch die Astrologie, die die Aufklärer als »Pseudo-« oder »Wahnwissenschaft« oder, wie Johann Christoph Adelung in seiner »Geschichte der menschlichen Narrheit«, schlicht als Aberglaube ansahen, von Priestern dazu gemacht, die Bevölkerung zu unterjochen. Das war nicht so neu, schon früher hatte man Teilen der Sternkunde kritisch gegenüber gestanden. Nun aber war das Zeitalter der Religion und Philosophie dem Jahrhundert der Wissenschaft gewichen, man warf alles in einen Topf und amüsierte sich schließlich auch über die selbst von der Kirche lange akzeptierten Bereiche, in denen astrologische Erkenntnisse genutzt wurden, Medizin und Meteorologie. Der Artikel über Astrologie in der zwischen 1746 und 1772 erschienenen Enzyklopädie Diderots und D'Alemberts, dem »Schwungrad des Fortschritts« und Hauptwerk der französischen Aufklärung, konnte daran nichts ändern. Sein Autor versuchte, die Berechtigung der »natürlichen« Astrologie zu retten und den Rest, die Horoskopastrologie, als Aberglauben zu verwerfen, die gemeinsam mit Hexen- und Teufelsglauben einer anderen Zeit angehöre. Über die astrologischen Schriften der Perser schrieb Voltaire: »Man kann nicht zwei Seiten von diesem entsetzlichen, dem Zarathustra zugeschriebenen Geplapper lesen, ohne mit der menschlichen Natur tiefstes Mitleid zu haben. Nostradamus und die albernsten Quacksalber sind, mit diesen Narren verglichen, noch immer sehr vernünftige Leute.«

Immanuel Kant, preußischer Philosoph am Ende der Aufklärung, fasste zusammen: »Aufklärung ist der

Ausgang des Menschen aus seiner selbst verschuldeten Unmündigkeit. Unmündigkeit ist das Unvermögen, sich seines Verstandes ohne Leitung eines anderen zu bedienen« und folgerte daraus den Wahlspruch der Aufklärung: »Habe Mut, dich deines eigenen Verstandes zu bedienen!« Wer dies nicht aus eigener Kraft schaffte, dem halfen Herrscher wie Friedrich der Große oder Maria Theresia nach, indem sie geboten, in den Kalendern »hinfüro alle astrologischen Wahrsagereyen und abergläubische Mutmaßungen wegzulassen«, das Erscheinen von Ephemeriden, dem wichtigsten Werkzeug der Astrologen, seit 1710 unterbanden und es damit jedem, der nicht die hohe Kunst der Mathematik beherrschte, die Grundlagen zur Ausübung der Astrologie nahmen beziehungsweise den Dilettanten und Scharlatanen Tür und Tor öffneten.

Da es der Zeitströmung widersprach und man sich leicht dem Spott der Gebildeten aussetzte, wurde die Astrologie nun ins stille Kämmerlein verbannt, das dann gar nicht so still war, wenn man es mit anderen Gleichgesinnten teilen konnte. In Geheimgesellschaften, wie den Zirkeln der Freimaurer, Rosenkreuzer oder Illuminaten, in denen sich seit dem 17. Jh. Menschen zusammenschlossen, die jenseits von Standesgrenzen das Urprinzip der Welt zu ergründen und damit auch gleichzeitig die Formel zur Heilung ihrer Leiden zu finden versuchten. Trotz Aufklärung war hier eine Berücksichtigung alter Lehren, wie der Astrologie, der Alchemie, von Magie und Kabbala geradezu erwünscht, wenn sie auch nicht praktiziert, sondern in symbolischer Art behandelt wurden. Diese Sym-

Auch im »Baum der Erkenntnis von Gut und Böse« der Rosenkreuzer hat die Astrologie ihren Platz: In der Mitte ist der Himmelglobus mit dem Tierkreis zu erkennen.

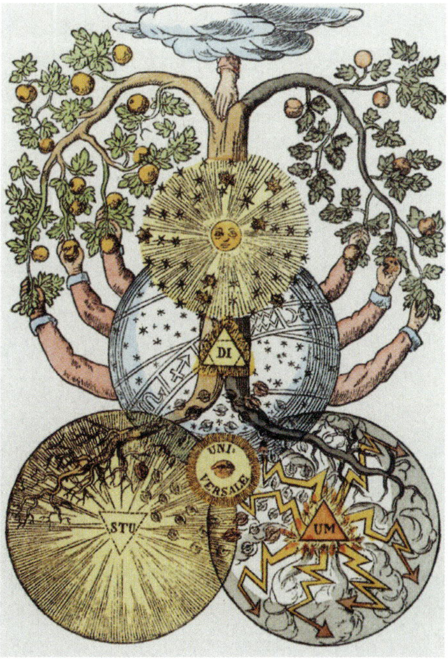

bolik, die in die Diskussionen bei den Treffen einfloss, dominierte auch die äußeren Kennzeichen der Gesellschaften: als Verehrer des Hermes Trismegistos hatte es ihnen naturgemäß gerade die ägyptische Mythologie und die griechischen Planetengötter angetan. Eine berühmte Spiegelung dieses Gedankenguts bildet die Oper »Die Zauberflöte« mit der Arie des Sarastro »O Isis und Osiris«, deren Librettist Schikaneder ebenso ein Mitglied der Wiener Freimaurer war wie der Komponist des Werkes, Mozart.

Die Entdeckung der Ruinen Pompejis Mitte des 18. Jh. und das Schicksal dieser im Ascheregen des Vesuvs versunkenen Stadt bildete den Auftakt zu einer neuen Renaissance der Antike. Vor allem Griechenland wurde modern und in der Kunst der Zeit, dem Empire, viel zitiert. Auch die Literaten nahmen sich des Themas sehnsüchtig an und träumten von Zeiten, in denen das Leben wunderbar gewesen sein müsste, angesichts der hochstehenden Kultur, der faszinierenden Philosophie und der liberalen Politik, die aber gleichzeitig bei allem technischen Erfindungsreichtum auch dem Irrationalen Raum ließen. Mit dieser Rückbesinnung auf das Wissen der Alten ging – wie in der Renaissance – auch eine Wiederbelebung der Astrologie einher. 1822 erschien der Tetrabiblos des Ptolemäus in der Reihe »astrologische Taschenbücher« erstmals in deutscher Übersetzung, man studierte die Originaltexte, entstaubte sie und passte die alten Erkenntnisse dem wissenschaftlichen Forschungsstand an – nun wurde die Astrologie fast wieder salonfähig. Es war nicht weiter verwunderlich, wenn Goethe 1811 seine Autobiographie, »Dichtung und Wahrheit«, wie folgt begann:

Am 28. August 1749, mittags mit dem Glockenschlage zwölf, kam ich in Frankfurt am Main auf die Welt. Die Konstellation war glücklich: die Sonne stand im Zeichen der Jungfrau und kulminierte für den Tag; Jupiter und Venus blickten sie freundlich an, Merkur nicht widerwärtig, Saturn und Mars verhielten sich gleichgültig; nur der Mond, der soeben voll ward, übte die Kraft seines Gegen-

scheins um so mehr, als zugleich seine Planetenstunde eingetreten war. Er widersetzte sich daher meiner Geburt, die nicht eher erfolgen konnte, als bis diese Stunde vorübergegangen. Diese guten Aspekte, welche mir die Astrologen in der Folgezeit sehr hoch anzurechnen wussten, mögen wohl Ursache an meiner Erhaltung gewesen sein: denn durch Ungeschicklichkeit der Hebamme kam ich für tot auf die Welt, und nur durch vielfache Bemühungen brachte man es dahin, dass ich das Licht erblickte.

In vielen seiner Dramen und Romane lassen sich Belege für das astrologische Interesse Goethes und seine Vertrautheit mit deren Begriffswelt finden. Schiller, der ihr kritischer gegenüber stand, schrieb er: »Der astrologische Aberglaube ruht auf dem dunklen Gefühl eines ungeheuren Weltganzen. Die Erfahrung spricht, dass die nächsten Gestirne einen entschiedenen Einfluss auf Witterung, Vegetation etc. haben; man darf nur stufenweise immer aufwärts steigen und es lässt sich nicht sagen, wo die Wirkung aufhört. Findet doch der Astronom überall Störungen eines Gestirns durchs andere. Ist doch der Philosoph geneigt, eine Wirkung auf das Entfernteste anzunehmen. So darf der Mensch im Vorgefühl seiner selbst nur immer etwas weiter schreiten und diese Einwirkung aufs Sittliche, auf Glück und Unglück ausdehnen. Diesen und ähnlichen Wahn möchte ich nicht einmal Aberglauben nennen, es liegt unserer Natur so nahe, ist so leidlich und lässlich als irgendein Glaube.« Diese ambivalente Haltung, die einerseits rationale Gründe angibt, auf Erfahrungen aufbauend eine Wirkung der Sterne für möglich erklärt, andererseits darauf verweist, dass der Glaube an die Astrologie nicht besser oder schlechter ist als irgendein anderer, gibt stellvertretend die Einstellung der meisten Romantiker wieder. Gleichzeitig gab es Bestrebungen, das »ungeheure Weltganze« nach dem von Goethe genannten Einfluss zu erforschen. Was war es, was die Welt zusammenhält? Was war es, das sich von den Sternen ausgehend auf den Menschen übertragen konnte? Was war es, das im ganzen Kosmos wirkte? Etwas Unsichtbares, vielleicht Metaphysisches konnte es sein. Oder, wie der Arzt Franz Anton Mesmer meinte, dessen Promotionsschrift »Der Einfluss der Sterne auf den menschlichen Körper« die wieder erwachte Akzeptanz der Universitäten zeigt, vielleicht eine Art Magnetismus, ein Fluidum, das Makro- und Mikrokosmos gleichermaßen durchdringt. Das klang plausibel und führte zu seiner steilen Karriere als Wunderheiler an den europäischen Königshöfen. Doch vielleicht gab es auch eine Weltseele oder einen Erdgeist. Es wurde allenthalben spekuliert und philosophiert, aber die Richtung wurde immer klarer: Es würde nichts Greifbares geben, alles war Glaubenssache, mehr Psychologie als Physiologie. Das Anrüchige des Ewig-Gestrigen, ein muffiger Geruch haftete der Astrologie weiter an und verhalf ihr trotz romantischer Rückbezüge in gebildeten Kreisen nicht ganz aus ihrer Ecke, in der sie mitsamt Magie, Alchemie und Okkultismus verbannt worden war, heraus.

Licht und Schatten: 20. Jahrhundert

Sicherlich gäbe es auch heute noch Astrologen, selbst wenn England nicht die Rolle gespielt hätte, die es im 19. Jh. spielte, aber vermutlich wäre die Popularität, die sie noch einmal im 20. Jahrhundert erhielt, entweder geringer ausgefallen oder später eingetreten. Jenseits von aller Prophetie kann jedoch eindeutig gesagt werden, dass England – wie schon im 18. Jh. – auch im 19. Jh. das große Rückzugsgebiet für diese Disziplin wurde. Nirgendwo sonst in Europa erfreute sich die Astrologie in allen Kreisen so großer Popularität, wie in England. Wahrscheinlich hatte dies auch mit dem Umstand zu tun, dass hier seit dem 18. Jh. etwas im Entstehen begriffen war, das später »Industrielle Revolution« getauft wurde. Die Maschinisierung der Welt nahm von den englischen Webstühlen ihren Ausgang, die Dampfmaschine ist eine englische Erfindung. Die Tröstung des harten Alltags früherer Zeiten, die Religion, war zwar immer noch vorhanden, doch auch sie hatte in ihrer englischen, anglikanischen Form viel von

Einer der bedeutendsten Plakatkünstler des Jugendstils, Alfons Mucha (1860-1939), entwarf 1896 diesen Kalender mit Tierkreis. Anlässlich einer Ausstellung wurde er 1981 neu aufgelegt.

dem Geheimnis verloren, das sie noch immer in den katholischen Ländern umgab. Intellektuelle Kreise flüchteten sich daher in die romantische Bewegung, die auf dem literarischen Gebiet ein Genre hervorbrachte, das man hier als »Gothic« bezeichnete, eine Art Schauerromane, die meistens in anderen, vielleicht besseren, auf jeden Fall aber irrationaleren Zeiten spielten. Ein guter Nährboden für Astrologen. Dies soll nicht darüber hinwegtäuschen, dass sie auch hier wissenschaftlich gemieden oder zumindest schief angeguckt wurde. Daran änderte auch nichts, dass man eifrig die antiken Standardwerke übersetzte – so den Tetrabiblos von Ptolemäus, der auf englisch übrigens im gleichen Jahr erschien wie die erste deutsche Fassung – und unter dem Firmennamen »Raphael« Ephemeriden herausgab, die noch heute erscheinen. Es fällt auf, dass sich diejenigen, die sich öffentlich mit Astrologie beschäftigten, Pseudonyme, mythische Fantasienamen zulegten wie eben Raphael – es gab gleich sechs verschiedene Verfasser, die diesen Namen gebrauchten –, aber auch Zadkiel oder Tarantabobus. Weiterhin erschienen die Jahrbücher, die es bereits seit 1603 gab. Sie erlebten neue Auflagenrekorde, so die »Vox Stellarum« des Francis Moore. Dieser war zwar schon lange tot und die Methode, nach der sie erstellt wurden – man nahm nach dem Zufallsprinzip Prognosen aus alten Bänden –, war betrügerisch, doch als »Der Moore« verkaufte er sich 1839 etwa 560 000 Mal. Daneben feierte mit »The Straggling Astrologer« die erste Wochenzeitschrift Premiere, die sich ausschließlich der Astrologie widmete und ein aktuelles wöchentliches Horoskop lieferte – Vorläufer aller heute so beliebten Horoskope in Tageszeitungen und Zeitschriften.

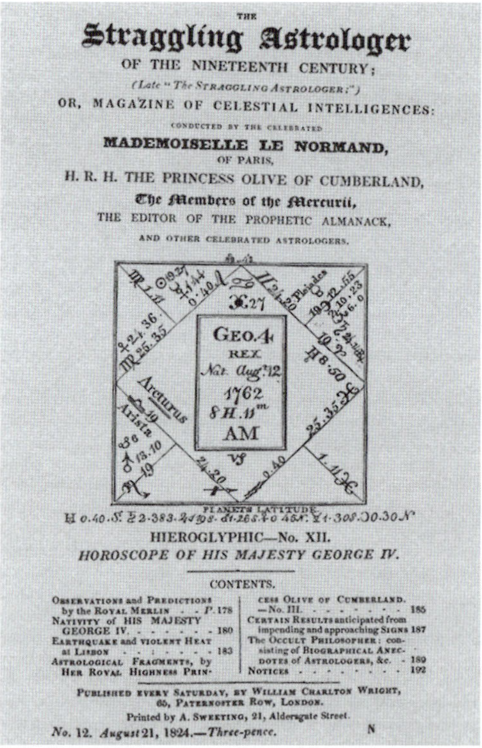
THE
Straggling Astrologer
OF THE NINETEENTH CENTURY;
(Late "The Straggling Astrologer;")
OR, MAGAZINE OF CELESTIAL INTELLIGENCES:
CONDUCTED BY THE CELEBRATED
MADEMOISELLE LE NORMAND,
OF PARIS,
H. R. H. THE PRINCESS OLIVE OF CUMBERLAND,
The Members of the Mercurii,
THE EDITOR OF THE PROPHETIC ALMANACK,
AND OTHER CELEBRATED ASTROLOGERS.

HIEROGLYPHIC—No. XII.
HOROSCOPE OF HIS MAJESTY GEORGE IV.

CONTENTS.

Published every Saturday, by William Charlton Wright, 65, Paternoster Row, London.
Printed by A. Sweeting, 21, Aldersgate Street.
No. 12. August 21, 1824.—Three-pence. N

Am 3. Juni 1824 erschien in London die erste Nummer von »The Straggling Astrologer«, dessen 12. Ausgabe das Horoskop Georgs IV., des damals regierenden Monarchen, zierte. Nach der 22. Ausgabe wurde die Zeitschrift in Buchform durch Robert Cross Smith (1795–1832) alias Raphael weitergeführt.

Aber auch an ernsthaften Darstellungen des Fachs in Buchform fehlte es nicht. Richard James Morrison (1795–1874), als Zadkiel der vielleicht einflussreichste englische Astrologe des 19. Jh., publizierte 1833 in seinem Werk »Grammar of Astrology« seine Ansicht, dass bei Geburtshoroskopen die Sterne als Ursache der gedeuteten Eigenschaften des Geborenen, hingegen bei der Stunden- und Frageastrologie nur als Zeichen anzusehen seien. Sein Nachfolger als Herausgeber eines Almanachs, er nannte sich Zadkiel II, war Alfred John Pearce (1840–1923) und soll hier deshalb nicht vergessen werden, weil er mit dem »Textbook of Astrology« eines der besten Lehrbücher schrieb.

Es war ebenfalls die erste große Zeit der Indienbegeisterung – wie sie dann später noch einmal nach dem Zweiten Weltkrieg mit Gandhi und Hermann Hesse hereinbrechen sollte. England war ein Weltreich, ein Empire geworden, die englische Königin Victoria war seit 1877 auch Kaiserin von Indien. Dieser Subkontinent war weit weg, rückte nun aber doch in das allgemeine Interesse und das, was man von dort erfuhr, wurde begierig aufgesogen. Nicht nur in England, auch in der ehemals englischen Kolonie New York, seit 1776 Teil der Vereinigten Staaten von Amerika.

Dort führte die Indienbegeisterung vermischt mit Spiritismus, der schon von Mesmer vertretenen Ansicht, dass eine Verständigung zwischen Lebenden und Verstorbenen möglich sei, und religiös-philosophischen Ideen zur Gründung der Theosophischen Gesellschaft, deren Motor eine schillernde, zuvor als Medium arbeitende Ukrainerin, Helena Petrovna Blavatsky (1831–91) wurde. Ihre literarischen Ergüsse sind sehr schwer verständlich und vermengen indische Religionslehren mit esoterischen Ideen. Aber dennoch darf man die Wirkung ihrer Gesellschaft, die schon bald nach Indien verlagert wurde und heute noch dort ihren Sitz hat, nicht unterschätzen: indem sie die Astrologie weiter in Richtung Esoterik rückte, machte sie sie frei von der Kritik, die sich an der Unwissen-

Das Leben der Gründerin der Theosophischen Gesellschaft, Madame Blavatsky, bietet Stoff für Romane. Sie war Medium, Hohepriesterin der Esoterik, Indienreisende, Schriftstellerin und vor allem Geschäftsfrau, die »Spinne, in deren Netz sich die Astrologen von nahezu ganz Europa verfingen« (Peter Berling).

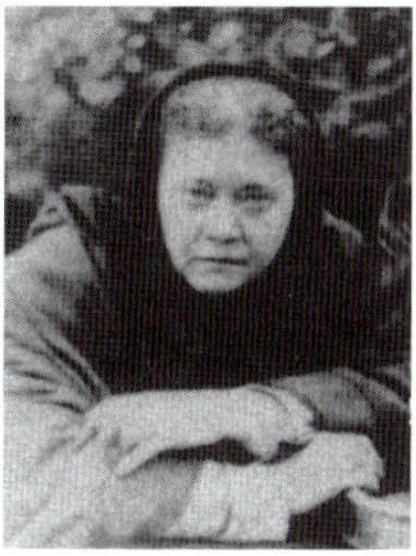

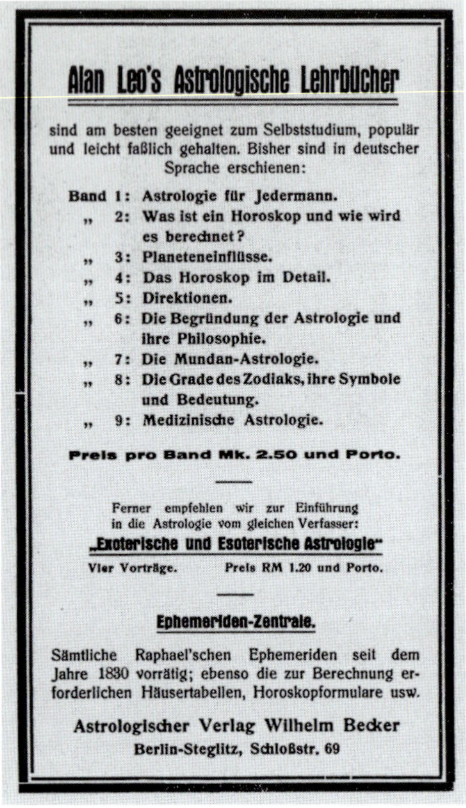

Alan Leo's Astrologische Lehrbücher

sind am besten geeignet zum Selbststudium, populär und leicht faßlich gehalten. Bisher sind in deutscher Sprache erschienen:

Band 1: Astrologie für Jedermann.
„ 2: Was ist ein Horoskop und wie wird es berechnet?
„ 3: Planeteneinflüsse.
„ 4: Das Horoskop im Detail.
„ 5: Direktionen.
„ 6: Die Begründung der Astrologie und ihre Philosophie.
„ 7: Die Mundan-Astrologie.
„ 8: Die Grade des Zodiaks, ihre Symbole und Bedeutung.
„ 9: Medizinische Astrologie.

Preis pro Band Mk. 2.50 und Porto.

Ferner empfehlen wir zur Einführung in die Astrologie vom gleichen Verfasser:

„Exoterische und Esoterische Astrologie"

Vier Vorträge. Preis RM 1.20 und Porto.

Ephemeriden-Zentrale.

Sämtliche Raphael'schen Ephemeriden seit dem Jahre 1830 vorrätig; ebenso die zur Berechnung erforderlichen Häusertabellen, Horoskopformulare usw.

Astrologischer Verlag Wilhelm Becker
Berlin-Steglitz, Schloßstr. 69

Alan Leos Lehrbücher sind teilweise noch heute lieferbar. Von ihm und seinem Mitkämpfer in Sachen populäre Astrologie, Walter Richard Old, der sich »Sepharial« nannte, wurde Lord Beaverbrook, Herausgeber des Sunday Express, dazu angeregt, Horoskope zum Zwecke der Auflagensteigerung in Tageszeitungen zu publizieren.

schaftlichkeit der astrologischen Axiome störte. William Frederik Allan, der sich Alan Leo (1860–1917) nannte, einer ihrer Jünger, machte sich die Popularität der Theosophischen Gesellschaft zu Nutze und wurde zu einem der ersten, die in unserer Zeit mit Sterndeutung ein Vermögen machten. Mit Hilfe von Textbausteinen verfertigten er und neun Mitarbeiter Tausende von Horoskopen. Auch sein Konkurs konnte nicht verhindern, dass seine Art von Astrologie, die er durch Vereinfachung modernisiert und in einen esoterischen Okkultismus integriert hatte, über seine Praxis und ein paar noch heute gelesene Handbücher sehr populär wurde.

Und noch eine andere Theosophin sollte in einer Geschichte der Astrologie nicht unerwähnt bleiben: Alice Ann Bailey (1880–1949), die 1923 aufgrund ihres christlichen Glaubens aus der Theosophischen Gesellschaft ausgeschlossen worden war. Ebenso wie Blavatsky verband sie Astrologie, Religion und Mystik und schrieb hierüber schwer lesbare Bücher oder besser, sie empfing sie, denn nach ihrer Aussage wurden sie ihr von einem tibetischen Meister geoffenbart. Dennoch blieben sie nicht ungelesen, im Gegenteil. Noch heute sind sie Bestandteil einer wichtigen Richtung der Astrologie, der »Esoterischen Astrologie« – so auch der Titel eines ihrer Bücher.

Um die Spannweite der theosophischen Gedankenwelt zu verstehen und diese besser einordnen zu können, sei noch ergänzt, dass der Begründer der Anthroposophie und Erfinder der Waldorfschulen, Rudolf Steiner (1861–1925), bevor er seine eigene Richtung einschlug, ebenfalls ein Anhänger Blavatskys und Mitglied der Theosophischen Gesellschaft war, die seit 1884 auch über einen deutschen Ableger verfügte.

In Deutschland währte die Krise der Astrologie länger als in den angelsächsischen Ländern. Abgesehen von den Romantikern interessierte sich im 19. Jh. niemand dafür. Zwar hatte auch hier die Maschinenwelt der Industriellen Revolution die Sehnsucht nach dem Übersinnlichen vergrößert, aber durch das fehlende Kolonialreich mangelte es an überseeischen Mythologien, Religionen oder anderen metaphysischen Traditionen, die als Ventil hätten dienen können. Erst als das neu erweckte Interesse an der Astrologie aus den USA und England auch in das Zentrum Europas überschwappte, konnte man hier von einer Wiedergeburt sprechen, am besten dokumentiert durch die Gründung der ersten »Astrologischen Gesellschaft« 1907 in Wien und die erste deutschsprachige Fachzeitschrift für Astrologie, den »Zodiakus« 1909. Diese für die Anhänger der Sterndeutungskunst hoffnungsvollen Anfänge wurden – wie so vieles – ein paar Jahre später durch den Ersten Weltkrieg erstickt, der jegliche Energie auf die Kriegsanstrengungen lenkte und das zarte Pflänzchen Astrologie ohne Pflege wieder vertrocknen ließ.

Doch diese Trockenheit war rein äußerlich, die Ideen lebten fort und brachen erneut hervor, als mit den Zwanziger Jahren zwar auch eine krisengeschüttelte Zeit anbrach, aber gleichzeitig eine pluralistische, tolerante, demokratische Aufbruchszeit, in der trotz des verlorenen Krieges alles möglich schien. Es waren die

DER NEUENTDECKTE PLANET ✻ PLUTO

Anfang des Jahres 1930 ist in Amerika ein neuer Planet entdeckt, der vorher berechnet worden ist. Er hat den Namen Pluto bekommen, dieser Name war auch längst „vorausgeahnt“, als Beispiel diene die in diesem Kalender befindliche kleine Novelle des jungtürkischen Dichters Ali Bey, die bereits 1923 geschrieben ist und bereits im Vorjahr abgedruckt werden sollte, was wegen Platzmangel unterblieb. Pluto war in der Mythologie der Alten der Gott der Unterwelt, er ist die Sonne im Jenseits. Die Astrologen sind nun eifrig beschäftigt, die Wirkung dieses Planeten zu studieren. Nach Vorschlag des Herausgebers dürfte er Regent des Zeichens Skorpion sein. Die ungewöhnliche Bahn dieses Planeten zeigt folgende Zeichnung, entnommen der Monatszeitschrift „Astrale Warte“, ebenfalls vom Herausgeber.

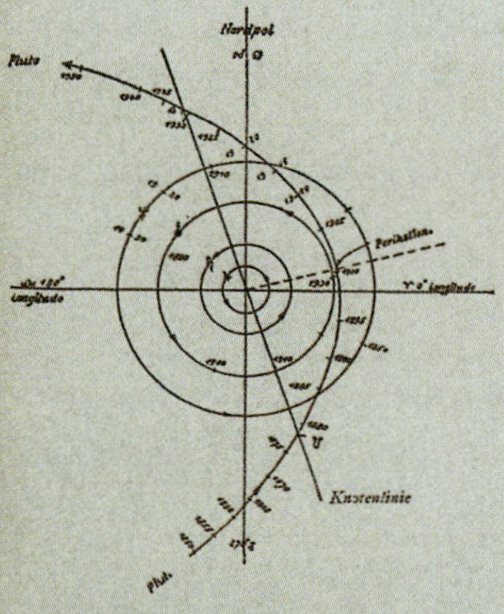

Diese Bahn führt in Sonnenferne in so erhebliche Weiten des Kosmos, daß eine sehr unterschiedliche Wirkung anzunehmen ist, zumal die Umlaufzeit vermutlich 247 Jahre beträgt. Jedenfalls haben wir die Sonnennähe erlebt und das setzt uns in den Stand, seine Wirkung zu studieren. Da viele Leser wissen möchten, wo Pluto in ihrem Horoskop steht, folgt eine Liste, entnommen der „Astralen Warte“, März 1931:

Geozentrisch

Datum 1. 1.	Deklination ° ′	Longitudo	Datum 1. 1.	Deklination	Longitudo
1870	2N 8	16 34♉	1901	13 18	16 22
1871	2 30	17 30	1902	13 38	17 22
1872	2 52	18 27	1903	13 59	18 23
1873	3 14	19 23	1904	14 19	19 23
1874	3 36	20 20	1905	14 39	20 24
1875	3 58	21 16	1906	15 0	21 29
1876	4 20	22 13	1907	15 20	22 31
1877	4 42	23 9	1908	15 39	23 34
1878	5 4	24 6	1909	15 59	24 38
1879	5 26	25 2	1910	16 18	25 42
1880	5 48	25 59	1911	16 38	26 46
1881	6 10	26 55	1912	16 57	27 50
1882	6 31	27 52	1913	17 17	28 53
1883	6 53	28 49	1914	17 35	29 58
1884	7 15	29 46	1915	17 54	1 4♋
1885	7 37	0 43♊	1916	18 12	2 10
1886	7 59	1 41	1917	18 30	3 16
1887	8 21	2 39	1918	18 48	4 23
1888	8 43	3 36	1919	19 5	5 31
1889	9 4	4 34	1920	19 23	6 41
1890	9 26	5 32	1921	19 40	7 49
1891	9 48	6 31	1922	19 57	8 57
1892	10 10	7 29	1923	20 12	10 10
1893	10 31	8 26	1924	20 29	11 21
1894	10 52	9 24	1925	20 44	12 31
1895	11 13	10 24	1926	21 0	13 45
1896	11 34	11 23	1927	21 13	14 58
1897	11 55	12 22	1928	21 26	16 13
1898	12 15	13 22	1929	21 41	17 26
1899	12 36	14 21	1930	21 54	18 42
1900	12 57	15 21			

Datum 1. 1.	Deklination	Longitudo
1931	22N 6	20° 0♋
1932	22 18	21 18
1933	22 28	22 37
1934	22 38	23 56
1935	22 47	25 16
1936	22 55	26 37
1937	23 2	27 59
1938	23 9	29 23
1939	23 16	0 48♌
1940	23 23	2 15

77

Goldenen Zwanziger Jahre, die große Zeit von Kunst, Kultur und Wissenschaft, experimentierfreudig und multikulturell, die große Zeit von Expressionismus und Psychoanalyse, gleichzeitig aber auch eine Zeit von Depression und Arbeitslosigkeit und daher Angeboten, die Alltagsfluchten ermöglichten, förderlich. Wie Pilze, um noch einmal den Vergleich mit der

Pflanzenwelt zu bemühen, schossen nun astrologische Vereinigungen, Zeitschriften und Beratungsangebote aus dem Boden. Die Deutungsmethoden wurden immer weiter verfeinert, die Spezialgebiete immer kleinteiliger, die Fachliteratur erlebte einen Boom wie zuletzt in der Renaissance. Während der Zeit der Weimarer Republik war Deutschland unbestritten das Zentrum der Astrologie, die führenden Akteure dieser Zeit hießen Alfred Witte, Walter Koch und Reinhold Ebertin.

Der älteste, Alfred Witte (1878–1941) gilt mit der noch existierenden »Hamburger Schule«, die er begründete, als sehr umstritten, da er zahlreiche Neuerungen einführte, die mit vielen gewohnten, traditionellen Instrumentarien brachen. Er deutete das Horoskop völlig neu nicht nach Aspekten, sondern nach den von ihm eingeführten »Planetenbildern«. Hinzu kommt die Berücksichtigung von acht hinter Neptun liegenden Planeten, teilweise von ihm, teilweise von einem seiner Schüler entdeckt, die jedoch astronomisch bisher nicht bestätigt werden konnten, aber dennoch mit in die sehr komplexen Horoskopdeutungen einfließen. Hier, bei der Horoskoperstellung, spielte Wittes gelernter Beruf, er war Vermessungsbeamter, insofern eine Rolle, als er als Hilfsmittel eine von ihm entwickelte drehbare Gradscheibe benutzte.

Weniger umstritten war Walter Koch (1895–1970), dessen neues Häusersystem noch immer von einigen Astrologen benutzt wird. Er war Traditionalist und versuchte die Astrologie von esoterischen Einflüssen frei zu halten. Zu seiner neuen Lösung kam er durch eine umfassende Analyse der hauptsächlich benutzten Häusersysteme des Regiomontanus und des Placidus und nannte es »Häusersystem des Geburtsorts«.

Reinhold Ebertin (1901–88), der jüngste der bedeutendsten Vorkriegsastrologen, hatte eine der bekanntesten Sterndeuterinnen zur Mutter, Elsbeth Ebertin (1880–1944). Sie erregte unter Anderem dadurch Aufsehen, dass sie im Juli 1923 eine Charakterdeutung Hitlers veröffentlichte, die vor ihm in Zusammenhang

linke Seite:
Glahns astrologischer Volkskalender versuchte 1932 den neuentdeckten Planeten Pluto einer breiten Leserschaft näher zu bringen. Auch die Fachleute waren gefordert: Da es keine Tradition für diesen Planeten gab, musste man versuchen, sich auf seine astrologischen Eigenschaften zu einigen. Dies gelang nicht immer, noch heute sind alleine drei verschiedene Symbole für ihn in Gebrauch.

»Nach der Gestirnskonstellation ist der Mann durchaus ernst zu nehmen und zu einer bedeutenden Führerrolle in zukünftigen Kämpfen bestimmt. Es scheint fast so, als ob der, den ich meine, unter diesem starken Widder-Einfluss vom Schicksal dazu ausersehen ist, sich für das deutsche Volk zu opfern und tapfer alles zu ertragen; auch wenn es um Leben oder Tod gehen sollte, zum mindesten aber den Anstoß zu einer deutschen Freiheitsbewegung zu geben, die dann ganz plötzlich elementar hervorbrechen wird.«
(Elsbeth Ebertin über Adolf Hitler in dem Almanach für 1924 »Ein Blick in die Zukunft«)

Wie alle anderen astrologischen Periodica fiel auch der Almanach Elsbeth Ebertins Hitlers Herrschaft zum Opfer. Sein Erscheinen wurde 1937 eingestellt.

mit einem Ereignis im Herbst des Jahres warnte – am 9. November 1923 putschte Hitler tatsächlich in München.

Ihr Sohn (dem später ihr Enkel darin nachfolgte) war ein eifriger Fachbuchautor, sein wichtigstes und viel benutztes Buch »Kombination der Gestirneinflüsse« ist eine Sammlung von kurzen Schlüsselsätzen zu allen 1117 denkbaren Verbindungen astrologischer Deutungselemente. In seiner Methode hatte das Häuserschema nichts mehr zu suchen, es wurde völlig eliminiert. Von Witte übernahm er die Deutung von Halbsummen, von Punkten im Horoskops, die auf halber Strecke zwischen zwei Deutungsfaktoren liegen. Die Astrologie sah er in einem größeren Zusammenhang als Messinstrument der Kosmobiologie, der Wissenschaft von der Einwirkung des Kosmos auf biologische Vorgänge auf der Erde. Die von ihm gegründete kosmobiologische Akademie in Aalen widmet sich ihrer Erforschung und Lehre.

Die Folgen der Machtergreifung Hitlers beendeten diese Boomphase der deutschen Astrologie. Wie allen totalitären Systeme, war auch den Nationalsozialisten jeglicher Individualismus verdächtig. Natürlich wäre es auch möglich gewesen, die Astrologie gleichzuschalten, so wie die Kunst oder die Wissenschaft. Sie wurde jedoch von Alfred Rosenberg, dem Herausgeber des Völkischen Beobachters, als »jüdische Erfindung« und »syrischer Zaubertrug« gebrandmarkt, worauf einige Astrologen, darunter Reinhold Ebertin, sich anzubiedern versuchten, indem sie die Astrologie germanisierten, zum Beispiel den Tierkreis durch einen »Tyrkreis« ersetzten. Außerdem bestand ja immer die Möglichkeit, dass sich die Sterne nicht ideologie-konform verhielten. Was, wenn sie tatsächlich Dinge verrieten, die das Regime in Verlegenheit bringen konnte? So wurden die meisten Publikationen bereits 1933 eingestellt, einige Astrologen verhaftet, die Theosophische Gesellschaft geschlossen. Eine noch härtere Gangart wurde dann 1941 nach der Flucht des Führer-Stellvertreters, Rudolf Hess, nach England eingelegt, obwohl die Propaganda erkannte, dass sich die Macht der Sterne auch nutzbar machen ließe, wenn man sie als himmlische Zustimmung zu den Plänen Hitlers deuten könnte. Joseph Goebbels, der Reichspropagandaminister, schrieb 1942 in sein Tagebuch:

In den Vereinigten Staaten sind die Astrologen bei der Arbeit und prophezeien dem Führer ein vorzeitiges Ende. Wir kennen diese Art der Propaganda gut genug, da wir sie selbst eingesetzt haben. Wann immer wir können, werden wir wieder die Möglichkeiten, die uns die Astrologie bietet, ausnutzen. Ich verspreche mir davon wichtige Ergebnisse, vor allem in den USA und England ... Wir werden unsererseits auf alle Prophezeiungsexperten zurückgreifen. Nostradamus muss uns wieder einmal erlauben, ihn zu zitieren!

Nach dem Krieg bewahrheitete sich die Regel, dass totalitäre Regime die Astrologie ablehnen, wieder: In der

Ostzone und später der DDR wurde die Ausübung der Astrologie verboten. Im Westen wurde 1947 der Deutsche Astrologen-Verband gegründet, in dem heute über 1000 Astrologen organisiert sind. Die Tendenzen der Weimarer Republik setzten sich teils mit den alten Akteuren, teils mit neuen fort. Die Ebertin-Schule widmete sich weiter der Kosmobiologie, die theosophischen Astrologen, die in Bruno und Louise Huber (geb. 1930 bzw. 1924) ihre bekanntesten Vertreter haben, sind esoterisch orientiert und wollen ihren Kunden vor allem Lebenshilfe geben, indem sie sich dem Horoskop beispielsweise auch meditativ nähern. Neben dem klassischen Geburtshoroskop, das die Anlagen eines Menschen aufzeigt, und dem Häuserhoroskop, das die Umwelteinflüsse einbezieht, fordern sie noch ein drittes Horoskop, das Mondknotenhoroskop. Es soll gemäß der theosophischen Gedankenwelt die karmatische Prägung des Menschen aufzeigen, also die Zeit vor der Geburt sichtbar machen.

Wichtiger als die Vermischung mit esoterischen Elementen wurde für die Astrologie, wie sie heute hauptsächlich verstanden wird, jedoch der Kontakt zur Psychologie. Schon in der Antike war die Seele als wichtiger Teil des Menschen definiert, aber erst durch die Veröffentlichungen Freuds und anderer am Ende des 19. Jh. erhielt die Psychologie, die Seelenkunde, eine Bedeutung, die über das philosophisch-religiöse hinausging. Es waren nicht so sehr seine, sondern die Forschungen seines der Sternkunde gegenüber aufgeschlossenen Schülers Carl Gustav Jung (1875–1961), des Begründers der Tiefenpsychologie, die zur weiteren Abkehr der Astrologen von der Mundanastrologie, hin zur Individual-Astrologie und innerhalb dieser vermehrt zur symbolhaften Deutung seelischer Vorgänge führte. Seitdem spielen Jungs »Archetypen«, Symbole (z.B. Kreuz) und Bilder (z.B. strahlender Held) des kollektiven Unbewussten in astrologischen Horoskopinterpretationen eine wichtige Rolle. Die Gestalten des Tierkreises sah er als Antworten der Seele auf jahreszeitliche Erlebnisse und Stimmungen, die durch den

Wechsel von Licht und Wärme der Sonne hervorgerufen wurden, der »Stier« also als frühlingshafte Natur, »Skorpion« als Mahner an den Tod, als Herbstzeichen für das Jenseitige stehend. Auch seine Behauptung von der Synchronizität seelischer Gegebenheiten mit kosmischen Ereignissen half zu einer psychologisierenden Ausrichtung der Astrologie, seine Fachsprache wurde zum »Esperanto der Astrologie« (von Stuckrad). Die von vielen vertretene, alte Annahme einer kausalen Abhängigkeit irdischer Dinge von kosmischen Vorgängen hatte damit ausgedient, nun war – zumindest in Jungs Gedankenwelt – bewiesen, dass die seelische Grundkonstitution eines Menschen durchaus im Himmel ihre Entsprechung hat, dass Konstellationen des Himmels sich synchron im Menschen wiederfinden, in Form von Archetypen in jedem Menschen angelegt sind. Was der Einzelne daraus dann macht, kommt auf die Umwelt an, in die er hineingeboren wurde, auf seine Sozialisation.

Im Wesentlichen ist dies auch der Grundgedanke von Thomas Ring (1892–1983), dessen »revidierte Astrologie« eine Kombination von Psychologie und Naturwissenschaft, frei vom Ballast mystischer Elemente ist.

Die seriöse Astrologie von heute, jenseits der Zeitschriftenhoroskope und Astro-Shows, die als Vulgärastrologie zwar von großer wirtschaftlicher Relevanz sind, aber hier keine Rolle spielen, beruft sich vor allem auf Carl Gustav Jung und zum Anderen auf die Lebensphilosophie der New-Age-Bewegung der 60er Jahre. Sie proklamierte das Zeitalter des Wassermanns (siehe S. 22) und vertrat ein Weltbild, das sich vom spätestens seit Descartes und Locke gepredigten Rationalismus der Wissenschaften ab- und dem Gedanken universaler Wechselwirkungen zuwendet. Daneben gibt es aber vor allem in den angelsächsischen Ländern die klassische Prognose-Astrologie, die sich mit der Vorhersage von Ereignissen befasst. Auf diesen Teil der heute praktizierten Astrologie wird im Folgenden jedoch nicht weiter eingegangen.

Wie bereits deutlich wurde, war die Entwicklung der Astrologie von ihrem sozialen und vor allem religiös-philosophischen Umfeld abhängig. Wenn dies in Zeiten der Globalisierung auch an Einfluss verliert, so ist die Astrologie, wie sie von Mitgliedern anderer Religionen oder anderer Kulturkreise heute noch praktiziert wird, doch ein Ergebnis dieser Faktoren. Schon vor vielen Jahrhunderten begann ein mal mehr mal weniger intensiver Austausch, teilweise auch eine Verschmelzung klassischer babylonisch-griechisch-christlicher Astrologie mit der Sternenkunde Chinas und Indiens, der noch immer andauert. Die große Zeit der islamischen Astrologie, die im Anschluss daran skizziert wird, war das Mittelalter, das Judentum stand ihr zu allen Zeiten eher skeptisch bis ablehnend gegenüber.

China

Die chinesische Astrologie lässt sich wie die europäische auf babylonisch-ägyptisch-hellenistische Ursprünge zurückführen. Außerdem kommt jedoch noch ein spezifisch chinesischer Zug hinzu, der auf die Philosophie des Taoismus zurückgeht, die von dem »alten Meister«, Lao Tse, im 4. Jh. v.u.Z. formuliert worden sein soll. Wie auch im Konfuzianismus interessiert seine Anhänger vor allem die jeweilige Gegenwart, weniger Vergangenheit oder Zukunft. Allen chinesischen Philosophierichtungen ist zudem das Streben nach Harmonie gemeinsam, Extreme haben keinen Platz.

Nach dem chinesischen Tierkreis ist das mit dem am 22. Januar 2004 gefeierten Neujahrsfest anbrechende Jahr das Jahr des Affen, gefolgt von dem am 9. Februar 2005 beginnenden Jahr des Hahns.

Wie der in China ebenfalls verbreitete Buddhismus ist auch der Taoismus der Astrologie gegenüber aufgeschlossen, in seiner Lehre finden sich Entsprechungen von Mikro- und Makrokosmos wie in der antiken hermetischen Tradition: »Der Tao

(= der Weg), der im Himmel aufgezeigt ist durch die Sonne, ist auch im Herzen der Menschen sichtbar gemacht worden. Es ist die Lebenskraft, die das Dasein entstehen lässt. Hier unten bringt es fünf Getreidesorten hervor und oben bestimmt es die Bewegungen der Sterne.« Fünf ist die magische Zahl der Chinesen, darum stützt sich ihre Astrologie auch nur auf fünf Planeten, Sonne und Mond gehören nicht dazu. Ihnen entsprechen fünf Elemente, zu denen sie neben Feuer, Erde, Metall und Wasser als einzige Kultur das Holz zählen, die fünf Himmelsrichtungen – hier im »Reich der Mitte« wird auch diese als Richtung berücksichtigt –, die fünf Herrscher des Himmelsreichs, fünf Sinne und innere Organe. Diese Zusammenhänge sind wichtig, denn – wie es im I Ging heißt – »indem der Weise den geheimen Zusammenhang der Dinge erkennt, hilft er der Gottheit im Weltregiment«.

Planet	Element	Himmelsrichtung	Herrscher des Himmelsreiches	Sinn	Inneres Organ
Jupiter	Holz	Osten	Grüner Drache	Geruch	Milz
Mars	Feuer	Süden	Roter Vogel	Gesicht	Lunge
Saturn	Erde	Mitte	Gelber Erdherr	Gefühl	Herz
Venus	Metall	Westen	Weißer Tiger	Geschmack	Leber
Merkur	Wasser	Norden	Schwarzer Krieger	Gehör	Niere

Begonnen hatte alles wie in den Agrargesellschaften an Euphrat, Tigris und Nil. Die Astrologen – der chinesische Ausdruck bedeutet auch »Gelehrter«, »Weiser«, »Astronom« – beobachteten den Himmel, um die besten Zeiten für Aussaat und Ernte zu bestimmen, aber auch, um dem Kaiser Abnormalitäten zu melden, denn für diesen war es wichtig, sich in Übereinstimmung mit dem Himmel zu befinden, gemäß Konfuzius: »Der Himmel lässt seine Bilder herabhängen, die Herrscher nehmen sie als Vorbild«. Schon über 2500 Jahre v.u.Z. wurde der Mondkalender eingeführt, der aus 12 Mondmonaten bestand. In den 28 Tagen eines nach den Phasen des Mondes bestimmten Monats durchlief dieser 28 Häuser oder Sternenkonstellationen, von denen 17 wohl aus Indien übernommen wurden. Seit 444 v.u.Z. war bekannt, dass ein Sonnenjahr 365 Tage hat. Um dem Rechnung zu tragen fügte man ca. alle 3 Jahre einen Schaltmonat ein. Dies blieb bis 1927 der offizielle Kalender. Um 300 oder 400 v.u.Z. wurde zudem ein Tierkreis entsprechend der 12 Monate eingeführt, der, obwohl den Chinesen der hellenistische Zodiak bekannt gewesen ist, sich zwar grafisch mit diesem deckt, sich in seinen Bezeichnungen jedoch grundsätzlich von diesem unterscheidet. Diese hat er nicht von den Griechen, sondern teilweise von den 28 Mondhäusern oder – einer Legende gemäß – von Buddha übernommen. Neben den 12 Monaten repräsentieren sie auch die 12 Tagesdoppelstunden. Auch jedes Jahr trägt den Namen eines dieser »zwölf Erdzweige« – alles Tiernamen – gemäß dem Zeichen, das am Jahresbeginn steht. Da Sonnenjahr (365 Tage) und Mondjahr (bestehend aus 12 Monaten, die abwechselnd 29 bzw. 30 Tage lang sind = 354 Tage) nicht synchron verlaufen und das Jahr den Namen des Zeichens trägt, das am chinesischen Neujahrstag (beweglich, im Januar oder Februar) gilt, trägt im asiatischen Tierkreis innerhalb eines 12-Jahres-Zyklus jedes Jahr einen anderen Namen. Verbunden mit den fünf Elementen ergibt dies sogar 60 verschiedennamige Jahre, das Jahr des Holz-Affen, das der Metall-Ratte usw.

Bei der Deutung eines chinesischen Horoskops, das ursprünglich nur für den Kaiser erstellt wurde, spielt zuallererst dieser Jahresherrscher eine Rolle – dies ist auch das Zeichen, das ein Asiate nennen würde, wenn man ihn nach seinem Geburtszeichen fragte. Sein Name besteht wiederum aus zwei Schriftzeichen, ebenso wie der Name für das Zeichen seines Geburtsmonats, der Name des Geburtstagszeichens – einer von 28 Mondhäusern – und der Name eines der zwölf Zeichen, es sind wieder die »zwölf Erdzweige«, die die 12 Geburtsdoppelstunden symbolisieren. Diese acht Schriftzeichen, die eine Art astrales Codewort bilden, helfen ebenso bei der Deutung wie das »I Ging« (Buch

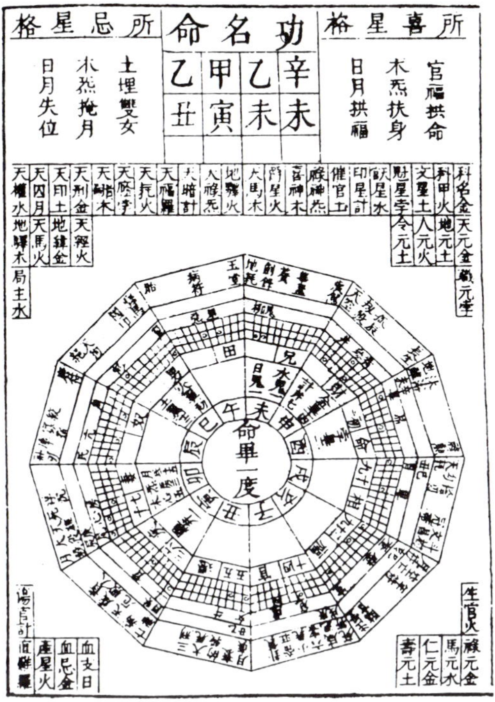

Chinesisches Musterhoroskop aus dem 14. Jh.

der Wandlungen), das erste der fünf Bücher des Konfuzius, das auch astrologisch zu Rate gezogen werden kann. Zuletzt spielen auch die Höhe des Mondes, seine Konjunktion mit Planeten und Fixsternen, die Position und Farbe der Sonne und auch ihre Konjunktionen eine Rolle. Die Planeten selbst und auch der Aszendent werden vernachlässigt.

Indien

Im Gegensatz zu manch anderen indischen Lehren ist die Astrologie nicht so alt wie häufig behauptet. Vor Beginn unserer Zeitrechnung prognostizierten die Astrologen dort die Zukunft mittels Traum- oder Omendeutung. Sie sollten, so forderte der berühmteste indische Astrologe, Varaha Mihira, der im 6. Jh. Hofastrologe eines indischen Monarchen war, nicht nur Kenntnisse der Sühneopfer, der Heilkunde und der

Schon in der Darstellung unterscheiden sich die indischen Horoskope von den heute im Westen gebräuchlichen. Alle drei Abbildungen zeigen das Geburtsbild des am 21. Juni 1982 in London geborenen englischen Prinzen William, in westlichem, nordindischem und südindischem Stil.

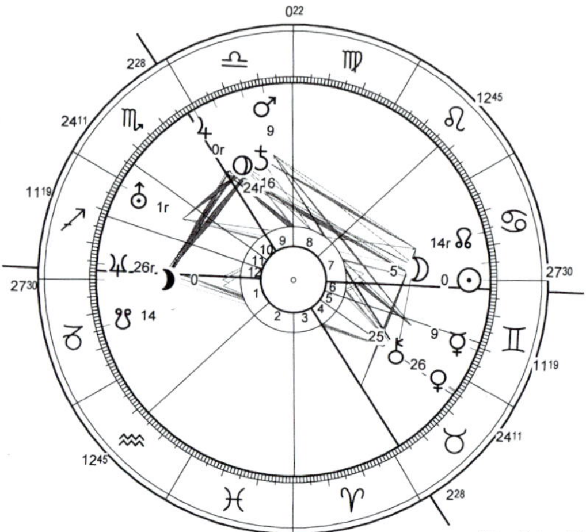

Westlicher Stil

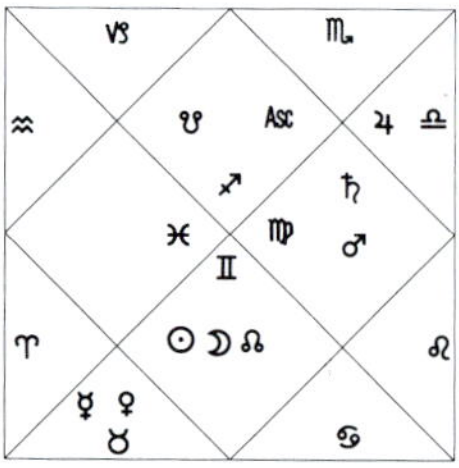

Nordindischer Stil

Südindischer Stil

weißen Magie haben, sondern auch ein angenehmes Aussehen, da ein Zusammenhang zwischen der Moral eines Menschen und seinem Aussehen bestehe. Ein Fürst ohne einen solchen Astrologen war damals »wie die Nacht ohne Licht oder der Himmel ohne Sonne; wie ein Blinder irrt er umher«, so Mihira. Erst ab dem 2. Jahrhundert interessierte man sich auch auf dem indischen Subkontinent für die Sterne und verwendete hierzu das Wissen, das man durch Sanskritübersetzungen griechischer Texte übernahm, insbesondere die Tierkreiszeichen und die Sieben-Tage-Woche. Man säuberte es von philosophischen und religiösen Vorstellungen und schnitt die Systeme auf die indischen Überlieferungen zu, die im Wesentlichen aus den heiligen Schriften, den Veden (sanskr.

»Wissen«) stammten. In deren ältestem Teil war die Rede von der Schöpfung, vom Himmel und seinen 27 großen Sterngruppierungen oder Häusern. Später auf 28 erweitert beeinflusste diese Vorstellung auch die chinesische und islamische Astrologie. Die Tierkreiszeichen wurden mehrfach unterteilt, die Planeten noch um die zwei Mondknoten, die Schnittpunkte der Mondbahn mit der Ekliptik, ergänzt, um auf die in Indien magische Neunzahl zu kommen, sogar imaginäre Planeten kamen hinzu, um auch andere magische Zahlen berücksichtigen zu können, was die Deutungsmöglichkeiten für die Astrologen, die meistens aus der obersten, der Brahmanenkaste, stammen, nicht gerade vereinfachte. Sowohl im Hinduismus als auch im Buddhismus spielt die Vorstellung von der Wiedergeburt und vom Karma eine wichtige Rolle. Dieses Karma ist nicht schicksalhaft vorbestimmt, sondern kann mittels der Erkenntnisse, die die Astrologie bietet, beeinflusst werden. Sie kann zeigen, wie sich gute und schlechte Taten in vergangenen Leben ausgewirkt haben und so Hinweise auf passende Verhaltensmuster in der Zukunft geben. Somit spielt die Sterndeutung in der indischen Gesellschaft in allen Kasten nach wie vor eine große Rolle und wird nicht nur zur Bestimmung von günstigen Krönungszeitpunkten, so bei den nepalesischen Königen, sondern auch in Form des Menstruationshoroskops eingesetzt, das, berechnet auf den Zeitpunkt der ersten Menstruation, fast so wichtig ist wie das Geburtshoroskop. Eine weitere indische Spezialität ist das Heiratshoroskop, mit dem der beste Heiratszeitpunkt fixiert wird, ja sogar im Vorfeld ein passender Partner gefunden werden kann – indische Heiratsanzeigen enthalten darum neben für uns ungewöhnlichen Angaben wie die Kastenzugehörigkeit häufig auch die Tierkreiszeichen, die der künftige Partner haben sollte. Manchmal geht der Einfluss der Astrologen sogar soweit, dass sie ideale Zeugungszeiten für den Nachwuchs festlegen und schließlich auch den Anfangsbuchstaben des Namens anhand der Sterne bestimmen.

Judentum

Wie auch für die Christen war für das Judentum der Gedanke an eine schicksalgesteuerte Welt diametral ihrem Glauben an einen gnädigen Erlösergott entgegengesetzt, den man durch ein frommes Leben beeinflussen konnte. Folgt man dem Babylonischen Talmud und dem eben genannten Argument, so kann es Astrologie im Judentum nicht geben. Warum aber haben jüdische Autoren trotzdem zahlreiche astrologische Werke verfasst, warum fanden sich in der Höhle von Qumran auch Horoskope, warum gehört der Tierkreis zu den Schmuckelementen von Synagogen? Warum schmücken Tierkreiszeichen religiöse Texte und wieso hat die Zahl 12 eine so große Bedeutung? Die Antwort ist einfach. Trennt man von der Astrologie den fatalistischen Glauben an die Macht der Sterne und sieht sie nur als beeinflussbares System von Entsprechungen, lässt sie sich mit den jüdischen Glaubenslehren vereinbaren. Hat nicht eigentlich Abraham, der Stammvater Israels, ein Chaldäer aus Ur, den Ägyptern Esoterik und Astrologie vermittelt? Lehnte auch das orthodoxe Judentum die Sternkunde weiterhin mit dem Argu-

Der Tierkreis wurde in den Synagogen vermutlich deshalb geduldet, weil ihm ein kalendarischer Bezug gegeben wurde. Wie hier in der Synagoge von Beit Alpha, heute Hefzibah, aus dem 6. Jh., gab man den Tierkreiszeichen zu diesem Zweck die hebräischen Monatsnamen bei und stellte in den Ecken die Jahreszeiten dar.

ment ab, dass Jahwe über jegliches Gestirn erhaben sei, so wurden die jüdischen Sterndeuter in Bagdad im frühen Mittelalter zu den Vorläufern der arabischen Astrologen und diese Disziplin darüber hinaus insbesondere im arabischen Spanien von Moslems und Juden gleichermaßen gepflegt und – mit kabbalistischen Zügen – weiter entwickelt. Einen Höhepunkt bildete »Der Anfang der Weisheit« des Abraham ibn Esra (1098–1164), ein Autor, der, nicht untypisch für seine Zeit, aus Navarra stammend durch halb Europa zog, teils getrieben, teils auf der Suche nach Erkenntnis, erleichtert durch die gemeinsame Sprache der Gebildeten, Latein. So sehr ibn Esra von der Stichhaltigkeit seiner Disziplin auch überzeugt war und ihr einen Grundlagencharakter für andere Wissenschaften, wie die Medizin, zuerkannte, so kritisch war er auch bezüglich ihrer Grenzen. Heute noch erinnern die Wörter »Massel« und »Schlamassel« an den einstigen Sternenglauben der Juden, denn sie leiten sich aus dem hebräischen Wort für Sternenschicksal, »Massol«, ab.

Islam

Der von Mohammed im 7. Jh. gestiftete Islam (arab. Hingabe) ist die jüngste der drei monotheistischen Religionen. Er gründet sich auf das Vorbild des Propheten Mohammed, das heilige Buch »Koran« (arab. Lesung) und die Überlieferung. Die Mohammedaner glauben, dass Allah, einziger Gott des Islam, durch seine Propheten, deren letzter Mohammed ist, seinen Willen kundtat. Des Menschen Schicksal ist zwar vorbestimmt, er hat jedoch ein gewisses Maß an Eigenverantwortung. Es ist nur folgerichtig, von islamischer und nicht arabischer Astrologie zu sprechen, denn ihre Voraussetzung ist nicht so sehr die Sprache, als die Religion. Seit Mohammeds Tod (632) hatten die Anhänger seines Glaubens in einer die Römer übertreffenden Geschwindigkeit ein Reich erobert, das von Persien bis Spanien reichte und dessen Expansionsdrang nur durch die Franken in Südfrankreich und durch die Byzantiner in Kleinasien gebremst wurde. In den erober-

Islamische Astrologen waren von einer bis ins 11. Jh. bestehenden Religionsrichtung, die die Sterne als eine Art Untergötter verehrte, den Sabäern in der südlichen Türkei, fasziniert. Darum werden sie, beginnend oben mit dem Mond, gefolgt – im Uhrzeigersinn – von Saturn, Mars, Jupiter, Venus, Merkur und der Sonne in der Mitte, in dieser arabischen Miniaturmalerei mit menschlichen Zügen dargestellt.

ten Städten, so z.B. in Alexandria, stießen sie auf eine reiche griechische Überlieferung, die sie sich durch Übersetzungen zu Nutze machten, und auf Nachfahren der von Kaiser Justinian 533 durch sein Gesetzeswerk aus dem Oströmischen Reich vertriebenen Astrologen (siehe S. 54), denen die Todesstrafe angedroht worden war. Um gegenüber den alten Kulturen der Perser und Römer aufzuschließen, förderten die islamischen Herrscher Kultur und Wissenschaft. Früher als im christlichen Europa war man dadurch mit allen Werken des Aristoteles vertraut, aber auch mit bedeutenden Schriften Platons, mit indischen und jüdischen, ebenso wie mit anderen griechischen Überlieferungen. Auf Aristoteles und dessen Gestirnlehre weist schon der arabische Name der Astrologie hin: Wissenschaft von den Beschlüssen der Gestirne. Sie wurde als Frageastrologie, Stundenastrologie, Mundan- und Geburtsastrologie gepflegt.

Seinen Mittelpunkt hatte der islamische Raum während der ersten Jahrhunderte in Bagdad. Hier stellten arabische Astrologen, aufbauend vor allem auf den Regeln von Ptolemäus' Almagest auf Lateinisch als »canones« benannte Tafeln auf, Zusammenstellungen von astronomischen Regeln, Daten und Rechenwegen, mit deren Hilfe bei der Horoskoperstellung die Planetenstellungen und Aszendenten für bestimmte Orte zu vorgegebenen Zeiten auch für weniger bewanderte Sterndeuter berechnet werden konnten. Hierzu verwendete man nicht mehr die römischen, sondern die noch heute gebräuchlichen arabischen Ziffern, erfand man den Algorithmus und die Algebra, beides arabische Wörter. Die Kalifen als generelle Förderer der Wissenschaften förderten auch die Astrologie, ließen sich von Astrologen Horoskope erstellen oder günstige Tage voraussagen, an denen dann beispielsweise auch Bagdad gegründet wurde (762). Als Vater der arabischen Astrologie gilt Al Kindi (um 800– ca. 866, alle arabischen Personen werden hier mit ihren im Mittelalter gebräuchlichen latinisierten Namen wiedergegeben). Seine Rechtfertigung der Astrologie beruhte auf seiner Annahme, dass von allem in der Welt Befindlichen, selbst von Worten, also auch von Gebeten, Strahlen ausgehen und darum jedes Ding – und jedes Lebewesen – wiederum einen Anteil dieser Strahlung ent-

Auf dieser arabischen Buchmalerei des 13. Jh. in der Ausgabe eines Werks von Albumasar stehen Mond und Jupiter im Schützen, während die anderen Planeten darunter angeordnet sind.

hält. Sein Werk »Theorie der Zauberei oder über die Sternstrahlen« erläutert dies und verdeutlicht schon im Titel einen besonderen Zug der islamischen Astrologie: ihre Nähe zur Magie. So mancher islamische Wissenschaftler sah in der Amulettkunst den Gipfel der Astrologie, wobei Amulette einen passiven, Talismane dagegen einen aktiven Zauber darstellten. Noch einflussreicher war sein Schüler, der langlebige Albumasar (787–886). Sein »Großes Buch, welches in die Wissenschaft einführt, Vorhersagen aus den Sternen zu treffen« wurde in seiner Wirkung nur durch die Werke des Ptolemäus übertroffen und fleißig übersetzt, enthielt es doch eine aristotelische Begründung der Astrologie und machte den Westen so mit dem großen griechischen Philosophen bekannt, bevor dessen eigene Werke dort vorlagen.

Noch in der in Europa Frühmittelalter genannten Epoche, nämlich im 10. Jh., verlagerte sich der Schwerpunkt der islamischen Gelehrsamkeit geographisch ins westliche Mittelmeer, auf die Iberische Halbinsel, nach al-Andalus. Hier waren es nicht die östlichen Einflüsse, sondern das enge und lange Zeit tolerante Zusammenleben mit Juden, das der Astrologie neue Impulse gab. Für diesen Übergang steht sehr gut Alcabitius (?–967), der sowohl im östlichen, wie auch im westlichen Teil des islamischen Herrschaftsbereichs lehrte und mit der »Einleitung in die Kunst der Sterndeutung« das weitverbreitetste Buch der mittelalterlichen Astrologie verfasste. Wichtig ist dabei besonders seine Lösung des Problems der Einteilung des Horoskops in 12 Felder oder Häuser (mehr hierzu auf S. 146), die man völlig gleichmäßig, beginnend am Horizont gegen den Urzeigersinn mit jeweils 30 Grad vornehmen kann, aber eben auch nach anderen Regularien, von denen das des Alcabitius auch heute noch seine Anhänger hat. Nachdem das spanische Emirat von Cordoba schon lange in Kleinstaaten zerfallen war und sich die christlichen Königreiche von Kastilien, Navarra und Aragon auf ihre Kosten immer weiter vergrößert hatten, endete mit der Vertreibung der Mauren aus Grana-

Jeder Bürger von Stralsund konnte seit dem 15. Jh. mit eigenen Augen den Einfluss arabischer Astrologen auf den Westen erkennen, wenn er auf die astronomische Uhr von St. Nikolai blickte. Neben Alfons X. von Kastilien (oben rechts) und Ptolemäus (oben links) ist in ihrem rechten unteren Zwickel nämlich auch Albumasar porträtiert.

da 1492 eine glänzende Zeit der Toleranz, die zum Beispiel dazu geführt hatte, dass sich der große Förderer der Wissenschaften, Alfons X. der Weise, König von Leon und Kastilien, der den Beinamen »Astrologus« führte, so manches Werk arabischer Astrologen von jüdischen Übersetzern ins Altspanische übersetzen ließ. In Erinnerung blieben vor allem die nach ihm benannten »Alfonsinischen Tafeln«, in seinem Auftrag von Gelehrten aller drei monotheistischen Religionen zusammengestellte Planetentafeln mit den Orten von Sonne, Mond und Planeten. Ihren Höhepunkt hatte die islamische Astrologie zu dieser Zeit schon überschritten, die Geistlichkeit sorgte hier ebenso wie bereits im Christentum dafür, dass dogmatische Vorbehalte – die Betonung der Willensfreiheit des Menschen – zur fast völligen Eliminierung der Astrologie führten. Im Gegensatz zu den Blütezeiten, die die Astrologie im Europa der Renaissance und dann wieder in der Neuesten Zeit – auch mit Hilfe der Vorarbeiten islamischer Gelehrter – erlebte, versank die Astrologie im Islam damit vorläufig endgültig in Bedeutungslosigkeit.

In der Geschichte der Astrologie gab es im Wesentlichen zwei Bereiche, mit denen sich Sterndeuter beschäftigt haben: mit dem einzelnen Individuum und mit dem Schicksal größerer Gruppen, also von Ländern, Völkern, Städten, politischen Vorgängen. Ersterer, der spätere von beiden, gewann erst in der Renaissance an Bedeutung und ist heute der dominierende Bereich. Die Individualastrologie, wie der Fachbegriff dafür lautet, wird wiederum von der Genethlealogie, der Geburts-Astrologie beherrscht. Sie beruht auf der Erstellung und Deutung eines Geburts- oder Radix-Horoskops, das eigentlich, wie viele Astrologen meinen, die anderen Bereiche der Individualastrologie überflüssig macht, da es das ganze Leben eines Menschen, seine Persönlichkeit, sein Potenzial, seine sozialen Umstände betrifft und über Solar- und Lunarhoroskope sowie Progressionen auch eine Prognose für künftige Jahre abgeben kann. Dennoch hat für manche Menschen auch die Stunden- und Elektionsastrologie

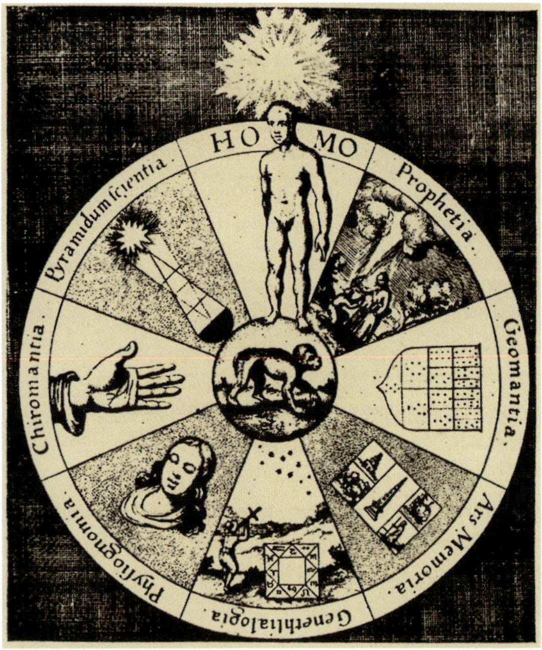

Robert Fludd stellte 1619 in seinen »sieben Arten der Divination (Weissagekunst)« die Genethlealogie auf eine Stufe neben Geomantie (Kunst, aus Linien und Figuren im Sand wahrzusagen) und Chiromantie (Handlesekunst).

noch ihre Berechtigung, hat sie doch die Aufgabe mittels eines Horoskops, gestellt auf die genaue Stunde der Frage, deren Beantwortung man sucht, individuelle oder auch Gruppen betreffende Fragen zu beantworten, wie: Wo ist mein Portemonnaie? Werde ich Kinder haben? Oder sie hilft – bei der Elektionsastrologie – einen perfekten Zeitpunkt für ein bestimmtes Vorhaben zu suchen. Für das eine sind im Horoskop vor allem die Häuser, für das andere die Aspekte von besonderem Interesse. Als dritter Bereich neben der Geburts- und der prognostischen Astrologie spielt auch die komparative (vergleichende) Astrologie im privaten Bereich eine Rolle. Mittels eines Vergleichs von Horoskopen ermöglicht sie eine Analyse der Beziehungen zwischen zwei oder mehr Personen.

Die Mundanastrologie (von lateinisch mundus = Welt), der neben der Individualastrologie zweite große und ältere Bereich der Astrologie, dem heute jedoch kaum noch eine Bedeutung zukommt, lässt sich mit den gleichen Methoden wie diese betreiben. Unter Geburt wird dann zum Beispiel die Gründung einer Stadt oder eines Unternehmens sowie der Beginn eines Ereignisses verstanden, zum Beispiel einer Sonnen- oder Mondfinsternis. Das für diese Ereignisse gestellte Horoskop lässt sich dann mit den Horoskopen von Städten, Staaten oder Staatsoberhäuptern vergleichen. Die Fragestellungen der Stunden- und Elektionsastrologie betreffen innerhalb der Mundanastrologie dann größere Zusammenhänge als im individuellen Bereich.

Nicht unterschlagen werden soll hier auch ein Bereich, den Astrologen aufgrund seiner absoluten Unwissenschaftlichkeit generell ablehnen, der aber nichtsdestotrotz aufgrund seiner Popularität und weiten Verbreitung generell im Bewusstsein der meisten ein Teil der Sternenkunde bildet: die Vulgärastrologie. Sie ist vor allem in Zeitungen und Zeitschriften, aber auch auf Zuckerverpackungen, Glückwunschkarten, Kaffeetassen usw. präsent. Untersuchungen sprechen davon, dass in ca. 70% aller amerikanischen Zeitungen eine stark vereinfachte Sterndeutung stattfindet – in Europa

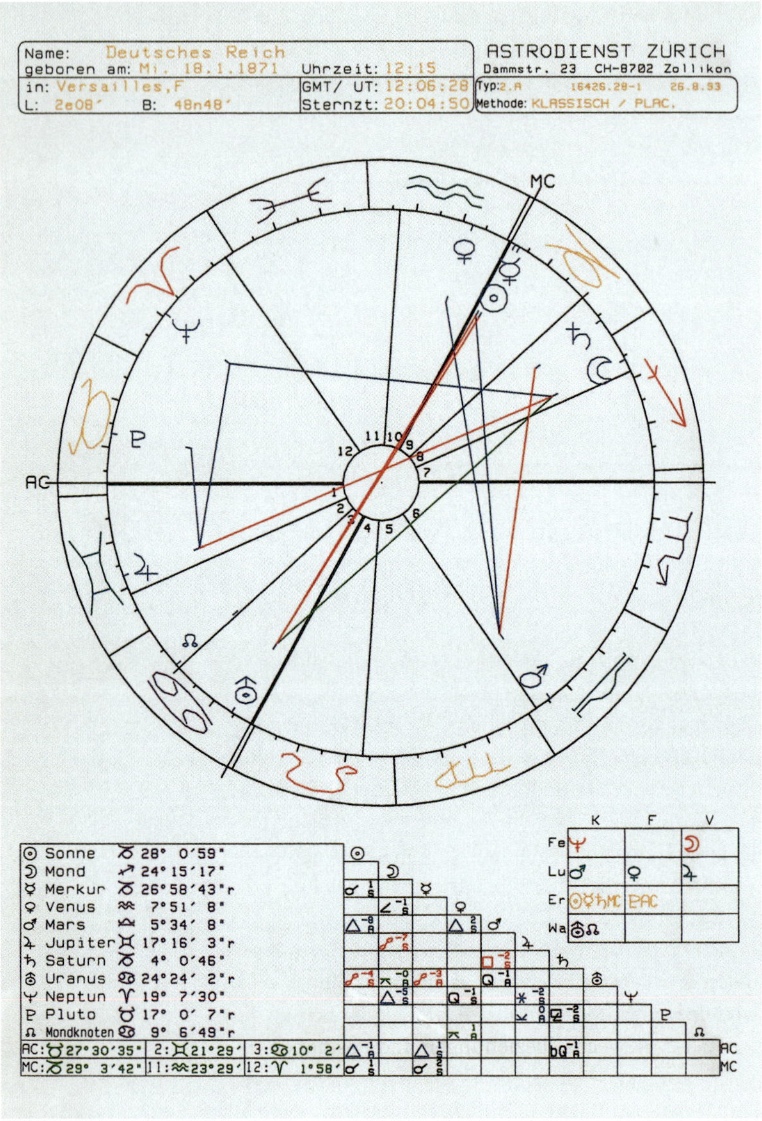

Welches Schicksal war dem am 18.1.1871 in Versailles gegründeten Deutschen Reich beschieden? Die Deutung seines »Geburtshoroskops« lässt nach Wolfgang Oppenheimer die Größe des Augenblicks ebenso erkennen wie die Gefahren seiner weiteren Entwicklung.

	Methoden der Individualastrologie	Methoden der Mundanastrologie
Nativitätsastrologie	Geburtshoroskop (Radixhoroskop) Empfängnishoroskop Horoskop des pränatalen Neumonds (Vollmonds)	Horoskop: der Entstehung einer Sache der Gründung eines Staates, einer Institution oder Organisation der Gründung einer Stadt der Grundsteinlegung eines Bauwerks der Beendigung einer Sache des Anfangs eines Ereignisses
	Hilfsmethoden: Korrektion und Rektifikation	
Prognostische oder Prädiktionsastrologie	Solarhoroskope Lunarhoroskope Direktionen und Progressionen, Profektionen	Vierteljahres- oder Ingressionshoroskop Jahreshoroskop (sogenanntes Welthoroskop) Horoskop einer Sonnen-, Mondfinsternis Neumond-, Vollmondhoroskop Horoskop einer bedeutsamen Planetenkonjunktion, -opposition Horoskop einer Planetenverdeckung
	Transite	
	Methoden der Horar- oder Stunden- und Frageastrologie: Stundenhoroskop Fragehoroskop Elektion Decumbiturhoroskop	
Komparative Astrologie	einfache Synastrie (Vergleich von zwei oder mehr Horoskopen) Vektor- oder Kontakthoroskop	

Die Bereiche der Astrologie im Überblick (nach Milan Spurek)

dürfte das nicht anders sein. Hierbei handelt es sich fast immer um eine einfache zodiakale Astrologie, also ein Horoskop, das nur das Tierkreiszeichen – eventuell noch die Dekade – berücksichtigt, in dem man geboren ist und das immerhin etwa 90% aller Zeitungsleser kennen. Alles andere, was ein Horoskop zu einem einzigartigen »Fingerabdruck« eines Menschen macht, wird hierbei ausgespart. Die Aussagefähigkeit einer so gestellten Prognose oder Persönlichkeitsbeschreibung, die sich alleine auf den Stand der Sonne im Verhältnis zu den Tierkreiszeichen im Moment der Geburt bezieht, den Aszendenten und den Stand der übrigen Planeten, ihre Wechselbeziehungen und Positionen in den Häusern außer Acht lässt, muss begrenzt, in manchen Fällen sogar falsch sein.

Das wichtigste Arbeitsmittel der Astrologie und Grundlage aller Deutungen und Prognosen ist das Horoskop. Meint man damit heute eine standardisierte Darstellung der Himmelssphäre mit Sonne, Mond und Planeten in den zwölf Tierkreiszeichen und Häusern zu einem bestimmten Zeitpunkt an einem bestimmten Ort unter Zuhilfenahme von grafischen Symbolen, bezeichnete man mit »horoskopus« in der Antike, abgeleitet aus der eigentlichen Wortbedeutung »die Stunde schauen«, den Aszendenten, also den zu einer bestimmten Stunde am Osthimmel aufsteigenden Tierkreisgrad, aber auch den Stundenschauer, also den Sternkundigen oder Priester, der ihn beobachtete. Alternativ zum Horoskop wird heute, wenn es sich um ein Geburtshoroskop handelt, auch vom Geburtsbild oder Radix- (lat. Wurzel) Horoskop gesprochen.

Die ältesten Horoskopdarstellungen zeigen durchkreuzte Kreise und auf der Spitze stehende Quadrate, in die ein anderes horizontales Quadrat eingeschrieben ist. In der Renaissance wurde dann ein Typus üblich, der drei Quadrate ineinander stellte, die um jeweils 45 Grad gedreht waren und durch weitere Unterteilungen zwölf Sektoren bildeten. Heute wird im westlichen Kulturraum – indische Astrologen benutzen beispielsweise ein quadratisches Schema – ein Horoskop ausschließlich kreisförmig gezeichnet. Üblich ist zudem das Einzeichnen der den Kreis in zwölf gleiche Kreisabschnitte teilenden, gegen den Uhrzeigersinn verlaufenden Tierkreiszeichen mit ihrem jeweiligen Symbol und eine Aufteilung in zwölf gleichgroße Segmente, die Häuser, im Inneren des Kreises. Auch sie verlaufen gegen den Uhrzeigersinn. Innen, dicht am Außenkreis werden je nach Position die Symbole der Planeten inklusive Sonne und Mond vermerkt. Hinzu können dann noch bestimmte Winkelbeziehungen, Punkte und Achsen eingetragen werden, die im dritten Teil dieses Kapitels genauer dargestellt werden. Die hier kurz beschriebene Darstellungsweise soll nur einen ersten Eindruck vermitteln, bevor mit den folgenden beiden Abschnitten dieses Kapitels die astronomischen

Zwei bis ins 19. Jh. übliche Horoskopschemata zeigten die Tierkreiszeichen und Häuser in Dreiecken und Quadraten. Wie heute begann man schon in der Antike mit dem Aszendenten in der Mitte links.

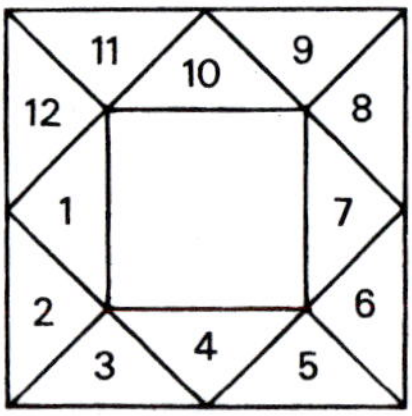

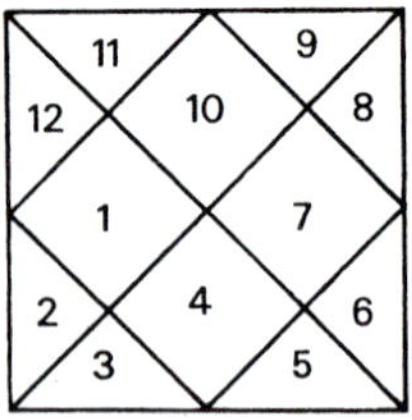

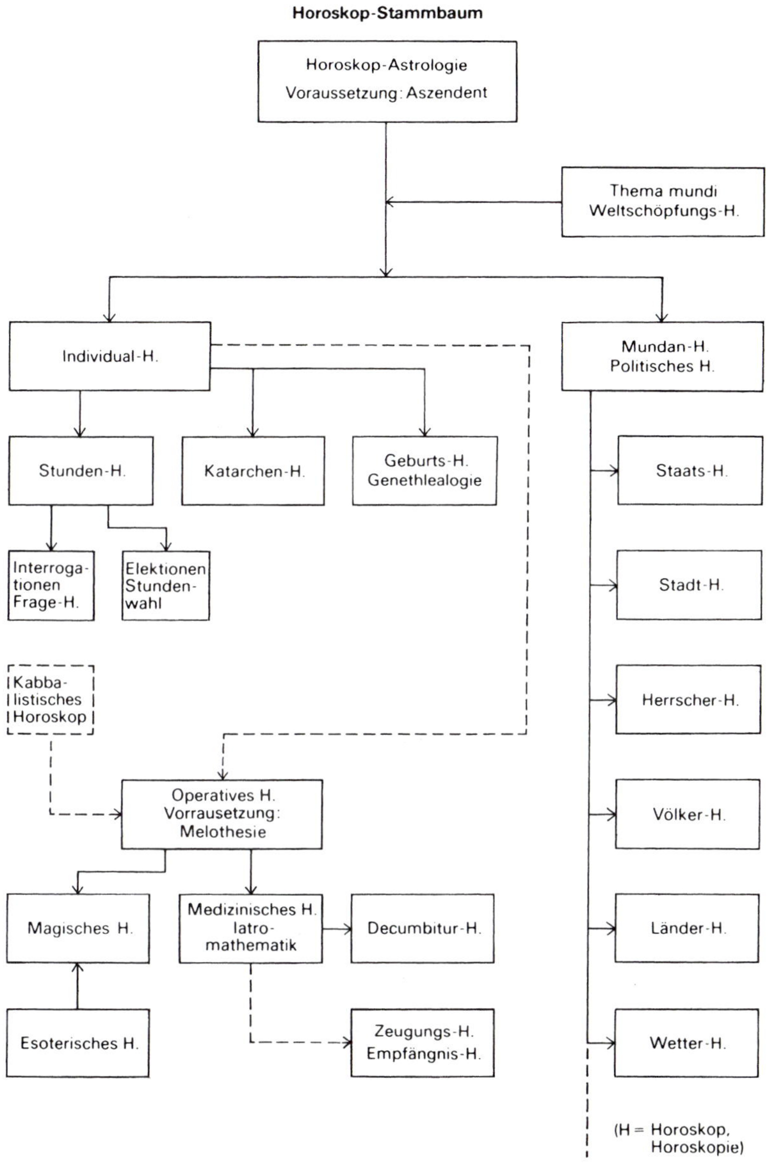

Gliederung der Horoskoparten

und astrologischen Grundlagen eines Geburtshoroskops beschrieben werden. In den beiden letzten Abschnitten dieses Kapitels werden in aller Ausführlichkeit die Möglichkeiten seiner Erstellung und Deutung erklärt. Nach den historischen und theoretischen Grundlagen dieser Disziplin, der Abgrenzung zu ihren Nachbarwissenschaften und der Betrachtung ihrer Teilgebiete, wäre damit eine Umsetzung in die Praxis möglich, das Ziel, sich selber ein einfaches, aber komplettes Horoskop stellen zu können, erreicht.

Sterne und Planeten
Die in allen indogermanischen Sprachen ähnliche Bezeichnung »Stern« (z.B. lateinisch »stella«, griechisch »aster«) gilt im astronomischen Sinn für selbstständig leuchtende Gaskugeln im Weltall, die von den ebenfalls als leuchtende Himmelspunkte erscheinenden Planeten unterschieden werden. Diese bewegen sich wesentlich schneller als die Sterne, deren alte Bezeichnung »Fixstern« als Gegensatz zum Wandelstern, so die Bedeutung von »Planet« (grch. Umherschweifender, Wanderer), irreführend ist, da auch die Sterne keineswegs an einem Ort verharren. Planeten sind nicht selbst leuchtende Himmelskörper, die sich in elliptischen Bahnen um einen sie beleuchtenden Zentralstern bewegen.

Astronomische Grundlagen

Zur Erstellung eines Geburtshoroskops, des heute wohl bedeutendsten und sicher bekanntesten astrologischen Instruments, um Persönlichkeit und Schicksal eines Menschen zu deuten, sind zwar nicht unbedingt astronomische Kenntnisse erforderlich, sie sind jedoch zum Verständnis dessen, was ein Astrologe anfertigt oder was mit Hilfe von Tabellen, zum Beispiel den Ephemeriden, von Jedermann selbst erstellt werden kann, sinnvoll. Auch eine Steuererklärung lässt sich anhand von Tabellen und Formularen, wenn auch nicht mühelos, so doch auch ohne Kenntnis der Gesetze und Verordnungen, die dahinter stehen, erstellen. Doch es liegt auf der Hand, dass nur mit ihrer Kenntnis oder Handbüchern, bei denen die Autoren diese Arbeit bereits erbracht haben, alle Möglichkeiten ausgeschöpft werden können, um möglichst viel Nutzen daraus zu ziehen. Die Tierkreiszeichen, die Planeten, die Felder, Häuser oder Orte und die Aspekte, all das, was ein Horoskop zeigen kann, hat einen astronomischen Hintergrund.

Was erblicken wir, wenn wir an den Himmel sehen? Tagsüber die Sonne und manchmal den Mond, nachts meistens den Mond in seinen verschiedenen Phasen und Tausende von Sternen, dazu seltener auch Kometen oder Meteoriten. Es geht uns dabei heute nicht anders als unseren fernen Vorfahren in den Metropolen des Altertums, Babylon, Athen und Rom. Doch mit dem Fortschritt in der Technik und dem erwachten Forschergeist des Menschen, genauer seit dem 17. Jh., hat sich durch die Konstruktion von Hilfsmitteln zur Himmelsbeobachtung etwas Wesentliches geändert. Das Teleskop wurde, vermutlich in den Niederlanden, erfunden und erstmals von Galileo Galilei wissenschaftlich genutzt. Seitdem ist es möglich, viel mehr Himmelskörper zu sehen und die Vorgänge im All besser zu verstehen. Das heute in der professionellen Astronomie kaum noch benutzte Teleskop, das er benutzte, arbeitete mit Linsen. Eine Fortentwicklung aufgrund der verbesserten Lichtbündelung stellte das durch Isaac Newton 1668 erstmals konstruierte Spiegelteleskop dar. Eine weitere Verbesserung war der Beginn der Raumfahrt in den 50er Jahren des 20. Jh. Nun war es möglich, den Weltraum ohne störende Einflüsse der Erdatmosphäre zu beobachten.

Das Fernrohr oder Teleskop wurde 1608 in Holland erfunden und im folgenden Jahr von Galilei nachgebaut und zu astronomischen Beobachtungen benutzt. Wegen seiner Bedeutung für die Wissenschaften erhielt im 18. Jh. ein Sternbild am südlichen Sternenhimmel den Namen Telescopium.

☉ *Sonne*

Obwohl die Sonne der erdnächste Stern ist, wurde sie dank der Himmelstheorien der Philosophen im Altertum, eines Aristoteles, eines Ptolemäus und anderer, wie ein Planet gesehen, einer von – inklusive Mond – sieben sichtbaren Planeten in den verschiedenen geozentrischen Systemen. Im Gegensatz zu diesen ist sie jedoch ein glühender Gasball, ein Stern. Ihre Teile drehen sich daher mit unterschiedlicher Geschwindigkeit, der Äquator mit 25 Tagen pro Umdrehung ist dabei am schnellsten. Auch sie verändert ihre Position, jedoch viel langsamer als die Planeten: In 220 Millionen Jahren bewegt sie sich einmal um den Kern der Milchstraße. Eine Reise, auf der das sie umgebende Sonnensystem sie begleitet. Ihre Entfernung zur Erde, etwa 150 Millionen Kilometer, etwas mehr als acht Lichtminuten, ist die Basis einer Rechengröße für Entfernungen in unserem Sonnensystem, der Astronomischen Einheit, AE. Die periodisch wiederkehrenden Aktivitäten unseres Zentralgestirns erreichen etwa alle 11 Jahre einen Höhepunkt, dessen energiestrotzende Urgewalt auch auf der Erde messbar

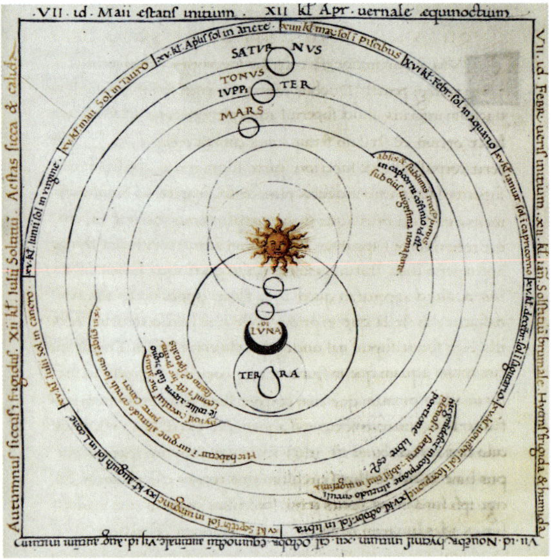

Ein Zeitgenosse von Aristoteles, Herakleides von Pontos, ersann ein Weltbild, in dem Merkur und Venus um die Sonne, die übrigen Planeten um die Erde kreisten (Illustration aus einem Kodex des 15. Jh.).

ist und zum Beispiel in den Jahresringen von Bäumen einen Niederschlag findet. Außerdem wirken sich ihre Schwerkraft, ihre Strahlung als Wärme und Licht sowie die Sonnenstürme mit ihren elektrischen Entladungen direkt auf die Erde und die anderen Himmelskörper in dem sie umkreisenden Sonnensystem aus.

Erde

Die Erde, von der Sonne aus der dritte, an Umfang der größte der inneren Planeten des Sonnensystems, steht nicht starr, wie man im Altertum annahm, sondern dreht sich in einem siderischen Tag, einem Sterntag, das sind 23 Stunden, 56 Minuten und 4 Sekunden, um sich selbst – auf der sonnenzugewandten Erdseite ist Tag, auf der anderen Seite Nacht. Zudem bewegt sich unser Mutterplanet in 365,24219 Tagen auf einer elliptischen Bahn um die Sonne, er wandert also pro Tag um etwas mehr als ein Grad auf seinem kosmischen Weg. Die Ellipse, die er beschreibt und die erstmals von Johannes Kepler erkannt wurde, ist jedoch sehr kreisähnlich, so dass sein Abstand von der Sonne nur zwischen 147, dem sonnennächsten Punkt oder Perihel, und 155 Millionen Kilometern, dem sonnenfernsten Punkt oder Aphel, schwankt. Unser gegenüber dem Sterntag längerer, 24 Stunden dauernder, in der Fachsprache »synodisch« genannter Tag entsteht dadurch, dass die Erde sich nicht nur eine volle Umdrehung – 360 Grad – drehen muss, damit die Sonne wieder an der selben Stelle steht, sondern, da sie sich gleichzeitig auf ihrer Bahn um die Sonne weiter bewegt hat, um etwa 1 Grad mehr, will sie mit dem selben Punkt der Sonne gegenüber stehen wie am Vortag. Hierfür benötigt sie ca. 4 weitere Minuten. Die Jahreszeiten mit ihren unterschiedlich langen Tagen entstehen durch die Neigung der Erde zu ihrer Umlaufbahn um die Sonne, ihre durch die Pole verlaufende Achse bildet zu dieser Bahn einen Winkel von etwa 23,5 Grad. Dadurch gilt für jeden Teil der Erde, dass er nicht zu jedem Zeitpunkt im Jahr gleich weit von der Sonne entfernt ist. Die Teile, in denen gerade Sommer ist,

Die Neigung der Erde erklärt mit den Jahreszeiten auch die verschiedenen Sonnenbögen, die man im Laufe des Jahres beobachten kann.

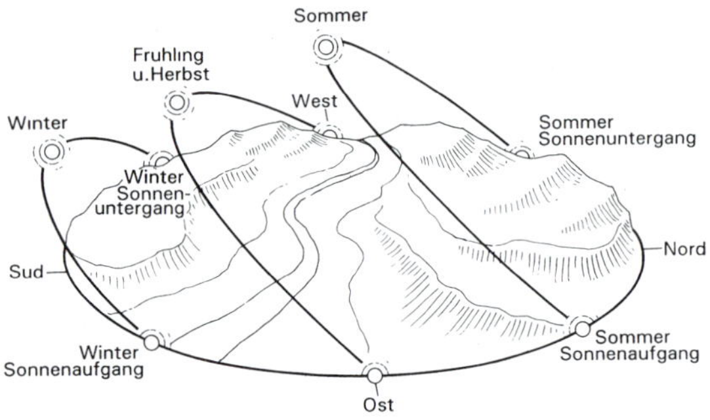

sind ihr zugeneigt und erhalten länger Licht als die ihr abgeneigten Teile, auf denen Winter ist. An zwei Tagen im Jahr, etwa am 21. März und am 23. September, steht die Sonne genau über dem Äquator, einem gedachten Kreis, der in der Mitte zwischen beiden Polen verläuft. An diesen Tagen ist die Sonne überall auf der Erde 12 Stunden zu sehen, genauso lange, wie sie in der darauf folgenden Nacht verschwunden ist. Man nennt diese Tage darum Tagundnachtgleichen, lateinisch Äquinoktien.

Die relative Nähe der Sonne mit ihrer durch die Erdatmosphäre stark gestreuten Strahlung führt dazu, dass man die anderen Sterne von der Erde aus nur nachts beobachten kann. Trotzdem bekommt man auch die am Tage aufgehenden Sterne im Laufe eines Jahres – je nach Position auf der Erde – alle zu Gesicht.

Der Sommeranfang kann, da die Erde die Sonne nicht in genau 365 Tagen umrundet, auch auf den 22. Juni fallen. Die dargestellte Erdbahn entspricht nicht der wirklichen Bahn, die am 2. Januar ihren sonnennächsten Punkt (Perihel) erreicht. Da sich die Erde in Sonnennähe schneller bewegt, ist das Winterhalbjahr gegenüber dem Sommerhalbjahr etwas verkürzt.

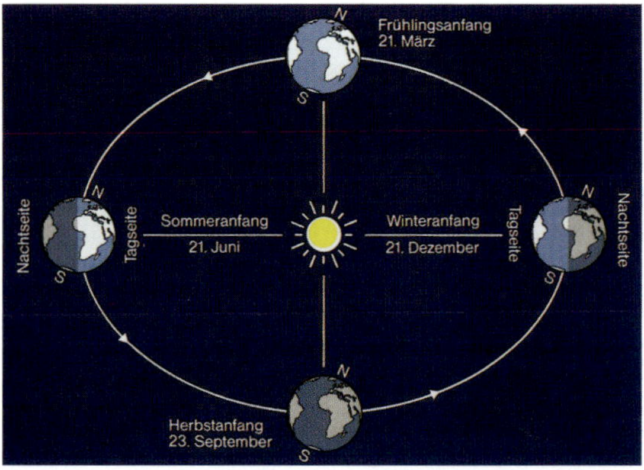

Durch den Umlauf um die Sonne verändert sich nämlich laufend die Himmelsrichtung, zu der die Nachtseite der Erde blickt, nach einem halben Jahr bzw. einer halben Sonnenumrundung, blickt die Nachtseite genau in die entgegengesetzte Richtung. Die Bewegung der Erde um die Sonne ist der Grund, warum sich die Position der Sternbilder im Laufe eines Jahres ändert, warum verschiedene Sterne und Sternbilder zu sehen sind. Um deren Platz am Himmel, nicht ihre tatsächliche Position im Kosmos bestimmen zu können, wird auf eine alte Vorstellung zurückgegriffen, die bereits die Griechen benutzten: die der Himmelssphäre. Man muss sie sich vorstellen wie die Schokoladenschicht um eine mit einer runden Haselnuss gefüllten Praline, eine riesige, sich von Ost nach West drehende Kugel, in deren Mitte sich die Erde befindet und von jedem Standpunkt der Erde aus nur die Hälfte zu sehen ist. Nord- und Südpol dieser Kugel – die Himmelspole – und auch ihr Äquator – der Himmelsäquator – liegen über den jeweiligen Gegenstücken auf der Erde. An ihrer Innenseite sind alle Sterne aufgehängt, so das vereinfachte Modell des Aristoteles, das in fast gleicher Form die Zeitläufte überdauert hat, mit dem Unterschied, dass heute nicht mehr von einem unbewegten Beweger ausgegangen wird, der das Aufhängen übernommen hat. Inzwischen weiß man, dass die Realität anders aussieht und man es nur mit einem Modell zu tun hat, dessen vereinfachende Darstellung der Wirklichkeit man gerne nutzt. In ihrer heutigen Funktion als astronomisches Hilfsmittel zeigt die Himmelssphäre die verschieden weit entfernten Sterne in einer Art Projektion auf die Himmelskugel. Deren Position dort kann dann, hier wird der Vorteil des Modells besonders eindrücklich sichtbar, ähnlich der Position von Orten auf der Erde bestimmt werden. Jeder, der schon einen Atlas benutzt hat wird wissen, dass dies mit einem Koordinatensystem, ähnlich wie bei dem Spiel »Schiffe versenken« funktioniert. Auf der Erde werden Orte durch den Schnittpunkt von Längengraden (Meridianen) und Breitengraden eindeutig beschrieben. Die

Von den Sphären des Aristoteles blieb nur die heute von Astronomen als Hilfsmittel benutzte Himmelssphäre. Weil sich der Himmel von der Erde aus gesehen einmal täglich um sich selbst dreht, wird die Rektaszension oft in Stunden, Minuten und Sekunden statt in Grad gemessen. Eine Stunde entspricht 15 Grad.

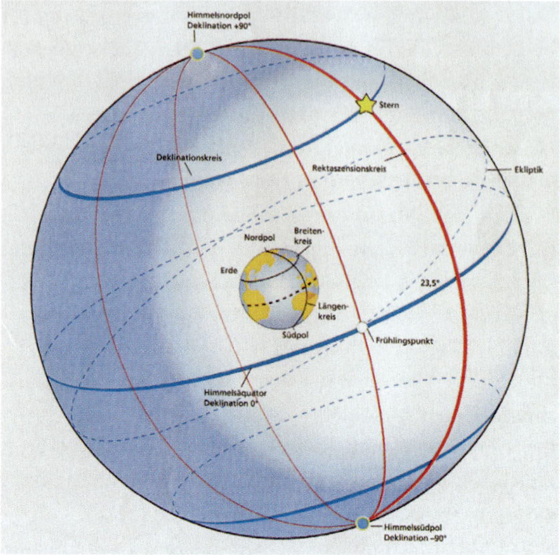

Längengrade laufen von Pol zu Pol, westlich und östlich des durch Greenwich verlaufenden Nullmeridians, die Breitengrade verlaufen nördlich und südlich parallel zum Äquator (mehr auf S. 151). Analog ergeben sich die Sternenpositionen aus Rektaszension und Deklination, den Längen- und Breitengraden des Himmels. Die dem Nullmeridian analoge Rektaszension ergibt sich dabei durch einen Kreis, der vom Himmelsnordpol über den Schnittpunkt der Sonne mit dem Himmelsäquator am Tag der Frühjahrs-Tagundnachtgleiche, des Frühjahrsäquinoktiums, bis zum Himmelssüdpol verläuft. Wie bei den Jahreszeiten erläutert, ändert sich die Position der Sonne zu jedem Punkt der Erde im Laufe eines Jahres durch die Achsenneigung von etwa 23,5 Grad. Der scheinbare Kreis, den sie auf der Himmelssphäre beschreibt, liegt wegen dieser Schrägstellung nicht genau auf deren Äquator, sondern bewegt sich zur Hälfte oberhalb, zur Hälfte unterhalb desselben (ein Effekt, der sich einfach am Globus eines Freundes nachvollziehen lässt, an den man etwa in Höhe des Äquators einen Filzstift hält, während man den Globus dreht). Den entstehenden Sonnenkreis nennt man Ekliptik, nach dem griechischen Wort »Eklipse« = Verschwinden, denn das Verschwinden der Sonne aber auch das des Mondes, zu allen Zeiten ganz besonders beachtete Himmelserscheinungen, fand naturgemäß immer auf diesem Kreis statt.

Mit den Mitteln der Weltraumtechnik gelang es der NASA diese fotografische Karte des Mondes zu erstellen.

☽ *Erdmond*

Als Trabant umkreist der Mond in einer Entfernung zwischen 356 000 (kleinste Erdentfernung = Perigäum) und 407 000 (größte Erdentfernung = Apogäum) km die Erde. Er wurde von den Römern »Luna«, von den Griechen »Selene« genannt. Er kehrt der Erde immer die gleiche Seite zu, da er – Opfer der Erdanziehung – in 27,32 Tagen nicht nur um die Erde, sondern auch um seine eigene Achse rotiert; diese Zeitspanne wird »siderischer« – auf die Sterne – bezogener Monat genannt. Trotzdem ist, aufgrund von Libration genannten Schwankungen der Mondscheibe, von der Erde aus mehr als die Hälfte (4/7) seiner Oberfläche zu sehen. Er selber strahlt nicht, sondern reflektiert das Sonnenlicht und ist nur deshalb sichtbar. Steht die Erde zwischen ihm und der Sonne, ist seine beschienene Seite für uns komplett sichtbar, wir haben Vollmond (ein

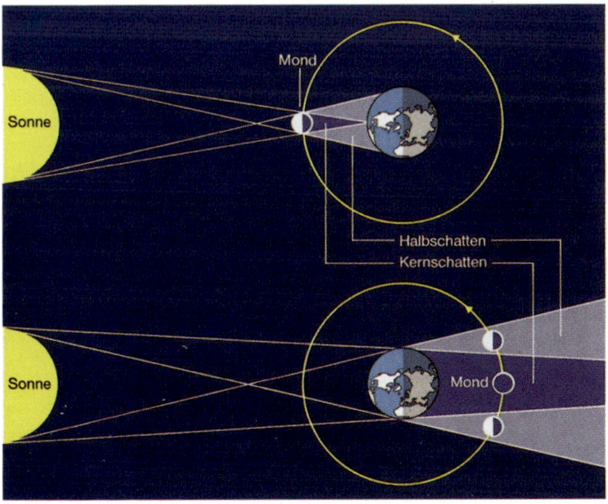

Mond- und noch mehr die selteneren Sonnenfinsternisse haben Menschen in allen Zeiten fasziniert. Da ihre Ursache bereits den antiken Astronomen bekannt war, gelangen schon vor mehr als 2000 Jahren genaue Prognosen über deren Eintritt.

Spezialfall bei Vollmond ist die Mondfinsternis). Sonne und Mond können dann nicht gleichzeitig sichtbar sein, der Mond geht erst nach Sonnenuntergang auf. Steht er zwischen Sonne und Erde, ist nichts von ihm zu sehen, da die Sonne nur die der Erde abgewandte Seite bescheint, es ist Neumond, er geht dann nach der Sonne auf (ein Spezialfall bei Neumond ist die Sonnenfinsternis). Die Zeit zwischen zwei Neumonden, 29,53 Tage, heißt »synodischer« – auf die Stellung von Erde und Sonne zueinander bezogener – Monat. Er ist länger als ein siderischer Monat, da die Erde, während der Mond sich einmal um sie bewegt hat, selber weiter um die Sonne gezogen ist. Der Mond benötigt zusätzlich mehr als zwei Tage, bis er nach der Positionsänderung der Erde wieder zwischen Sonne und Erde steht.

Neben den Mondphasen ist es vor allem ein anderer Aspekt, der den Mond so wichtig für Astrologen macht, dient er doch oft als eine der Begründungen für die Wissenschaftlichkeit der ganzen Disziplin: die Gezeiten. Sie entstehen durch die Schwerkraft des Mondes, der es gelingt, das Wasser auf der Erde zitronenförmig in seine Richtung zu ziehen – Wasserhügel auf seiner Seite und auf der genau gegenüberliegenden Seite der Erde entstehen. Verstärkt oder abgemildert wird dieser Effekt durch die Schwerkraft der Sonne. Steht sie, bei Neumond, mit dem Mond auf einer Seite der Erde, ergibt sich eine sogenannte Springflut, eine

Die Halbmondphasen, in denen von der Erde aus nur die Hälfte des von der Sonne angestrahlten Mondes sichtbar ist, nennt man auch erstes und drittes Viertel, da jeweils nur ein Viertel der gesamten Mondoberfläche am Himmel erscheint.

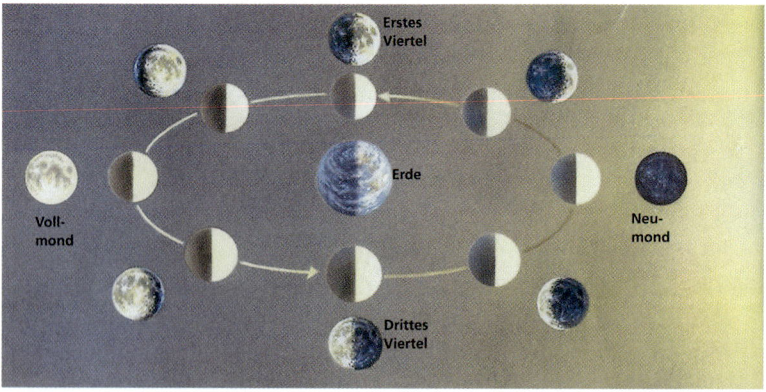

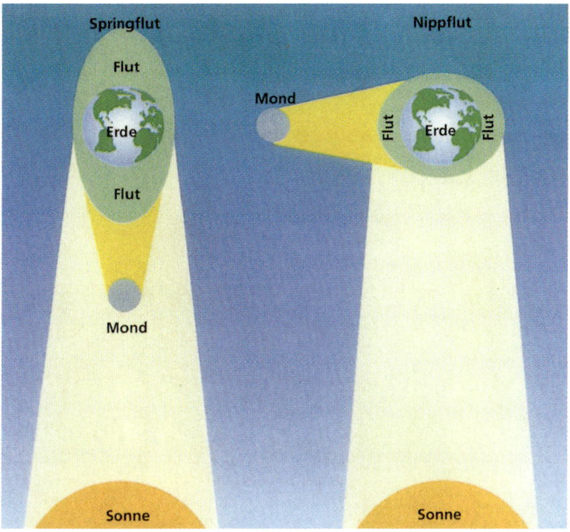

Nicht nur die Höhe des Wasserpegels ändert sich durch die Schwerkraft des Mondes: Die Erde als Ganzes wird jeweils bis zu etwa 30 cm in die Länge gezogen, der Mond von der Erde umgekehrt etwa 40 cm, da sie über mehr Masse verfügt.

größere Tidenhöhe, steht sie, bei Halbmond, in einem Winkel von 90 Grad zu ihm, ergibt sich eine Nippflut. Durch die Drehung der Erde und dadurch, dass Ebbe und Flut immer gleichzeitig auf beiden Seiten der Erde auftreten, müsste dieser Vorgang ungefähr alle 12 Stunden stattfinden. Berücksichtigt werden muss allerdings auch, dass der Mond nicht an einer Stelle verharrt und darauf wartet, dass derselbe Ort auf der Erde alle 24 Stunden an ihm vorbei zieht, sondern dass er sich in der gleichen Richtung mit bewegt, so dass der gedachte Ort auf der Erde 50 Minuten länger benötigt, um dem Mond wieder genau gegenüber zu stehen. Der Gezeitenwechsel verschiebt sich somit jeden Tag um 50 Minuten, so dass er ungefähr nach einem Monat wieder um dieselbe Zeit stattfindet.

Sterne

6000 Sterne, riesige Kugeln glühender Gase, die in Nebeln entstanden, sind mit bloßem Auge zu erkennen. Bereits in der Antike und vielleicht sogar noch früher hat man sie, um sich die Positionen der helleren unter ihnen leichter merken und sie besser identifizieren zu können, zu Sternbildern zusammen gefasst

Wie bei einem Blick auf das Alpenpanorama, bei dem alle Berge direkt nebeneinander zu stehen scheinen, bleiben bei den Sternbildern – hier der Orion – die Entfernungen zwischen den einzelnen Sternen, aus denen sie sich zusammensetzen, unberücksichtigt.

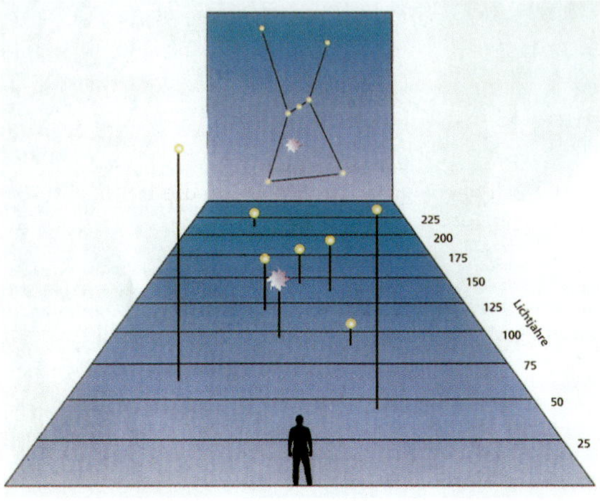

– eine Idee, die zwar die tatsächliche Position der Sterne im Weltall unberücksichtigt lässt, rein auf die geozentrische Sichtweise abzielt, auf die Projektion der Sterne auf die Himmelssphäre, aber trotzdem nach wie vor selbst von Wissenschaftlern genutzt wird. Allerdings haben sich die Astronomen 1933 auf eine verbindliche Neuordnung der Sternbilder geeinigt, die nun auch zahlreiche Sterne berücksichtigt, die, vor allem durch die Erfindung des Teleskops und die Einbeziehung der Sterne, die auf der südlichen Erdhalbkugel zu sehen sind, zu den in der Antike bekannten Sternen hinzukamen. So zählt man heute 88, soweit möglich auf den antiken Vorbildern – Ptolemäus beschrieb hiervon bereits 48 – beruhende Sternbilder, die besser als Sterngebiete zu bezeichnen sind, da sie, wie Orte umfassende Länder auf der Erde, alle Sterne beinhalten, die sich innerhalb definierter Grenzen befinden. Während die hellsten Sterne in den alten Sternbildern bereits im Mittelalter meist arabische Namen, wie Rigel oder Beteigeuze, beide im Sternbild Orion, erhielten, tragen sie selbst offiziell alle lateinische Namen, die hauptsächlich wie Herkules, Orion, Andromeda der Mythologie, wie Taurus (Stier), Ursus (Bär) oder Cancer (Krebs) der Tierwelt oder wie Telescopium oder Microscopium der Welt der Technik zugehören.

Zwölf Sternbilder befanden sich vor 2000 Jahren innerhalb des jährlichen Weges der Sonne, der Ekliptik; auch alle Bewegungen von Mond und Planeten (dies gilt auch für die erst mit dem Teleskop entdeckten Planeten außer Pluto) fanden innerhalb dieser Sternbilder statt. Sie legen sich wie ein Band um die Himmelssphäre und tragen – mit einer Ausnahme, der Waage – die Namen von Tieren oder mythischen Gestalten und werden seit alters her unter dem Begriff »Zodiak«, zu deutsch »Tierkreis« zusammen gefasst. Jedes der zwölf Tierkreissternbilder wird im Laufe des Jahres von der Sonne durchquert, in jedem hält sie sich, je nach Größe, unterschiedlich lange auf, was mit bloßem Auge jedoch nicht nachprüfbar ist, da die Sonne die Sterne wegen ihrer relativen Nähe überstrahlt und Sonnenfinsternisse, die einzige Gelegenheit, bei der Sterne und Sonne zusammen erkennbar sind, nur sehr selten auftreten. So stand sie 2003 mit 39 Tagen (vom 14. Mai

Eine moderne Darstellung des Orion zeigt, dass es sich um ein Gebiet und nicht mehr um eine Figur handelt. Alle Sterne innerhalb seiner festgelegten Grenzen gehören dazu. Die helleren werden durch griechische bzw. lateinische Buchstaben oder Zahlen in Verbindung mit dem Sternbildnamen gekennzeichnet. Die hellsten tragen außerdem manchmal noch ihre alten, meist arabischen Namen.

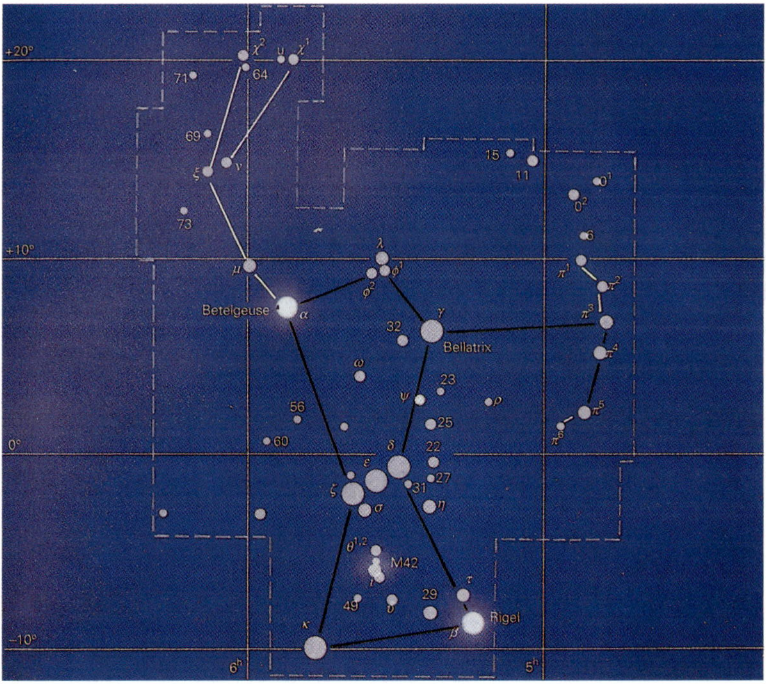

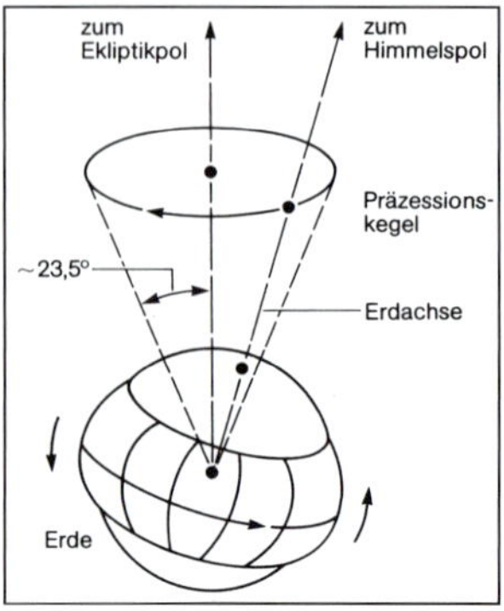

Durch das Einwirken der Gravitationskräfte von Sonne und Mond auf die am Äquator ausgebeulte Erde ändert sich die Position der Erdachse kontinuierlich (Präzession) und beschreibt in knapp 26000 Jahren einen Kreis.

bis 22. Juni) am längsten im Stier, mit 7 Tagen (vom 23. bis 30. November) am kürzesten im Sternbild Skorpion. Durch die Präzession, die einem Kreisel ähnliche durch die Kräfte von Sonne, Mond und Planeten bewirkte Pendelbewegung der Erde um ihre Achse in 25729 Jahren (= ein Platonisches Jahr), durchläuft die Sonne heute die Sternbilder des Tierkreises nicht mehr zur gleichen Zeit wie vor zweitausend Jahren, sondern erreicht sie jeweils einige Wochen später. Der tropische, auf die Jahreszeiten bezogene Tierkreis stimmt mit dem siderischen, dem tatsächlichen, auf die Sterne bezogenen Tierkreis nicht mehr überein. Beispielsweise befindet sie sich momentan während des Frühlingspunktes, am 21. März – gemäß tropischem Tierkreis der Beginn des Tierkreiszeichens Widder –, tatsächlich, »siderisch«, erst wenige Tage im Sternbild Fische, das Sternbild Widder erreicht sie am 19. April. Zudem berührt sie, zwischen Skorpion und Schütze, inzwischen noch ein dreizehntes Sternbild, den Ophiuchus oder Schlangenträger (vom 30. November – 18. Dezember), in dem die Griechen den Gott der

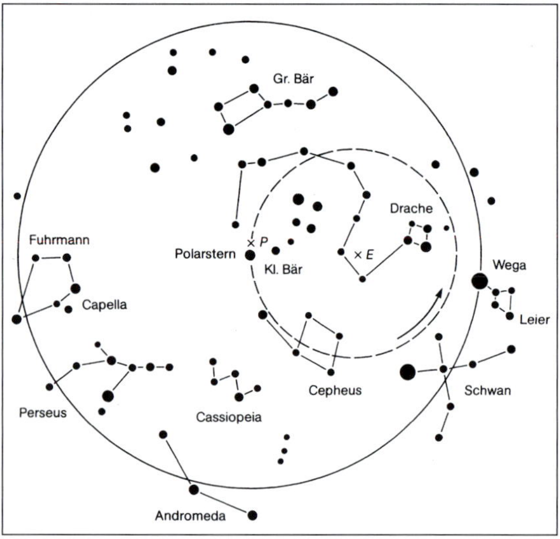

Durch die Präzession wird der Polarstern, der den nördlichen Himmelspol markiert, seine markante Position einbüßen, der Himmelspol (P) in einem Platonischen Jahr einmal um den Ekliptikpol (E) wandern.

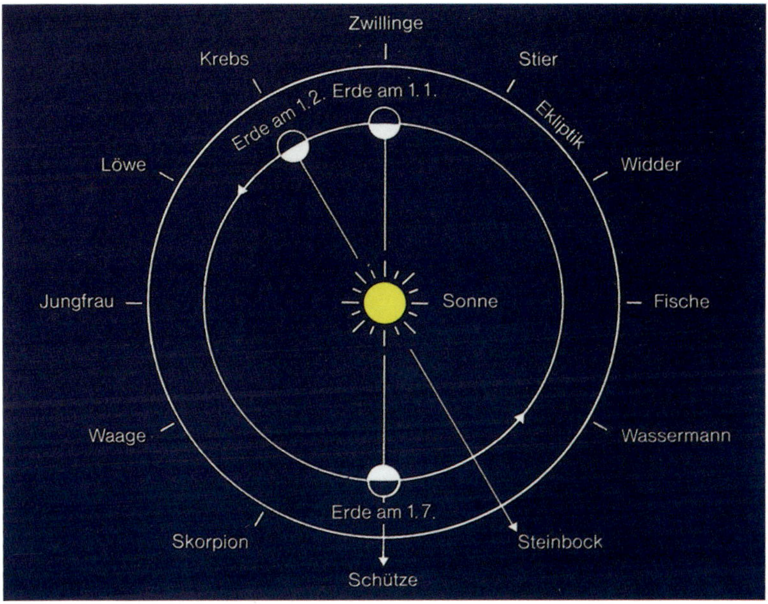

Diese vereinfachende Darstellung zeigt die Sonne, wie sie von der Erde aus gesehen scheinbar in einem Jahr durch den Tierkreis zieht. Dabei erreicht sie die Sternbilder ungefähr einen Monat nachdem sie im entsprechenden Tierkreiszeichen stand. So steht sie am 1.2. zwar bereits seit 11 Tagen im Tierkreiszeichen Wassermann, hat aber erst das Sternbild Steinbock erreicht, das sie am 16.2. verlässt.

Heilkunst, Asklepios, heute noch als Äskulap bekannt, sahen, dessen Symbol der Schlange noch heute in der Medizin verwendet wird.

Planeten

Die Planeten (grch. Wandelsterne) sind die wichtigsten Himmelskörper, die neben ihren Monden, den kleineren Planetoiden, Kometen und Meteoren die Sonne umkreisen und mit ihnen sowie dem Raum, in dem sie sich befinden, das Sonnen- oder Planetensystem bilden. Nach Johannes Keplers drei Gesetzen haben sie alle die folgenden Eigenschaften: 1. Jeder Planet bewegt sich auf einer elliptischen Bahn um die Sonne, die nicht den Mittelpunkt der Bahn, sondern einen der beiden Brennpunkte der Ellipse bildet. 2. Die Geschwindigkeit des Planeten hängt von seiner Entfernung zur Sonne ab. Er bewegt sich schneller, je näher er ihr ist. 3. Die Umlaufzeit um die Sonne hängt von der Entfernung des Planeten zu ihr ab.

Die Reihenfolge der Planeten, geordnet von Son-

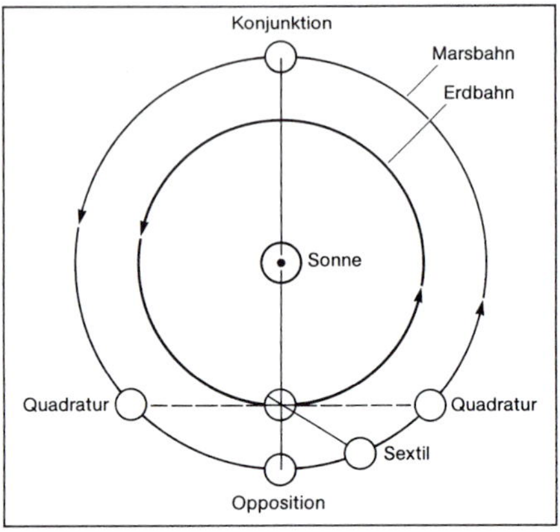

oben: Konstellation eines äußeren Planeten

unten: Konstellation eines inneren Planeten

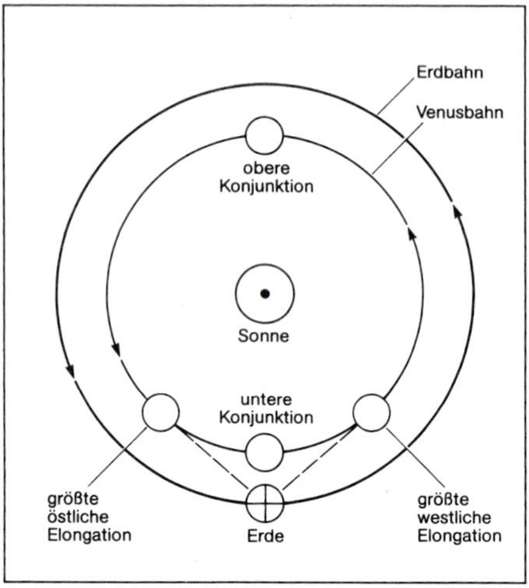

Bei einem äußeren Planeten – hier Mars – ergeben sich viel mehr Konstellationen – die Aspekte in der Astrologie – als bei den beiden inneren Planeten Merkur und Venus, die selbst während ihrer größten Elongation noch nahe an der Sonne zu stehen scheinen.

nennähe bis Sonnenferne, lässt sich mit folgendem Merksatz, bei dem die Anfangsbuchstaben für die mit demselben Buchstaben beginnenden Planeten stehen, gut erinnern: Mein Vater Erklärt Mir Jeden Sonntag Unsere Neun Planeten, also Merkur, Venus, Erde, Mars, Jupiter, Saturn, Uranus, Neptun, Pluto. Alle Planeten bewegen sich gegen den Uhrzeigersinn um die Sonne. Sie sind grundsätzlich am besten zu sehen, wenn sie in Opposition zur Sonne stehen, wenn sie also auf einer Geraden Sonne-Erde-Planet stehen, da sie dann um Mitternacht kulminieren, ihren höchsten Stand erreichen. Diese Möglichkeit besteht nur für die äußeren Planeten Mars, Jupiter, Saturn, Uranus, Neptun und Pluto, die Planeten, deren Umlaufbahn um die Sonne außerhalb der Bahn der Erde liegt. Die beiden inneren Planeten, Merkur und Venus, können nur in Konjunktion stehen.

Merkur

Der sonnennächste Planet, Merkur, benannt nach dem römischen Gott des Handels, der dem griechischen Gott Hermes entsprach, ist wegen seiner großen Sonnenähe nur sehr schwer und selten zu beobachten. Nur etwa 15–18 Stunden im Jahr, während seiner größten Elongationen, wird er nicht von der Sonne überstrahlt, nachts ist er nie zu sehen. Als Abendstern, kurz vor Sonnenuntergang, ist er besonders in den Frühlingsmonaten, als Morgenstern, kurz nach Sonnenaufgang, in den Herbstmonaten zu erkennen, falls dies Horizontnähe und Dunst nicht verhindern. Er dreht sich in 59 Stunden um sich selbst, in 88 Tagen um die Sonne.

Venus

Der zweite Planet unseres Sonnensystems erhielt seinen Namen von der der griechischen Göttin Aphrodite entsprechenden römischen Göttin Venus, ihr alter Name war Hesperos oder Phosphorus. Da seine Wolkenschicht das Sonnenlicht ungewöhnlich stark reflektiert und er zudem der Erde am nächsten ist – deshalb und wegen seiner ähnlichen Größe spricht man auch vom Zwilling oder der Schwester der Erde –, überstrahlt er alle anderen Himmelskörper mit Ausnahme von Sonne und Mond. Alle sieben Monate ist er von der Erde aus am Abendhimmel für einige Wochen sichtbar und verdient damit den Namen »Abendstern« ebenso wie dreieinhalb Monate danach das Prädikat »Morgenstern«, wenn er drei Stunden vor der Sonne aufgeht und am östlichen Himmel erstrahlt – 20-mal heller als Sirius im Großen Hund, der hellste Stern des Nordhimmels. Die Eigenrotation der Venus dauert mit 243 Erdentagen von allen Planeten am längsten, wobei sie sich entgegengesetzt zu ihrer Umlaufbahn um sich selbst dreht. Wie Merkur kann auch Venus aufgrund ihrer zwischen Erde und Sonne verlaufenden Bahn nie in Opposition zur Sonne stehen, also von der Erde aus gesehen der Sonne gegenüber.

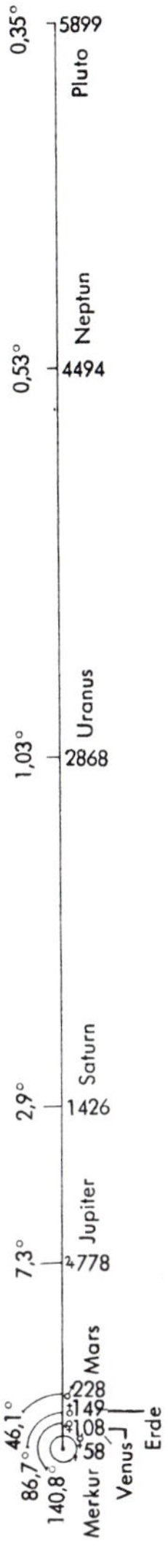

Entfernung der Planeten von der Sonne (in Mill. km) und zurückgelegte Bahn in Grad während eines Merkurjahrs (88 Tage), dem vollen Umlauf des Merkur um die Sonne.

♂ *Mars*

Als erster der sechs äußeren oder oberen Planeten wurde er in der Antike nach dem römischen Kriegsgott und Gott des Frühlings, dem zu Ehren auch der Monat März seinen Namen hat, benannt.

Noch um 1900 behauptete der Astronom Percival Lowell, dass der Mars bewohnt und die einige Jahre zuvor auf ihm fälschlicherweise entdeckten »Kanäle« künstlich angelegt seien.

Er hat in bezug auf die Erde die größten Entfernungsschwankungen aller Planeten und strahlt darum verschieden stark, beherrscht in Zeiten seiner besten Sichtbarkeit jedoch den Nachthimmel und leuchtet dann heller als alle Fixsterne. Staubstürme in seiner Atmosphäre brechen das Licht so, dass er rosa bis rot erscheint, Grund für den Beinamen »der rote Planet«. Seine Bahn, die ihn in 687 Tagen um die Sonne führt, ist die von der Erde aus gesehen komplizierteste, scheinbar steht er manchmal still oder bewegt sich sogar rückwärts – die Erklärung dieses Phänomens, das mit den kreisförmigen Umlaufbahnen des Kopernikus nur schwer vereinbar war, veranlasste Johannes Kepler zur Entwicklung seiner drei Planetengeset-

Die von der Erde aus zu beobachtende scheinbare Rückläufigkeit des Mars beruht auf einer perspektivischen Täuschung, die auf der unterschiedlichen Geschwindigkeit beider Planeten und ihrer Stellung zur Sonne beruht.

ze. Die scheinbare Rückläufigkeit dieses und anderer Planeten wird in den Ephemeriden, den Gestirnstandsbüchern, mit einem »R« gekennzeichnet.

♃ *Jupiter*

Der Göttervater und damit wichtigste römische Gott war Jupiter – auch der mit seinem 11-fachen Erddurchmesser größte der neun Planeten trägt seinen Namen. Er ist nicht ganz rund, sondern, wie die Erde, an seinen Polen etwas abgeflacht, das Ergebnis seiner schnellen Rotation, denn er dreht sich in weniger als 10 Stunden einmal um sich selbst. Ungefähr alle 12 Jahre durchzieht er die Tierkreiszeichen, vollendet also einen Umgang um die Sonne. Er ist nach Sonne, Mond und Venus der hellste Himmelskörper. Wegen seines Wolkengürtels schimmert er in vielen Farben und hat zudem einen großen roten Fleck, ein bereits seit 350 Jahren beobachteter tobender Wirbelsturm, der größer ist als die Erde. Jupiter umkreisen zahlreiche Monde, deren erste vier, Io, Europa, Kallisto und Ganymed, bereits durch Galilei entdeckt wurden. Der größte, Ganymed, mit einer Größe, die den Planeten Merkur übertrifft, ist gleichzeitig der größte Trabant unseres Sonnensystems. Aus geozentrischer Sicht benötigt Jupiter 399 Tage bis er wieder seine alte Stellung erreicht hat, ein synodischer, auf die Stellung von Sonne und Erde zueinander bezogener Umlauf braucht 399 Tage; er wandert also in 13 Monaten über unseren Himmel.

Dieses Modell unseres Sonnensystems ist nicht maßstabsgerecht. Hätte die Sonne einen Durchmesser von 1,39 m wäre der stecknadelkopfgroße Merkur etwa 60 m und der noch kleinere Pluto 6000 m von ihr entfernt – ein entsprechendes Modell befindet sich in der Innenstadt von Hagen.

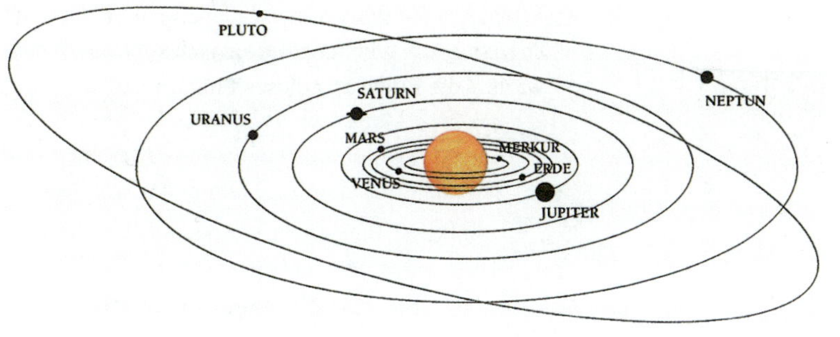

♄ *Saturn*

Der auffälligste unter den Planeten ist Saturn wegen seines besonders ausgeprägten Ringsystems. Es besteht aus vier Haupt- und Tausenden von Einzelringen, die sich wiederum aus Milliarden kleiner Gesteinsbrocken zusammen setzen. Sie umkreisen den Planeten, der nach dem römischen Gott der Saat – als jüngster der Titanen auch Vater des Gottes Jupiter – benannt wurde, in unterschiedlicher Geschwindigkeit, stehen um 29 Grad gegen seine Umlaufbahn geneigt und enthalten einige der zahlreichen Saturnmonde, deren größter Titan heißt. Er dreht sich etwa so schnell wie Jupiter um sich selbst, braucht 29,5 Jahre für eine Sonnenumrundung und steht nach 378 Tagen wieder in gleicher Position zur Erde. Mit ihm, der 10-mal so weit von der Sonne entfernt ist wie unser Heimatplanet, sind alle Planeten beschrieben, die bereits im Altertum bekannt waren, da sie – zu bestimmten Zeiten – mit bloßem Auge sichtbar sind.

1979 wurde der Saturn erstmals durch eine Raumsonde erreicht. Obwohl er als einziger Planet immer mit seinen Ringen dargestellt wird, verfügen auch Saturn, Uranus und Neptun über solche Systeme.

♅ *Uranus*

Der griechische Himmelsgott Uranos, lateinisch Uranus, Vater des Saturn, ist der Namensgeber für den von Friedrich Wilhelm Herschel im Jahre 1781 entdeckten Planeten, der bereits 100 Jahre zuvor zwar gesichtet, jedoch für einen Stern gehalten worden war. Der drittgrößte Planet, in bezug auf die Sonne der siebte unseres Planetensystems, erscheint im Fernrohr durch Methanwolken in seiner Atmosphäre in grünlich-blauer Farbe. In knapp 85 Jahren umrundet er die Sonne und wird dabei von mindestens 15 Monden und einem Ringsystem umkreist. Seine Rotationsachse liegt fast in seiner Bahnebene, die er damit sozusagen »entlang rollt«. Obwohl auch er gelegentlich ohne Hilfsmittel sichtbar ist, war er bis zum 17. Jh. völlig unbekannt.

Neptun

Von ähnlicher Größe wie Uranus – als dessen Zwillingsplanet er auch wegen vieler Eigenschaften gilt – ist Neptun, auf dessen Existenz man aufgrund von Bahnabweichungen seines Nachbarplaneten bereits schloss, bevor er tatsächlich von Johann Galle in Berlin 1846 erstmals beobachtet und nach dem römischen Meeresgott benannt wurde. Er ist 30-mal soweit von der Sonne entfernt wie die Erde (= 30 AE) und benötigt für eine Sonnenumrundung 165 Erdenjahre. Seine Entdeckung entfachte eine erbitterte Diskussion unter Befürwortern und Ablehnern der Astrologie, astrologische Neptunwirkungen sind seither Gegenstand vieler Auseinandersetzungen verschiedener Schulen von Sternkundlern.

Pluto

Pluto ist der aufgrund seiner Entfernung bisher unerforschteste Planet unseres Sonnensystems. Wegen der Dehnung seiner elliptischen Bahn ist er nicht immer der sonnenfernste Planet, innerhalb seines 248 Jahre dauernden Laufs um die Sonne kommt er ihr teilweise näher als Neptun. Aus dessen Bahnabweichungen und ebensolchen des Uranus berechnete Percival Lowell, zu dessen Ehren sich ein Symbol für diesen Planeten aus dem Monogramm PL bildet, bereits 1915 seine Existenz bevor ihn Clyde Tombaugh (1906–97) von Arizona aus erstmals zu Gesicht bekam. Wie Uranus und Neptun gehört er zu den »teleskopischen« Planeten und führte bei seiner Entdeckung – wie diese zuvor – zu heftigen Reaktionen auf Seiten von Astrologen und deren Kritikern. Seinen Namen bekam der kleinste Planet von dem griechischen Gott der Unterwelt, Hades, der auch den Beinamen Pluton, römisch Pluto, führte.

Für den zuletzt entdeckten Planeten Pluto hat sich kein einheitliches Symbol durchgesetzt. Auch diese beiden Zeichen werden verwendet.

Asteroiden

Diese übersetzt als »Sternähnliche« bezeichnete Gruppe von Himmelsobjekten, die aufgrund der Tatsache, dass sie die Sonne umkreisen, auch Planetoiden, »Planetenähnliche«, genannt werden, sind Körper mit im Vergleich zu den Planeten kleiner Masse von bis zu 1000 km Durchmesser. Seit 1801 konnten etwa 1800 von ihnen mit ihrer Bahn bestimmt werden, die sich am häufigsten zwischen Mars und Jupiter befindet. Die Hypothese, es hätte in der großen Lücke zwischen diesen beiden Planeten ursprünglich ein weiterer existiert, der zerbrach, liegt zwar auf der Hand, ist aber nicht bewiesen. Die größten und bekanntesten auch von Astrologen in ihre Prognosen und Deutungen einbezogenen Planetoiden sind Ceres, Vesta, Juno und Pallas sowie der 1977 entdeckte Chiron (nicht zu verwechseln mit dem Mond des Pluto, Charon), dessen Umlaufbahn sich nicht wie die der anderen zwischen Mars und Jupiter, sondern zwischen Saturn und Uranus befindet.

Kometen

Kometen (grch. = Haarsterne) sind ursprünglich wahrscheinlich aus dem Rand unseres Sonnensystems stammende Himmelskörper geringer Masse, die sich auf langgestreckten elliptischen Bahnen um die Sonne bewegen. Sie bestehen aus dem eigentlichen, wenige

Erst 2061 wird der Halleysche Komet wieder im inneren Sonnensystem, innerhalb der Marsbahn, zu sehen sein.

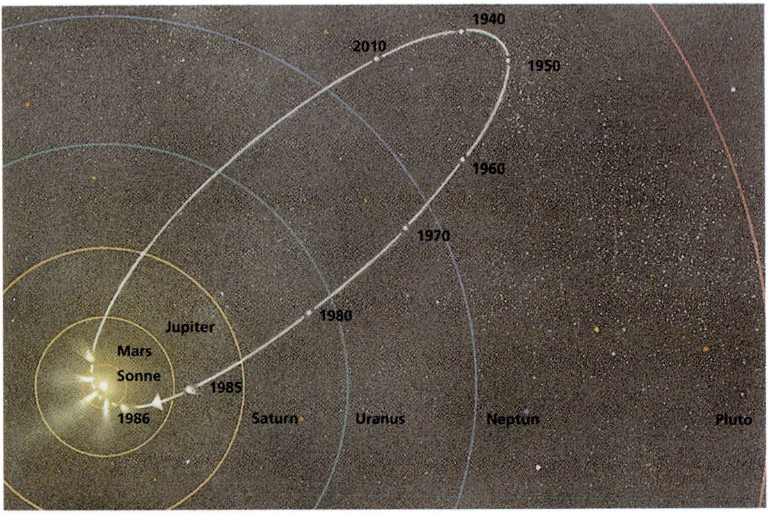

Kilometer großen Kometenkern, einem lose zusammengefügten Brocken aus Eis, Gasen und anderen Partikeln sowie dem Koma und dem Schweif. Je näher sie der Sonne kommen, desto mehr Eis beginnt zu verdampfen, eine Gaswolke, die sogenannte »Koma« entsteht. Durch die Kometenbewegung und den Sonnenwind entsteht aus den sich lösenden Teilen ein Schweif, der durch den solaren Wind von der Sonne weggedrückt wird und nach deren Passieren verschwindet, da der Komet wieder abkühlt. Die Anzahl von Kometen ist unbekannt, jährlich werden etwa zehn wiederentdeckt und fünf neu aufgespürt. Sie können irgendwo am Himmel erscheinen, sich in jede Richtung bewegen und dabei ihre Helligkeit und Form verändern. Der bekannteste und am hellsten leuchtende ist der nach seinem ersten Erforscher benannte Halleysche Komet, dessen Auftauchen bereits 240 v.u.Z. von den Chinesen verzeichnet wurde. Edmond Halley (1656–1742), ein Freund Newtons, hatte ihn 1682 beobachtet und aufgrund älterer Sichtungen erkannt, dass er periodisch alle 76,2 Jahre wiederkehrt.

Der zur Erinnerung an die Eroberung Englands 1066 gewebte Teppich von Bayeux zeigt über dem englischen König Harold den Halleyschen Kometen, der von den besiegten Engländern als schlechtes Omen gedeutet wurde.

Ihre besonderen Eigenschaften und ihre Form sowie die Tatsache, dass gleichzeitig mit dem Erscheinen einiger Kometen historisch außergewöhnliche Ereignisse stattfanden – als der Halleysche Komet 1066 erschien, eroberten die Normannen England, 1453 fiel mit der Eroberung Konstantinopels durch die Türken das Byzantinische Reich –, jagten sie den Menschen Angst ein und wurden häufig als böses Omen gedeutet.

Astrologische Grundlagen

Zur Erstellung eines Horoskops sind neben den behandelten astronomischen Grundlagen einige typische astrologische Besonderheiten zu klären, die sich teilweise aus der Astronomie ableiten lassen, teilweise, wie das Häusersystem, auf Festlegungen und Theorien berühmter Astrologen beruhen. Meistens gibt es mehrere Möglichkeiten, die verschiedenen Teile eines Horoskops zu behandeln, verschiedene Wege der Darstellung, je nachdem, welcher Schule man anhängt, welcher Richtung man folgen möchte. Da es hier um eine Einführung, einen Schnellkurs der Astrologie geht, wird nicht auf alle Arten eingegangen – es existieren alleine mehr als 20 verschiedene Häusersysteme –, sondern ein Vorgehen gewählt, das ein Grundverständnis ermöglicht, auf dem bei weiterem Interesse durch die entsprechende Spezialliteratur aufgebaut werden kann.

Tierkreiszeichen

Der Tierkreis, für den es kein eigenes astrologisches Symbol gibt, ist ein vereinfachtes Abbild der Ekliptik, der von der Erde aus gesehenen scheinbaren Bahn der Sonne innerhalb eines Jahres. In dieser Zeit durchläuft sie zwölf bzw. dreizehn Sternbilder auf ihrem 360 Grad betragenden Weg. Obwohl jedes Tierkreissternbild eine unterschiedliche Ausdehnung aufweist, wurden sie, damals zwölf, schon in Babylon wahrscheinlich aus Gründen der Zeitmessung standardisiert, ihr jeweiliger Abschnitt auf der Ekliptik vergrößert oder verkleinert, der Kreis in zwölf gleiche Teile zu je 30 Grad aufgeteilt. Das Ergebnis sind die Tierkreiszeichen – eine wichtige Unterscheidung. Die Präzession, obwohl schon seit Hipparch bekannt, wurde ebenfalls außer Acht gelassen, so dass die Lage der Tierkreiszeichen schon nach einem Jahr nicht mehr genau mit den Sternbildern übereinstimmt. Dass wegen der Pendelbewegung der Erde inzwischen auch noch ein dreizehntes Sternbild von der Sonne berührt wird, bleibt ebenfalls irrelevant für die Astrologie. Mit dem Tierkreis als Messkreis lässt sich einwandfrei für jeden Tag des Jahres unabhängig vom genauen Zeitpunkt oder Ort, an dem ein Ereignis stattfindet, feststellen, an welcher Stelle des Himmels die Sonne und die anderen Planeten stehen. Es handelt sich aufgrund der fehlenden Stundenberücksichtigung um ein »Horoskop ohne Häuser«.

Die Tierkreiszeichen lassen sich nach verschiedenen Kriterien ordnen. Diese Systematiken geben wichtige Hinweise für die Deutung des Horoskops. Die einfachste und naheliegendste Ordnung ergibt sich durch die Jahreszeiten. Vor allem durch sie hat sich die Charakteristik der Zeichen ergeben. Je nachdem, ob ein Zeichen am Anfang, in der Mitte oder am Ende einer Jahreszeit steht, ob es also die Basis einer Jahreszeit, einen eindeutigen, festen, stabilen Abschnitt innerhalb der Jahreszeit oder die erneute Veränderung in eine andere repräsentiert, kann man sie nach Qualitäten

Die Sonne durchwandert auf ihrem Weg durch den Tierkreis die Sternbilder zu anderen Zeiten als die zugehörigen Tierkreiszeichen, in denen sie sich, ebenfalls im Gegensatz zu den Sternbildern, die unterschiedliche Ausdehnungen besitzen, gleich lange aufhält.

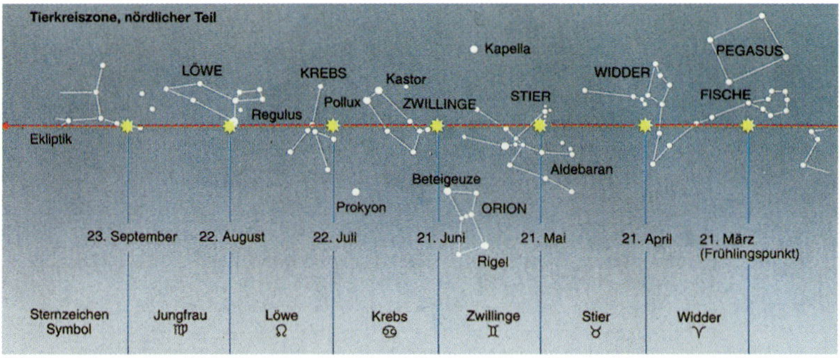

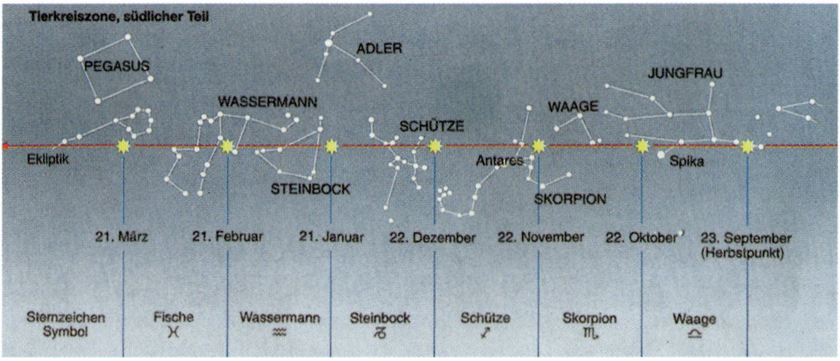

weiter in kardinale (grundlegende), feste oder bewegliche unterteilen. Analog der chinesischen Yin- und Yang-Prinzipien mit ihren die passive, dunkle, ruhende, feuchte, kalte, weibliche Kraft bzw. den aktiven, hellen, bewegten, trockenen, heißen, männlichen Geist wiedergebenden Polaritäten, lassen sich auch die Tierkreiszeichen abwechselnd nach den Archetypen männlich und weiblich ordnen, beginnend mit dem Widder als männliches und dem Stier als weibliches Zeichen. Die vierte wichtige Einteilung ist schließlich die nach den vier klassischen Elementen der griechischen Naturphilosophen, Feuer, Erde, Luft und Wasser, die als warm und trocken (Feuer), trocken und kalt (Erde), feucht und warm (Luft) und letztlich kalt und feucht (Wasser) charakterisiert sind. Sie stehen gleichzeitig für vier Temperamente, man denke nur an den Feuerkopf, den Erdverbundenen, den Luftikus oder das stille Wasser. Auch die bekannten vier Temperamente nach

Nach den Elementen Feuer, Erde, Luft und Wasser (von oben nach unten) in vier Reihen geordnete Tierkreisbilder aus einem Holzschnitt des 15. Jh.

Empedokles	Hippokrates	Aristoteles	Bezeichnung der Temperamente	Zuordnung der Tierkreis-Zeichen		
Elemente	Körpersäfte	Blutbeschaffenheit				
Feuer	gelbe Galle	warmblütig	cholerisch	♈	♌	♐
Erde	schwarze Galle	schwerblütig	melancholisch	♉	♍	♑
Luft	Blut (sanguis)	leichtblütig	sanguinisch	♊	♎	♒
Wasser	Schleim	kaltblütig	phlegmatisch	♋	♏	♓

Die Tierkreiszeichen in der gleichen Anordnung wie auf der letzten Abbildung ergänzt um weitere Entsprechungen.

der Säftelehre des Galenus, eines römischen Arztes, lassen sich diesen vier Elementen zuordnen: Choleriker (Feuer), Phlegmatiker (Erde), Sanguiniker (Luft) und Melancholiker (Wasser). Jeweils die in der Ekliptik ein Dreieck bildenden Zeichen, also jedes vierte Zeichen, gehören zusammen, Widder ist das erste Feuer-, Stier das erste Erd-, Zwillinge das erste Luft- und Krebs schließlich das erste Wasserzeichen.

Letztlich lassen sich den Tierkreiszeichen auch noch die Häuser (siehe S. 165) zuordnen, denn sie entstehen durch die tägliche Rotation der Erde und unterteilen den Tag, während die Tierkreiszeichen sich auf den Jahresumlauf der Erde beziehen und das Jahr aufgliedern. So wie der Frühling der Morgen des Jahres ist und damit Widder eine Parallele zum 1. Haus aufweist, schläft die Natur im Winter, es ist Nacht, die Häuser 10–12 können demnach den Winterzeichen Steinbock, Wassermann und Fische zugeordnet werden.

Außer diesen populärsten und überall gleichermaßen verwendeten Einteilungen gibt es weitere nach den Eigenschaften derb, fett, mager, graziös, nach schön oder hässlich, schwächlich, wohltätig, materialistisch usw., die hier jedoch ebenso unberücksichtigt bleiben wie die zuweilen vorgenommene symbolische Zuordnung von Städten oder Ländern sowie von Körperteilen und Organen.

Allen Tierkreiszeichen entsprechen seit dem Mittelalter Symbole, die sich aus den griechischen Anfangs- und Endbuchstaben ihrer Namen ableiten oder Ähnlichkeiten mit ägyptischen Hieroglyphen aufweisen. Für die zugrunde liegenden astronomischen Sternbilder werden international ihre lateinischen Bezeichnungen bzw. deren aus dem Anfangsbuchstaben und einem weiteren Buchstaben gebildeten Abkürzungen genutzt. Bei den unten angegebenen Daten handelt es sich wegen der Schaltjahre um Mittelwerte. Sie schwanken um +/- 1 Tag. Die Jahreszeiten beziehen sich auf die Nordhalbkugel. Die Darstellung beginnt wie international üblich mit dem Zeichen, in dem die Sonne während des Frühlingsäquinoktiums, dem 21. März, steht, dem Widder.

Deutung des Symbols: Widderkopf
Name des Sternbilds: Aries, ar
Sonne im Widder: 21. März–20. April
Einordnung: Frühling, kardinal, männlich, Feuer
Verbundenes Haus: Erstes Haus

♈ *Widder*

Bereits bei den Ägyptern findet sich der goldene Widder, der in der Mythologie der Griechen zum Beispiel im Zusammenhang mit dem Meeresgott Poseidon eine Rolle spielt. Denn dieser verwandelt sich in einen Widder und verführt Nephele. Diese gebar daraufhin ihrerseits einen goldenen Widder, der schließlich durch den König von Kolchis dem Kriegsgott Ares geopfert wurde. Sein goldenes Fell – das goldene Vlies, Vorbild für den gleichnamigen burgundischen Orden – wurde von Jason und den Argonauten geraubt, der Widder selbst von Zeus zu einem Sternbild gemacht. Darüber hinaus steht der Widder, wie die beiden anderen Frühlingssternzeichen Stier und Zwillinge, für die Fruchtbarkeit dieser Jahreszeit.

Das Sternbild Widder in einem Sternenkatalog aus der Mitte des 14. Jahrhunderts.

♉ *Stier*

Der Stier symbolisiert Kraft und Anmut, aber auch Leidenschaft und Potenz. Er war bei Babyloniern, Ägyptern und Römern ein wichtiger Bestandteil der Mythologie und Zentrum des orientalischen Mithraskultes, einer im Römischen Reich des 3. Jh. weit verbreiteten Religion. Für die Babylonier wurde er an den Himmel versetzt, um den Helden Gilgamesch zu vernichten, für die Ägypter war er Apis, der im Frühling die zwischen seine Hörner genommene Sonnenscheibe immer höher an den Himmel trug, bis sie im Sommer ihren höchsten Punkt erreichte.

Die bekannteste Sage ist jedoch griechisch und erzählt vom Raub der Europa nach Kreta durch Zeus in Gestalt eines Stieres. Aus Dank verewigte der Göttervater den Stier in einem der auffälligsten Sternbilder am Himmel. Hauptstern des Stiers ist der Aldebaran, Bestandteil sind außerdem die Plejaden, ein Sternhaufen, der nach den sieben Töchtern des Riesen Atlas benannt wurde, denen der Jäger Orion nachstellte.

Deutung des Symbols:
Ochsenkopf
Name des Sternbilds:
Taurus, ta
Sonne im Stier:
21. April–20. Mai
Einordnung: Frühling, fest, weiblich, Erde
Verbundenes Haus:
Zweites Haus

♊ *Zwillinge*

Zurückgehend auf die Babylonier, die die beiden hellsten Sterne in diesem Sternbild bereits als »Große Zwillinge« bezeichneten, steht auch hier Zeus wieder im Mittelpunkt des Geschehens. Er verführte dieses Mal nicht als Stier, sondern in Gestalt eines Schwans die schöne Leda. Aus den zwei Eiern, die sie gebar, entschlüpften auch die Dioskuren Castor und Pollux. Pollux war ein Gott, der sterbliche Castor fiel in einer Schlacht. Pollux, der ohne seinen Bruder nicht leben wollte, wurde daraufhin mit seinem Bruder in den Sternenhimmel erhoben, damit sie auf ewig zusammen bleiben können. Nach diesem Brüderpaar werden die beiden Hauptsterne dieses Sternbildes Castor und Pollux genannt.

Deutung des Symbols:
Zwei Menschen, Arme und Beine miteinander verbunden
Name des Sternbilds:
Gemini, gm
Sonne im Zwilling:
21. Mai–21. Juni
Einordnung: Frühling, beweglich, männlich, Luft
Verbundenes Haus:
Drittes Haus

♋ *Krebs*

Krebs, Löwe und Schütze entstammen alle den griechischen Mythologien um den sagenhaften Held Herakles. Dieser musste als Sühne für einen Mord zwölf Aufgaben lösen, darunter die Tötung der lernäischen Hydra, eines grauenvollen Ungeheuers. Die Göttin Hera, Feindin des Herakles und Gattin des Zeus, erschwerte diesen Kampf noch dadurch, dass sie einen riesigen Krebs schickte, der jedoch während des Kampfes gegen die Hydra von Herakles zertreten wurde. Sie würdigte ihren toten Helfer dadurch, dass sie ihm einen Platz im Himmel gab. Über ihre Bedeutung im Vergleich zu ihrem Göttergatten, Zeus, der der Sage nach die meisten Sternbilder zu verantworten hat, sagt etwas aus, dass es sich beim Krebs um eines der

Deutung des Symbols:
Scheren eines Krebses
Name des Sternbilds:
Cancer, cn
Sonne im Krebs:
22. Juni–22. Juli
Einordnung: Sommer, kardinal, weiblich, Wasser
Verbundenes Haus:
Viertes Haus

lichtschwächsten Sternbilder handelt. Bereits in Babylon und Ägypten wurde es übrigens mit ähnlichen Tieren assoziiert: mit einer Schildkröte bzw. einem Skarabäus, Ägyptens heiligem Käfer.

♌ *Löwe*

Die erste der zwölf Aufgaben des Halbgottes Herakles bestand darin, den Nemeischen Löwen zu töten und ihm sein Fell abzuziehen. Da dieser Löwe ein Fabeltier war, benötigte Herakles seine ganze Kraft, um ihn schließlich mit bloßen Händen zu erwürgen. Eingehüllt in dessen Fell und mit seinen Klauen versehen bestand er auch die folgenden elf Aufgaben, darunter so berühmte wie das Ausmisten des Augiasstalls oder die Gewinnung der goldenen Äpfel der Hesperiden. Obwohl Herakles ein Sohn des Zeus und der Alkmene war, machte der Göttervater den Löwen dadurch unsterblich, dass er ihn ans Firmament setzte. Der Hauptstern des Löwen, Regulus, war bei den Persern einer der vier Himmelswächter und brachte Macht, Reichtum und Ehre.

Deutung des Symbols: Schwanz eines Löwen
Name des Sternbilds: Leo, le
Sonne im Löwen: 23. Juli–22. August
Einordnung: Sommer, fest, männlich, Feuer
Verbundenes Haus: Fünftes Haus

♍ *Jungfrau*

Schon die Babylonier kannten als Sternbild eine Frauengestalt, eine Göttin, die mit einer Peitsche dargestellt wurde, deren Schnur den Schwanz eines Löwen berührte, während sie dann bei den Ägyptern den Schwanz sogar in Händen hält. Im griechischen Mythos kommen zwei Figuren als Vorbild des Sternbildes in Frage, zum einen Erigone, die als treue Tochter den Tod ihres Vaters beweint und damit Zeus so rührte, dass er sie mit ihrem treuen Hund zu den Sternen erhob, zum anderen die Tochter der Fruchtbarkeitsgöttin Demeter, Persephone. Diese war in die Unterwelt entführt worden, da Zeus sie dem Totengott Hades versprochen hatte. Daraufhin ließ Demeter alles verdorren, der Herbst begann. Der salomonische Richterspruch des Zeus

Das Sternbild Jungfrau in einem Sternenkatalog aus der Mitte des 14. Jahrhunderts.

sah schließlich vor, dass Persephone nach einem Jahresdrittel wieder zu ihrer Mutter zurückkommen sollte, um im nächsten Herbst erneut für vier Monate in die Unterwelt zu Hades zu reisen. Für die Römer war es die Sternenjungfrau Astraea, Göttin von Unschuld und Reinheit, für die das Sternbild Jungfrau stand, für die Christen – naheliegenderweise – die Muttergottes, Maria.

Deutung des Symbols: Flügel der Jungfrau
Name des Sternbilds: Virgo, vi
Sonne in der Jungfrau: 23. August–22. September
Einordnung: Sommer, beweglich, weiblich, Erde
Verbundenes Haus: Sechstes Haus

♎ *Waage*

Für Ausgleich und Gerechtigkeit steht die Waage, einziges Tierkreiszeichen, das weder von einem Mensch noch von einem Tier symbolisiert wird. Aber auch sie hat ihre Begründung nicht in ihrer kaufmännischen, profanen Verwendung, sondern steht für die schon den Ägyptern und Babyloniern bekannte Aufgabe, am Tage des Jüngsten Gerichts die Seelen der Menschen zu wiegen. Das kleine Sternbild verschwand zwischenzeitlich vom Himmel, seine Sterne wurden dem Skorpion zugeschlagen und erst wieder von den Römern separiert, symbolisierte es doch perfekt die Tag- und Nachtgleiche am Herbstanfang.

Deutung des Symbols: Zwei Waagebalken
Name des Sternbilds: Libra, li
Sonne in der Waage: 23. September–22. Oktober
Einordnung: Herbst, kardinal, männlich, Luft
Verbundenes Haus: Siebtes Haus

♏ *Skorpion*

Prahlerisch erklärte der Riese Orion der Göttin der Morgenröte, er sei nicht nur der schönste Mann der Welt, sondern auch ein einzigartiger Jäger, der es mit jedem Wild aufnehme. Das erzürnte den Gott Apollon, der nach der griechischen Mythologie nicht nur für die Künste, sondern auch für das Hüten des Wildes zuständig war. Er schickte einen Riesenskorpion, um Orion zu töten. Doch das erledigte schon Apollons Schwester Artemis, die Göttin der Jagd, die eigentlich den Skorpion treffen wollte. Zum Trost für alle Frauen, versetzte sie den toten Orion an den Himmel, wo er noch heute von dem fürchterlichen Skorpion gejagt wird und immer dann im Westen verschwindet, wenn der Skorpion, eines der am klarsten erkennbaren und darum unter diesem Namen schon im 5. Jt. v.u.Z. bekannten Sternbilder, im Osten aufgeht.

Deutung des Symbols: Skorpion mit aufgerichtetem Schwanz
Name des Sternbilds: Scorpio, sc
Sonne im Skorpion: 23. Oktober–21. November
Einordnung: Herbst, fest, weiblich, Wasser
Verbundenes Haus: Achtes Haus

♐ *Schütze*

Chiron, ein Zentaur, eine Mischung aus Mann und Pferdeleib, der Sohn des Gottes Saturn und Lehrer der Helden Achilles, Jason und Herakles, wurde versehentlich durch einen vergifteten Pfeil eines seiner Schützlinge getroffen und musste darum einen unendlichen Tod sterben, denn er war ein Gott. Er trat seine Unsterblichkeit an Prometheus ab, für diesen wohl eher ein Fluch als ein Segen, und konnte nun sterben. Aus Dankbarkeit für dieses vermeintliche Opfer kam Chiron samt Pfeil ans Firmament, von Zeus selbst dorthin versetzt. Noch ein zweites Sternbild wird mit Chiron in Verbindung gebracht, das des Zentauren am südlichen Sternenhimmel.

Deutung des Symbols: Pfeil stehend auf einer Bogensehne
Name des Sternbilds: Sagittarius, sg
Sonne im Schütze: 22. November–20. Dezember
Einordnung: Herbst, beweglich, männlich, Feuer
Verbundenes Haus: Neuntes Haus

♑ *Steinbock*

Steinbock-Darstellungen sind äußerst uneinheitlich. Mal ganz als Tier, mal als Kombination aus Mensch und Tier und, besonders in der Antike und auch noch im Mittelalter, als Kreuzung aus Ziegenbock und Fisch, was an Ea, den babylonischen Vorläufer dieses Tierkreiszeichens, erinnert, den Gott des Wissens, der als Mensch mit Fischkopf und Flosse dargestellt wurde. Daraus wurde bei den Griechen dann Pan, der Hirtengott mit der Flöte, der ursprünglich in Gestalt eines Bocks verehrt wurde. Zeus jedoch – und hier mischen sich die mythologischen Vorstellungen – wählte für seine Verewigung des Pan nicht dessen übliche Gestalt, als er sich bei ihm für seine Hilfe bedankte. Pan hatte, als Zeus durch einen Titanen zerfetzt worden war, gemeinsam mit Hermes die Einzelteile zusammengesucht und so schließlich dem Göttervater die Möglichkeit gegeben, letztlich doch noch über die Titanen zu triumphieren. Pan, der zuvor vor den herannahenden Gegnern des Zeus geflohen war, indem er in den Nil sprang, wollte sich dort in einen Fisch verwandeln, was jedoch nicht ganz gelang. Und so blieb er Zeus als Ziegenfisch erinnerungswürdig, als Wesen, das halb Fisch, halb Ziege ist!

Deutung des Symbols: Der gewundene Schwanz eines Ziegenfischs, des babylonischen Vorgängerzeichens des Steinbocks
Name des Sternbilds: Capricornus, cp
Sonne im Steinbock: 21. Dezember–19. Januar
Einordnung: Winter, kardinal, weiblich, Erde
Verbundenes Haus: Zehntes Haus

Die seit den Babyloniern übliche Darstellung des Steinbocks als Ziegenfisch wurde erst in der Renaissance aufgegeben.

Die Sternbilder Wassermann und Fische in einem Sternenkatalog aus der Mitte des 14. Jahrhunderts.

♒ *Wassermann*

Der Wassermann ist in verschiedenen Kulturen zu finden, so bei den Babyloniern in Gestalt des Gottes der Weisheit, aus dessen Händen das Wissen in Form von Wasser fließt oder als Nilgott Hap, von den Ägyptern verehrt, zwei große Gefäße tragend als Allegorie auf das lebensspendende Nass dieses Flusses. Die Griechen schließlich, deren Tierkreis noch heute unsere Phantasie bewegt, sahen am Himmel Ganymed, den Mundschenk der Götter, ihnen Wein ausschenkend und den Regen auf die Erde bringend. Wie bei den meisten Sternbildern ist auch an diesem Zeus nicht ganz unschuldig, denn einst verliebte er sich in den schönen Knaben und um ihn für immer für sich zu haben, verwandelte er sich in einen Adler und trug Ganymed, einen Sterblichen, in den Himmel. Eine andere Sage berichtet hingegen von Deukalion, dem mit Pyrrha einzigen Überlebenden einer Sintflut, der die Welt dadurch wieder bevölkerte, dass er nach dem Rückgang der Flut Steine hinter sich warf, die zu Menschen wurden. Zum Dank wurde er an den Himmel versetzt. In der Nähe dieses sehr alten Sternbildes finden sich viele andere, die mit dem Wasser zu tun haben, wie natürlich der Ziegenfisch, heute Steinbock genannt, und die Fische, aber auch die Wasserschlange, der Delfin und der Fluss Eridanus. Zurückzuführen ist dies auf die Babylonier, die dieses Himmelsgebiet als »Meer« bezeichneten, denn während die Sonne diese Gegend durchwanderte, waren die meisten Regenfälle zu verzeichnen.

Deutung des Symbols: Wasserguss
Name des Sternbilds: Aquarius, aq
Sonne im Wassermann: 20. Januar – 18. Februar
Einordnung: Winter, fest, männlich, Luft
Verbundenes Haus: Elftes Haus

♓ *Fische*

Mit dem diesem Tierkreiszeichen zugrunde liegenden, schlecht sichtbaren Sternbild verhält es sich ähnlich wie mit dem Steinbock, doch war der Flüchtige hier nicht Pan, sondern die Liebesgöttin Aphrodite samt

Deutung des Symbols: Zwei Fische, die einander ihre Rücken zukehren und durch ein Band verbunden sind
Name des Sternbilds: Pisces, ps
Sonne in den Fischen: 19. Februar– 20. März
Einordnung: Winter, beweglich, weiblich, Wasser
Verbundenes Haus: Zwölftes Haus

Eros, ihrem Sohn. Beide wurden von Typhon, einem aus dem Geschlecht der Titanen, die die Götter hassten, bei einem Spaziergang am Euphrat überrascht. Was lag näher, als wegzuschwimmen?, dachte sich ein letztes Mal Zeus und verwandelte beide in Fische. Zum Gedächtnis wurden auch sie an den Himmel versetzt.

Dekanate

Jedes Tierkreiszeichen kann noch weiter unterteilt werden, in die Dekanate. Sie umfassen jeweils ein Drittel eines Tierkreiszeichens, 10 Grad. Das Wort stammt aus dem Griechischen deka = zehn, ein Dekan ist darum ursprünglich auch der Aufseher über 10 Personen. In der Astrologie ist der Dekan dementsprechend der Planet, der einem Zehn-Grad-Bogen, einem Dekanat des Tierkreises, vorsteht, eine Anschauung, die sich aus den 36 ägyptischen Dekangöttern, darunter zum Beispiel Sirius und Orion, entwickelt hat.

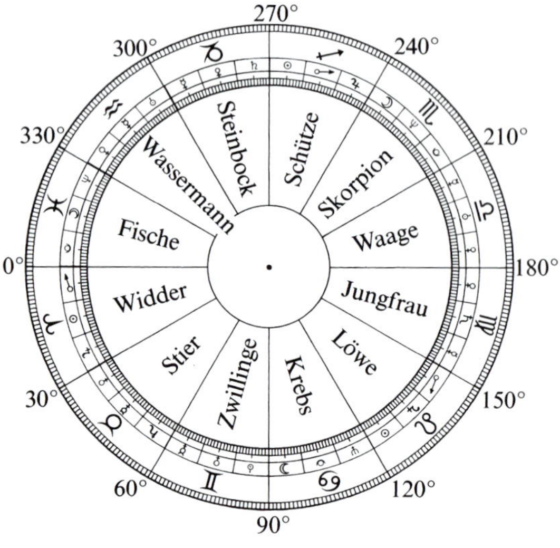

Horoskopkreis mit Tierkreissymbolen und den Unterteilungen der Tierkreiszeichen nach Dekanaten.

Die drei Dekanate, das erste umfasst jeweils die ersten 10, das zweite die mittleren 10, das dritte die letzten 10 Grade eines jeden Tierkreiszeichens, unterstehen

Zeichen	**Natürlicher Herrscher**	**Erstes Dekanat (0–10°)**	**Zweites Dekanat (11–20°)**	**Drittes Dekanat (21–30°)**
Widder	Mars	Mars	Sonne	Jupiter
Stier	Venus	Venus	Merkur	Saturn
Zwillinge	Merkur	Merkur	Venus	Uranus
Krebs	Mond	Mond	Pluto	Neptun
Löwe	Sonne	Sonne	Jupiter	Mars
Jungfrau	Merkur	Merkur	Saturn	Venus
Waage	Venus	Venus	Uranus	Merkur
Skorpion	Pluto	Pluto	Neptun	Mond
Schütze	Jupiter	Jupiter	Mars	Sonne
Steinbock	Saturn	Saturn	Venus	Merkur
Wassermann	Uranus	Uranus	Merkur	Venus
Fische	Neptun	Neptun	Mond	Pluto

Die Herrscher und Dekanate der Tierkreiszeichen.

immer der Herrschaft der Planeten, die dieses sowie die beiden anderen Zeichen regieren (siehe S. 165), die zu dem gleichen Element gehören. In den Dekanaten der drei Feuerzeichen Widder, Löwe und Schütze finden sich darum jeweils die Planeten Mars, als Herrscher des Widder, Sonne, als Herrscherin des Löwen, und Jupiter, als Herrscher des Schützen, und zwar jeweils in der Reihenfolge Herrscher des jeweiligen Zeichens, Herrscher des folgenden zum gleichen Element gehörenden Zeichens und schließlich, im dritten Dekanat, der Herrscher des noch fehlenden Zeichens des gleichen Elements. Die drei Dekanate im Widder unterstehen also – in dieser Reihenfolge – Mars, Sonne und Jupiter, die drei des Löwen Sonne, Jupiter und Mars und die des Schützen Jupiter, Mars und Sonne.

Jupiter, Sonne, Venus und Stier, die Dekane und das Tierkreiszeichen des Monats April – hier als Jüngling mit Frühlingsschlüssel personifiziert – auf einem Fresko des Palazzo Schifanoia in Ferrara.

Kardinalpunkte
Nachdem die Reihenfolge der Tierkreiszeichen in einem Horoskop bekannt ist, lassen sich auch die vier Kardinalpunkte grafisch fixieren. Dabei handelt es sich um die vier Punkte, die die Ekliptik mit Horizont und Meridian in einem Zeitpunkt gemeinsam hat, sie heißen in der Reihenfolge, in der sie nach dem Uhrzeigersinn im Horoskop erscheinen: Aszendent, Medium Coeli (MC), Deszendent und Imum Coeli (IC). Die lineare Verbindung von Aszendent und Deszendent zum Einen und die des MC und IC zum Anderen teilt das Horoskop in vier Quadranten ein.

Aszendent
Der wichtigste Punkt im Tierkreis, ja im ganzen Horoskop, die Grundlage fast aller astrologischer Untersuchungen, ist – neben Sonne und Mond – der Aszendent (lat. = der Aufsteigende, abgekürzt AS), der Punkt in der Ekliptik, der zu einem bestimmten Zeitpunkt an einem bestimmten Ort gerade am Osthorizont aufgeht. Gemeint ist nicht der Aufgang der Sonne oder irgendeines anderen Himmelskörpers, denn durch die Drehung der Erde beschreiben ja alle, nicht nur die Sonne oder der Mond eine Bahn. Gemeint ist das Tierkreiszeichen, das, unabhängig davon, wo die Sonne steht, gerade im Osten zu sehen ist oder zu sehen wäre, wenn man die Sterne auch bei Tag erkennen könnte. Je genauer die Geburtszeit eines Menschen angegeben werden kann, desto genauer kann auch der Aszendent bestimmt werden, denn innerhalb eines Tierkreiszeichens sind verschiedene Positionen möglich – immerhin umfasst jedes davon ja 30 Grad auf der Ekliptik und etwa alle 4 Minuten steigt ein anderer Tierkreisgrad auf. Wichtig bei der Bestimmung über Tabellen ist die Berücksichtigung der Zeitzonen und der Sommerzeit. Bei der Berechnung von historischen Horoskopen muss zudem geprüft werden, welcher Kalender seinerzeit gültig war. Der Gregorianische Kalender, wie er heute fast überall in Gebrauch ist, gilt zwar seit 1582, jedoch nur in einigen katholischen Län-

dern Europas. Im orthodoxen Russland wurde er beispielsweise erst 1918 eingeführt, wodurch die Oktoberrevolution von 1917 aufgrund der im März 1918 erfolgten Streichung von 10 Tagen in den November vorrückte, in dem sie seitdem jährlich gefeiert wird.

Im Horoskop dem Aszendenten gegenüber liegt der Deszendent, also der Ort auf der Ekliptik, der zu einem gegebenen Zeitpunkt an einem gegebenen Ort gerade am Westhorizont beim Untergehen zu sehen ist oder zu sehen wäre, wenn die Tageszeit bzw. das Wetter es zuließen. Die Verbindungslinie zwischen beiden, Aszendent und Deszendent, teilt das Horoskop in einen Teil über und einen Teil unter dem Horizont.

Senkrecht zu dieser Achse steht die ebenfalls durch den Mittelpunkt verlaufende Achse, die Zenit und Nadir miteinander verbindet. Während der eine, der lotrecht über einem bestimmten Ort stehende Zenit, die tatsächliche Himmelshöhe, beschreibt, ist der Nadir, die tatsächliche Himmelstiefe, nicht sichtbar, da man, um ihn zu sehen, durch die Erde hindurchblicken müsste. Er ist jedoch durch die anderen Punkte eindeutig bestimmbar. Durch beide Achsen ist nun das Horoskop in vier gleich große Quadranten geteilt, der Tierkreis mit seinen zwölf Segmenten kann, beginnend mit dem Aszendenten und gegen den Uhrzeigersinn verlaufend, komplett auf den äußeren Kreis der grafischen Darstellung übertragen werden. Auch das Nummerieren der Häuser (siehe S. 150), die Einteilung des Kreises in zwölf Segmente, zwölf »Tortenstücke« könnte nun beginnen. »Könnte«, denn bei den Häusersystemen stehen auch solche zur Auswahl, die noch mehr Voraussetzungen erfordern als einen in vier Quadranten geteilten Kreis.

Zenit und Nadir als polare, von der Position des Betrachters abhängige Punkte auf der Himmelssphäre.

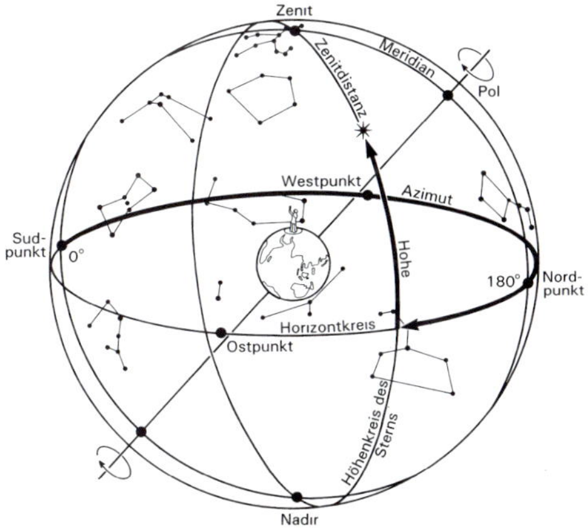

Medium Coeli

Das Medium Coeli, abgekürzt MC, bildet die Himmelsmitte (lat. = medium coeli) ab, den Punkt des Tierkreises, der in einem gegebenen Moment am höchsten über dem Horizont steht. Da sich auch die Bahnen aller Planeten sowie von Sonne und Mond innerhalb des Tierkreises befinden, stellt das MC auch deren höchstmöglichen Stand dar – die Sonne befindet sich um 12 Uhr also nicht im Zenit, sondern im Medium Coeli. Im Unterschied zum Zenit liegt dieser Punkt immer auf der Ekliptik, während der Zenit nur dann auf der Ekliptik liegt, wenn man sich an einem tropischen Ort aufhält, der sich gerade genau unter dieser befindet – nur unter dieser Voraussetzung fallen Zenit und Medium Coeli zusammen. Auch eine grafische oder rein logische Ermittlung des MC ist nicht möglich. Angenommen, der Aszendent steht im Steinbock, dann muss der Deszendent genau 6 Zeichen davon entfernt stehen, denn beide liegen sich im Tierkreis genau gegenüber: während der eine aufgeht, geht der andere unter. Rein logisch sollte dann die Himmelsmitte in der Mitte zwischen beiden Punkten sein, so wie es die grafische Lösung, die Teilung des Horoskophalbkreises zwischen Aszendent und Deszendent in zwei Viertelkreise ergeben würde. Doch der Augenschein würde etwas Anderes beweisen, wenn die Sterne bei Tage sichtbar wären: Das MC befände sich zwar genau in der Mitte des Himmelshorizonts, also der Linie Aszendent-Deszendent, doch da die Ekliptik sich nicht genau parallel über dem Himmelshorizont befindet, sondern gekrümmt und aufgrund der Achsenneigung der Erde scheinbar ebenfalls geneigt ist, sähe man die Tierkreiszeichen (wenn sie zu sehen wären und nicht die ungleichmäßigen Sternbilder) verzerrt, je nach Standort und Jahreszeit mit einem anderen Blickwinkel. Da das MC also von der Stellung des Betrachters abhängig ist, lässt es sich nur mit Hilfe von Tabellen ermitteln. Diese machen es sich zu Nutze, dass das Medium Coeli definiert ist als Schnittpunkt des Meridians, des durch Süd- und Nordpunkt, Zenit und Nadir verlaufenden größten Kreises der Himmelskugel mit der Ekliptik zu einem gegebenen Zeitpunkt. Da dieser Kreis durch den Zenit verläuft, ist er abhängig vom Ort des Betrachters, ändert sich mit dem Längengrad, auf dem man sich befindet. Alle Orte auf dem gleichen Längengrad haben das selbe MC. Zudem ist das MC in den wichtigsten Häusersystemen identisch mit der Spitze, dem Beginn des zehnten Hauses. Den so abgelesenen Punkt kann man nun mit seinem Gegenüber, dem Imum Coeli (IC), der für die Astrologie weniger wichtigen Himmelstiefe, auf dem Tierkreis mit seiner gebräuchlichen Abkürzung MC eintragen und wieder ergeben sich mit der Linie Aszendent–Deszendent vier Quadranten, die, beginnend mit dem Viertel unter dem Aszendenten, gegen den Uhrzeigersinn mit römischen Ziffern versehen werden.

Planeten
Für die Astrologie zählen nicht nur die – neben der Erde – acht Wandelsterne unseres Sonnensystems, Merkur, Venus, Mars, Jupiter, Saturn, Uranus, Neptun und Pluto zu den Planeten, sondern traditionell, aus dem alten Verständnis eines Kosmos mit der Erde als Mittelpunkt heraus, auch Sonne und Mond (mit Mond ist im Folgenden immer der Trabant der Erde gemeint). Man teilt sie ein in die Lichter Sonne und Mond, in innere – Merkur und Venus –, äußere – Mars, Jupiter, Saturn – und transsaturnische Planeten – Uranus, Neptun und Pluto. Wie die Sonne, deren Stellung in den Tierkreiszeichen sich nur etwa monatsweise wandelt, stehen alle Planeten (mit denen im Folgenden immer die acht Planeten plus Sonne plus Mond gemeint sind) an bestimmten Stellen eines Horoskops, wobei sich ihre Positionen, abhängig von ihrer Nähe zur Erde und der Größe ihrer Umlaufbahn um die Sonne, mehr oder weniger schnell ändern. Je nachdem, wo sie zu finden sind, ob sie sich an einer Stelle, einem Tierkreiszeichen oder Haus häufen, ob sie in einer bestimmten Konstellation, in einem bestimmten »Aspekt« zueinander stehen, entstehen

astrologisch deutbare Wechselwirkungen. Ganz bewusst ist hier von einem »Wechsel« die Rede, denn so wirken beispielsweise die Tierkreiszeichen nicht nur auf die Planeten, sondern umgekehrt beeinflussen auch die Planeten die Zeichen.

Die vier Planetenpositionen: Domizil, Exil, Erhöhung, Erniedrigung

Jeder Planet ist einem Tierkreiszeichen zugeordnet, er »regiert« oder »beherrscht« dieses Tierkreiszeichen, er findet dort seine verwandte Kraft. Steht er in diesem Zeichen, befindet er sich in seinem Domizil, steht er diesem gegenüber befindet er sich im Exil. Da es zwar 12 Tierkreiszeichen, jedoch nur 10 Planeten gibt, regieren Merkur und Venus, die beiden inneren Planeten, je zwei Zeichen. Vor der Entdeckung der transsaturnischen Planeten (Uranus, Neptun, Pluto) war dies auch für Mars, Jupiter und Saturn der Fall. Gemäß der beschriebenen Wechselwirkung gibt es für jeden Planeten auch ein Tierkreiszeichen, das ihn positiv beeinflusst. Steht er in diesem Zeichen, spricht man von Erhöhung. Auch in der Nähe des eigentlichen Erhöhungszeichens geht man von einer, wenn auch abgeschwächten, Verstärkung seiner Wirkung aus. Meist genau gegenüber dem Ort seiner Erhöhung liegt der Punkt seiner Erniedrigung. Hier ist seine Wirkung am kleinsten.

Bei der Deutung des Horoskops stehen manche Planeten im Vordergrund, es sind die persönlichen Planeten. Ihre Eigenschaften kommen besonders zur Geltung. Dazu gehören immer Sonne und Mond sowie die Regenten der Zeichen, in denen jeweils Sonne und Mond stehen. Steht die Sonne zum Beispiel im Widder (man »ist« Widder), so kommt neben Sonne und Mond auch dem Planeten Mars, da er der Regent des Widder ist, für dieses Horoskop besondere Bedeutung zu. Gleiches gilt neben den Regenten für das Sonnen- und das Mondzeichen auch für den Regenten des Aszendenten, der auch als Herrscher des ganzen Horoskops gilt. Manchmal – die Astrologie ist keine exakte Wissenschaft – gelten generell alle früher bekannten Planeten, also Merkur, Venus, Mars, Jupiter und Saturn neben Sonne und Mond als persönliche Planeten.

Darüber hinaus besteht für jeden Planeten ein System von Entsprechungen, es bestehen Parallelen, Analogien, Übereinstimmungen in wesentlichen Merkmalen gemäß der philosophischen Anschauung, dass jedem Teil des Makrokosmos etwas im Mikrokosmos entspricht. Diese Analogien liegen oft auf der Hand, so bei den Metallen zwischen Sonne und Gold, bei den Farben die Entsprechung von Mond und Weiß oder bei den Tieren die zwischen Neptun und Qualle sowie Tintenfisch. Andere Entsprechungen wiederum erscheinen für uns weit hergeholt, gerade im medizinischen Bereich. Meistens jedoch lassen sich hierfür traditionelle oder heute vergessene Zusammenhänge erschließen. Wie bei der Einteilung der Tierkreiszeichen in Gruppen ist auch die Reihe der Entsprechungen für die Planeten fast unüberschaubar und manchmal widersprüchlich, so dass im Folgenden nur die gebräuchlichsten vermerkt werden.

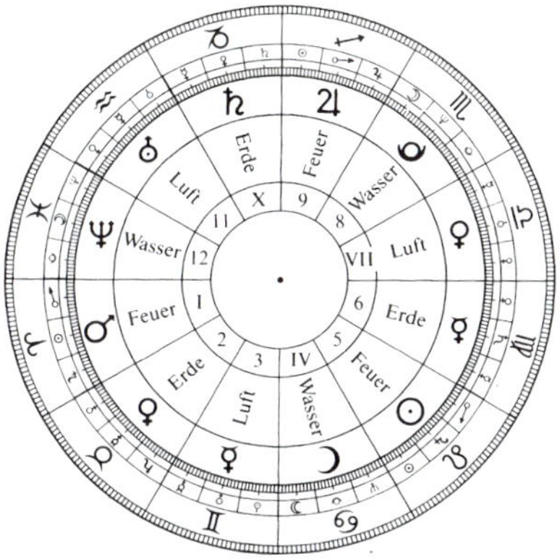

Horoskopkreis mit Tierkreissymbolen, Dekanaten, Planetenherrschern, Elementen und – innen mit I–12 beziffert – Häusern.

☉ *Sonne*

Die Sonne wird symbolisiert durch einen die Ganzheit des Lebens ausdrückenden Kreis mit einem als Lebenskern oder göttlichen Funken zu deutenden Punkt in der Mitte. Ohne sie gäbe es kein Leben, keinen Tag und keine Nacht. Ihre Bahn war und ist grundlegend für die meisten Kalender, für die Einteilung von Jahr und Tag. Auch wenn sie in der

Miniatur aus der Handschrift »De Sphaera«: Die Sonne als Herrscherin des Tierkreiszeichens Löwe und ihre Kinder (15. Jh.). Mit Kinder sind hier die diesem Planeten zugeschriebenen Einflüsse gemeint.

deutschen Sprache wohl abgeleitet aus der alten germanischen Religion mit einem weiblichen Artikel versehen wird, gilt die Sonne traditionell als männlicher Planet. Denn schon in der für die westliche Astrologie grundlegenden griechischen Mythologie gehört zur Kraft der Sonne eine männliche Gottheit, Helios (lateinisch Sol), später Apollon (lateinisch Apollo). Darum verbindet sich in den romanischen Ländern, deren Sprachen sich aus dem Lateinischen entwickelt haben, das Wort für Sonne mit dem männlichen Artikel. Aus noch früheren Zeiten, aus Babylon, stammt die Verbindung aller sieben damals bekannten Planeten mit jeweils einem Wochentag. Im Deutschen ist diese Verbindung bei keinem Tag leichter zu erkennen, als an denen, die Sonne und Mond gewidmet sind: Sonntag und Montag. Aus astrologischer Sicht wichtig ist zudem, dass die Sonne im Zeichen Löwe und im 5. Haus besonders betont ist.

Die Sonne im Überblick:
Geschlecht: männlich
Zeichen: Löwe
Erhöhung: Widder
Erniedrigung: Waage
Haus: Fünftes Haus
Medizin: Herz, Arterien, Rücken, rechtes Auge (Männer), linkes Auge (Frauen), Gehirn, rechte Körperseite
Wochentag: Sonntag
Steine: Diamant, Rubin, Hyazinth, Sonnenstein
Metall: Gold
Tiere: Löwe, Adler, Falke
Farben: »Lichtfarben« = durchsichtig, farblos, transparent
Himmelsrichtung: Osten

Für die Vulgärastrologie, die man in den Tageshoroskopen der Zeitungen und Zeitschriften findet, spielt die Sonne nicht die größte sondern die einzige Rolle, denn die dort in der Rubrik »Ihr Horoskop« aufgelisteten Tierkreiszeichen geben lediglich an, in welchem Teil der Ekliptik die Sonne bei unserer Geburt stand, alle anderen Faktoren, die in der Astrologie eine Rolle spielen, werden nicht berücksichtigt. Wir sind jedoch nicht Krebs oder Steinbock, nur die Sonne stand bei unserer Geburt im Krebs oder Steinbock. Wo sich die anderen Planeten befanden, was unser Aszendent ist, Aspekte und Häuser bleiben hier ohne Belang. Für den Astrologen eine Horrorvorstellung.

☽ *Mond*

Das astrologische Zeichen für den als Planeten betrachteten Mond ist die Mondsichel. Da er in allen alten Kulturen als weibliche Gottheit verehrt wurde, gilt der Mond trotz seines im Deutschen männlichen Artikels als weiblicher Planet und repräsentiert das Unbewusste. Da der Mond den Nachthimmel erleuchtet, nannten ihn die Astrologen des Mittelalters »Licht« und da er sich, anders als die Sonne, mit seinen Phasen ständig sichtbar verändert, er also wechselhaft erscheint, wird plausibel, warum sich das Wort »Laune« aus dem Lateinischen »luna« = Mond ableitet.

Geschlecht: weiblich
Zeichen: Krebs
Erhöhung: Stier
Erniedrigung: Skorpion
Haus: Viertes Haus
Medizin: Brust, Verdauungsorgane, weibliche Geschlechtsorgane, Lymphdrüsen, linkes Auge (Männer), rechtes Auge (Frauen), linke Körperhälfte sowie den gesamten Wasserhaushalt des Körpers
Wochentag: Montag
Steine: Opal, Smaragd, Perlen, Quarzkristall, Mondstein, Glas
Metalle: Silber und Aluminium
Tiere: Katze, Nachttiere
Farbe: Weiß

☊ ☋ Mit dem Mond hängen die Drachenpunkte oder Mondknoten zusammen. Sie sind nicht sichtbar, sondern nur eine rechnerische Größe, die den Schnittpunkt der Mondbahn mit der Ekliptik angibt. Es gibt somit einen aufsteigenden (Drachenkopf, 1. Symbol) und einen absteigenden (Drachenschwanz, 2. Symbol) Drachenpunkt, sie stehen sich im Tierkreis immer gegenüber. Eine mythologische Vorstellung besagt, dass immer, wenn Sonne oder Mond verschwinden, ein Drache diese Planeten frisst (und später wieder ausspeit). Astronomisch gesehen können diese Festmähler, Mond- oder Sonnenfinsternis, nur auftreten, wenn Sonne, Erde und Mond in einer Reihe stehen. Wenn das passiert, ist auch immer ein Mondknoten nahe, immer dann muss nämlich die

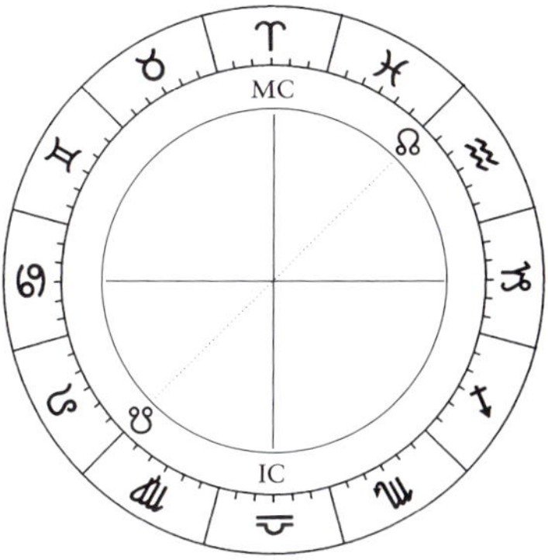

Alle Planeten – außer der Sonne, durch deren Bahn sich die Ekliptik erst definiert – schneiden die Ekliptik, bilden also »Knoten«, deren Lage sich jedoch nur um weniger als 1 Grad in 100 Jahren ändert. Die Mondknoten benötigen für einen Umlauf durch den kompletten Tierkreis nur 19 Jahre und sind daher für viele Astrologen von Bedeutung. Der nördliche (hier rechts oben an der Mondknotenachse), der sich durch den Schnittpunkt der Mondbahn definiert, wenn dieser von Süden kommend die Ekliptik nach Norden schneidet, gilt als positiver, der südliche (hier links unten) als negativer Faktor.

Mondbahn die Ekliptik schneiden. Den Mondknoten wird unterschiedliche Relevanz zugemessen. Da sie jedoch nicht sichtbar sind und sich zudem mit etwa vier Drittel Jahren relativ lange in einem Tierkreiszeichen aufhalten, ist ihr Einfluss geringer einzuschätzen, als der der Planeten. Darum wird hier auf eine Deutung verzichtet.

Geschlecht: neutral
Zeichen: Zwillinge und Jungfrau
Erhöhung: Jungfrau
Erniedrigung: Fische
Haus: Drittes und Sechstes Haus
Medizin: Arme, Lungen, Nervensystem
Wochentag: Mittwoch
Stein: Achat
Metall: Quecksilber
Tiere: Affe, Insekten, Chamäleon
Farbe: Gelb

☿ *Merkur*

Der innere Planet Merkur, nur selten sichtbar und von Johannes Kepler als »Mond der Sonne« bezeichnet, hat zwei besondere astronomische Eigenschaften, die für die Astrologie von Bedeutung sind und wohl auch zu seinem Namen, dem des Götterboten, geführt haben. Von der Erde aus gesehen vollführt er aufgrund seiner sonnennäheren Stellung – er ist nie weit von ihr entfernt – nämlich relativ häufig Richtungswechsel und bewegt sich zudem sehr schnell, schneller als jeder andere Planet außer dem Mond. Darum liegt es nahe ihn als Boten, als Vermittler zwischen Sonne und Mond zu betrachten.

Geschlecht: weiblich
Zeichen: Stier und Waage
Erhöhung: Fische
Erniedrigung: Jungfrau
Haus: Zweites und Siebtes Haus
Medizin: Venen, Zellgewebe, Nieren, Blase, Hals, Kehle
Wochentag: Freitag
Steine: Aquamarin, Granat
Metall: Kupfer
Tiere: Schaf, Reh, Hase
Farbe: Dunkelrot

♀ *Venus*

Aufgrund seiner Sonnen- und Erdnähe wirkt dieser Planet von uns aus besonders hell und strahlend und man kann verstehen, warum er den Namen der Liebesgöttin erhielt. Dies mag auch der Grund sein, warum sein Zeichen, ein Kreis mit daran hängendem Kreuz, Geist und Erde symbolisierend, das allgemeine Symbol für »weiblich« wurde. Auch er bewegt sich sehr schnell, steht relativ kurz in jedem Tierkreiszeichen und ermöglicht darum ebenso wie Mond und Merkur die wichtigsten Aussagen des Horoskops.

♂ *Mars*

Der scheinbar rot leuchtende Planet gab den Verfechtern des heliozentrischen Weltbildes noch mehr Rätsel auf als Merkur, denn seine von der Erde betrachtete Bahn war noch unberechenbarer. Vielleicht war es also dieser Umstand oder aber die

Miniatur aus der Handschrift »De Sphaera«: Die Venus als Herrscherin der Tierkreiszeichen Waage und Stier und ihre Kinder (15. Jh.).

manchmal blutrote Farbe, der den Kriegsgott zum Paten dieses Planeten machte. Es ist nicht schwer, diese Patenschaft in den unten aufgeführten Entsprechungen auszumachen, in den Raubtieren, der Muskulatur oder auch dem zu ihm gehörenden Metall, dem Eisen, aus dem man Waffen fertigte. Er ist ein so eindeutig männlicher Planet, dass man sein Symbol, den Kreis des Geistes mit einem Aktion symbolisierenden, nach rechts oben zeigenden Pfeil, zum allgemeinen Zeichen für »männlich« machte. Im Mittelalter nannte man Mars in Entsprechung zur Venus, dem »kleinen Glück«, auch das »kleine Übel«.

Geschlecht: männlich
Zeichen: Widder
Erhöhung: Steinbock
Erniedrigung: Krebs
Haus: Erstes Haus
Medizin: Arterien, Blut, Galle, Muskulatur, Fingernägel, Schneide- und Eckzähne, rechtes Ohr, männliche Geschlechtsorgane
Wochentag: Dienstag
Steine: Saphir, Rubin
Metall: Eisen
Tiere: Wolf, Raubtiere
Farbe: Dunkelrot

♃ *Jupiter*

Mit dem weit von der Sonne entfernten Planeten Jupiter verlieren die Planeten ihren individuellen Einfluss, denn sie bewegen sich innerhalb der Ekliptik langsam und stehen jeweils lange in einem Tierkreiszeichen. Diese Einschätzung ändert sich nur dann, wenn sie innerhalb des Horoskops eine markante Stellung einnehmen, etwa in einem persönlichen Tierkreiszeichen stehen oder einen besonderen Aspekt bilden. Jupiter, im Mittelalter auch als das »große Glück« bekannt – das »kleine Glück« war der Planet Venus –, war als oberster und mächtigster Gott auch für die Ge-

Geschlecht: männlich
Zeichen: Schütze
Erhöhung: Krebs
Erniedrigung: Steinbock
Haus: Neuntes Haus
Medizin: Leber, Fett, Dickdarm, Schenkel und Hüfte
Wochentag: Donnerstag
Stein: Topas
Metall: Zinn
Tier: Pferd
Farben: Purpur, Violett

rechtigkeit zuständig und war der Schutzgott der Stadt Rom. Seine Identität mit dem germanischen Gott Thor führte zum deutschen »Donnerstag«, denn der vierte Tag der Woche war dem Jupiter geweiht und Donar ein anderer Name für Thor.

Geschlecht: männlich
Zeichen: Steinbock
Erhöhung: Waage
Erniedrigung: Widder
Haus: Zehntes Haus
Medizin: Knochen, Haut und Haare, das linke Ohr
Wochentag: Samstag
Stein: schwarze Perlen
Metall: Blei
Tiere: Ziege, Steinbock, Kamel, Krokodil, Schlange
Farbe: Dunkelblau

♄ *Saturn*

Zu Ehren des Saturnus, Vater Jupiters, feierte man im alten Rom vom 17.–23. Dezember eine Art Karneval, die Saturnalien. Diese humorige Seite des Planeten-Paten hat die Astrologie jedoch nicht in ihre Deutungsmuster übernommen. Vielmehr nannte man ihn im Mittelalter das »Große Unglück«, was allerdings nicht wortwörtlich, sondern eher im Sinne von nüchterner Gegenpol zum ausgelassenen Jupiter zu verstehen ist. Noch älter ist sein Beiname »Hüter der Schwelle«, denn er stand an der Schwelle zum Chaos, er galt als letzter Planet bis zur Entdeckung des Uranus im Jahr 1781. Der von Saturn beherrschte Wochentag ist der Samstag, der im Deutschen auf die hebräische Bezeichnung Sabbat zurückgeht, aber zum Beispiel im Englischen »saturday« die göttliche Herkunft nicht verbergen kann. Sein Symbol formt sich aus Kreuz und Sichel.

Geschlecht: neutral
Zeichen: Wassermann
Erhöhung: Skorpion
Erniedrigung: Stier
Haus: Elftes Haus
Medizin: Schienbein, Knöchel, Nerven
Metall: Aluminium
Tiere: Flamingo, Strauß, Emu, Schnabeltier
Farben: Pink, Lila

⛢ ♅ *Uranus*

Mit dem Uranus, für den es zwei Symbole gibt, eines, das wie eine Fernsehantenne aussieht und in dem das »H« zu finden ist, das auf seinen Entdecker Wilhelm Herschel verweist, und ein anderes, hauptsächlich in Deutschland verwendetes, das eine Kombination aus dem Sonnensymbol und dem nach oben zeigenden Mars-Pfeil ist, wird die kosmische Symmetrie durchbrochen, die durch die klassische Siebenerzahl der Planeten gegeben war. Mit seiner Entdeckung wurde die Astrologie durcheinander gewirbelt. Der Sturm, den sie entfachte, spiegelt sich auch in den Deutungen wider, die man dem Einfluss dieses Planeten hat angedeihen lassen und die trotz der zweihundert Jahre, die seit seiner Entdeckung vergangen sind, noch immer nicht kanonisiert sind. Ihm und den folgenden beiden Planeten entspricht kein Wochentag, da alle sieben, deren Zahl sich aus der Zahl der Tage pro Mondphase ergeben hatte und die gut zu den sieben in der Antike bekannten Planeten passte, bereits lange verteilt waren. Er ist von der Erde so weit entfernt und bewegt sich zudem so langsam, dass er sieben Jahre benötigt, um ein Tierkreiszeichen zu durchlaufen. Dies bedeutet, dass er für alle Menschen, die innerhalb eines Sieben-Jahres-Zyklusses geboren werden, im gleichen Zeichen steht.

♆ *Neptun*

Wie auch schon beim Uranus, reduzieren sich die astrologischen Traditionen um den durch ein Symbol repräsentierten Planeten, das den mythologischen Dreizack des Meeresgottes Neptun, zeigt, aufgrund seiner späten Entdeckung im 19. Jh. Gibt es bei den sieben klassischen Planeten noch allgemein anerkannte Entsprechungen in allen Bereichen, so waren, wie bei den Wochentagen, die wichtigsten Mineralien, Metalle, Tiere und Farben schon vergeben, als die Astrologen die neuen Planeten in ihr System integrieren mussten. Bei der hier vorgenommene Zuordnung zu den transsaturnischen Planeten muss darum darauf hingewiesen werden, dass sie nicht den gleichen Anspruch auf Zustimmung erheben kann, wie dies bei den klassischen sieben Planeten der Fall ist.

Geschlecht: männlich
Zeichen: Fische
Erhöhung: Löwe
Erniedrigung: Wassermann
Haus: Zwölftes Haus
Medizin: Fuß, Hormonsystem
Metall: Platin
Tiere: Qualle, Tintenfisch
Farben: Hellgrün, Wasserblau

♇ *Pluto*

Um die Deutungen zu verstehen, die die Astrologie diesem äußersten Planeten zuweist, muss man wissen, dass der Gott der Unterwelt, Pluto, sich unsichtbar machen konnte und mit seiner Herrschaft über den Hades Herr über die Seelen der Toten war. Noch mehr als bei Neptun kommt bei ihm zum Tragen, dass er fast unveränderlich in den Tierkreiszeichen steht, fast 21 Jahre in jedem von ihnen. So werden ihm vor allem Deutungen zu teil, die es mit Gruppen, mit Kollektiven, mit der Gemeinschaft zu tun haben.

Geschlecht: männlich
Zeichen: Skorpion
Erhöhung: Jungfrau
Erniedrigung: Fische
Analogie: Achtes Haus
Medizin: Geschlechtsorgane, Tumore
Metall: Stahl
Tiere: Spinne, Fledermaus, Motte, Viren
Farbe: Schwarzgrün

Aspekte

»Jupiter steht im Aspekt zum Mars« – so oder so ähnlich klingt es fast jedem in den Ohren, der schon einmal eine Horoskopdeutung gehört hat, sei es im Fernsehen oder im realen Leben. Der Enträtselung dieser geheimnisvollen Worte dient dieser Abschnitt, der von den Aspekten der Planeten handelt, was sie sind, wie sie bestimmt werden und wie sie heißen. Schon den Babyloniern war die Aspekttheorie bekannt, vor allem von Johannes Kepler wurde sie ausgebaut.

Aspekte	Grad	Symbol
Konjunktion	0 oder 360	☌
Semisextil	30 oder 330	⚺
Semiquintil oder Dezil	36 oder 324	⊥
Nonagon	40 oder 320	N
Semiquadrat	45 oder 315	∠
Septil	51 oder 309	S
Sextil	60 oder 300	⚹
Quintil	72 oder 288	Q
Quadratur	90 oder 270	□
Biseptil	103 oder 257	BS
Sesquiquintil oder Tredezil	108 oder 252	TD
Trigonal	120 oder 240	△
Sesquiquadrat	135 oder 225	⚼
Biquintil	144 oder 216	BQ
Quinkunx	150 oder 210	⚻
Triseptil	154 oder 206	TS
Opposition	180	☍

Die Aspekte mit ihren Gradzahlen und Symbolen

Wichtig ist nicht alleine, in welchem Tierkreiszeichen die Planeten im Horoskop stehen, sondern auch, welchen Aspekt sie zueinander oder zu den Häuserspitzen (siehe S. 146), besonders zu den zwei Kardinalpunkten Aszendent und MC, bilden, wo sie also »hinsehen« – dieser Begriff gibt die Bedeutung des lateinischen »aspicere«, aus dem sich das Wort »Aspekt« ableitet, ungefähr wieder. Dem Aspekt, dem Verhältnis zweier oder mehrerer Planeten (von manchen Astrologen auch um die Beziehung zwischen Planeten und Aszendent bzw. MC erweitert) zueinander, kommt eine eigene Bedeutung zu, er verbindet ihre Einflüsse und kann zwischen einem Beieinanderstehen zweier Planeten, einer Konjunktion, und einem Gegenüberliegen, einer Opposition, viele Winkelverhältnisse bezeichnen. Dabei ist umstritten, wie exakt diese Verhältnisse sein müssen, um noch eine Wirkung zu zeigen. Verbreitet ist ein abgestufter Orbis, ein Wirkungsbereich, der abhängig vom gebildeten Aspekt zwischen 1 und 10 Grad betragen kann, wobei der höchste Abweichungsgrad bei besonders wichtigen Aspekten wie Konjunktion und Opposition, die geringste Ungenauigkeit bei schwachen Aspekten zugelassen wird. Bei Abweichungen von weniger als einem Grad spricht man von »exaktem« oder »Partil-«, bei mehr als einem Grad von »plaktischem« Aspekt. Alle Aspekte werden in Grad gemessen, die entsprechende Zahl ergibt sich als Winkel zwischen den beiden Achsen der betrachteten Planeten. Eingetragen werden die Aspekte im Horoskop durch Linien zwischen den beteiligten Planeten.

Auch bei den Aspekten bestehen unter Astrologen verschiedene Meinungen nicht erst bei der Deutung, sondern auch schon bei den Grundlagen, bei der Frage nämlich, welche Aspekte grundlegend, welche wichtig, welche zu vernachlässigen sind. Einig ist man sich bei den Hauptaspekten Konjunktion, Sextil, Quadrat, Trigon und Opposition. Diese sowie die sechs wichtigsten unter den kleinen, den Sekundär- oder Nebenaspekten, sind im Folgenden, geordnet nach Winkelgrößen, aufgeführt. Weitere Klassifizierungen nach Aspekt und Halbaspekt, nach analytischen (sich aus der Teilung des Kreises durch zwei und vier ergebende, auch disharmonisch oder schlecht genannten) und synthetischen (sich aus der Teilung des Kreises durch drei und sechs ergebende, früher auch harmonisch oder gut genannten) Aspekten werden von einigen Astrologen vorgenommen. Analytische Aspekte werden dann im Horoskop durch rote, synthetische durch blaue Linien gekennzeichnet.

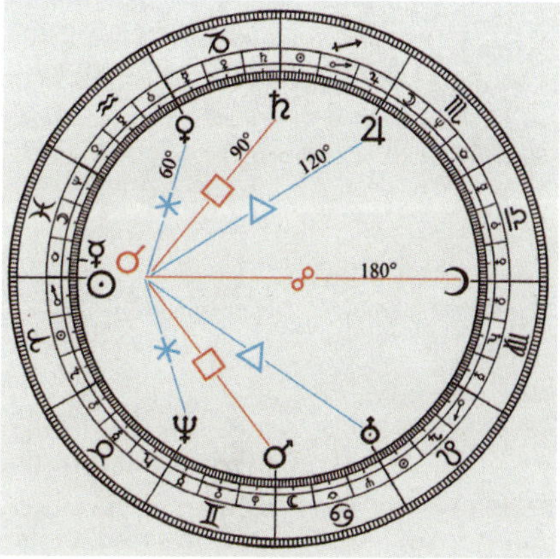

Die fünf wichtigsten Aspekte im Horoskopkreis. Die hier gezeigten Planetenpositionen dienen nur der Demonstration. So können beispielsweise Venus und Sonne höchstens bis zu 48 Grad auseinander stehen.

☌ *Konjunktion*

Bei einer Konjunktion, dem wichtigsten Aspekt, müssen zwei oder mehr Planeten im gleichen Punkt stehen, die Winkeldistanz beträgt 0 Grad. Durch eine Konjunktion wird der Einfluss, ob positiv oder negativ, jedes beteiligten Planeten verstärkt. Steht einer der Planeten in seinem eigenen Zeichen, übernimmt er als

Die meisten Künstler stellten sich den Stern von Bethlehem wie einen Kometen vor, den sie entweder aus eigener Anschauung kannten oder aus Vorbildern übernahmen. Diese Vorstellung wird heute jedoch von den meisten Wissenschaftlern zugunsten einer Planetenkonjunktion bezweifelt.

der Stärkere die Führung. Spezielle Konjunktionen sind die Coniunctio aurea, die Coniunctio magna und die Coniunctio maxima. Bei der Coniunctio aurea, dem Königsaspekt, handelt es sich um ein Zusammenstehen der Planeten Jupiter und Saturn, ein Ereignis, das den gesamten Tierkreis in 800 Jahren durchwandert. Ein Spezialfall des Königsaspekts ist die »Große Konjunktion«, Coniunctio magna, denn von ihr spricht man nur, wenn die Jupiter-Saturn-Konjunktion in oder in der Nähe der Spitze eines Feuerzeichens, also dem ersten Grad von Widder, Löwe und Schütze stattfindet. Noch ausgefallener wird es, wenn zusätzlich der Planet Mars in Konjunktion steht. Bei diesem nicht mehr zu übertreffenden und bedeutungsvollsten Aspekt spricht man von einer Coniunctio maxima, der »Größten Konjunktion«. Bei dem »Stern von Bethlehem« handelte es sich vermutlich um eine »Große Konjunktion« im Tierkreiszeichen Fische im Jahre 7 v.u.Z.

⚺ *Semisextil/Halbsextil*

Das Semisextil entspricht gemäß der Vorsilbe »semi« der Hälfte eines Sextils, also eines Sechstelkreises, und existiert daher gleichbedeutend auch als Halbsextil. In Zahlen ausgedrückt sind dies 30 Grad. Dieser Aspekt gilt als schwach positiv.

∠ *Semiquadrat/Halbquadrat*

Der negative Aspekt des Halbquadrats, bei dem der Abstand der beteiligten Planeten 45 Grad beträgt, zählt zu den Halb- und analytischen Aspekten.

⚹ *Sextil*

Von positivem Einfluss kündet das Sextil, das durch eine Teilung des Kreises durch sechs entsteht, dessen Winkel also 60 Grad beträgt. Da das Sextil die Hälfte eines Trigons ist, zählt es zu den Halbaspekten und ist harmonisch, gut oder synthetisch aufgrund des Kreisteilers sechs.

Q *Quintil*

Das Quintil, Ergebnis einer Kreisteilung durch den Faktor Fünf, also 72 Grad, ist ein selten benutzter Aspekt, dem im angelsächsischen Raum größere Bedeutung beigemessen wird als in Mitteleuropa. Es ist von positiver Wirkung und ergibt, mit zwei multipliziert, das Biquintil, den 144-Grad-Aspekt.

□ *Quadrat*

Als Vater des Halbquadrats ebenso zu den analytischen Aspekten gehörig, ist es genau wie dieses negativ, jedoch – wie generell die Aspekte gegenüber den Halbaspekten – in dieser Wirkung stärker. Es gilt allgemein als schwierigster Aspekt. Sein Maß entspricht einem rechten Winkel, 90 Grad, aus vier dieser Winkel entsteht wiederum ein geometrisches Quadrat, das darum auch zum Symbol dieses Aspekts wurde.

△ *Trigon*

Als harmonischer Aspekt, ja als harmonischster überhaupt gilt das Trigon, der Winkel, der aus der Teilung eines Kreises in drei gleiche Teile entsteht. Es sorgt für eine Harmonisierung der Kräfte der beteiligten Planeten und kann dann auch Passivität bedeuten. Doch eigentlich gelten die 120 Grad des Trigons als deutlich positiv, denn die beteiligten Planeten stehen dabei im gleichen Element (siehe S. 118).

⚼ *Anderthalbquadrat/Sesquiquadrat*

Den Komplementärwinkel zu den 45 Grad des Halbquadrats bildet das Anderthalbquadrat, der 135-Grad-Aspekt, denn beide gemeinsam ergeben 180 Grad. Ähnlich wie die anderen Halbaspekte, zu denen auch das Sesquiquadrat zählt, gilt auch dieser als schwach, in diesem Fall als schwach negativ, da er, wie die anderen analytischen Aspekte Opposition, Quadrat und Halbquadrat auf einer Teilung des Kreises durch zwei oder vier beruht.

⚻ *Quinkunx*

Sein Name könnte einem Asterix-Comic entsprungen sein. Von den unbedeutenderen Aspekten ist der Fünfzwölftelschein, so sein deutscher Name, noch der wichtigste. Er entspricht einem Winkel von 150 Grad und ist in seiner Wirkung weder positiv noch negativ, sondern zeigt einen Schwebezustand an. Manchmal wird er auch als schwach negativ gesehen.

☍ *Opposition*

Den genauen Gegensatz zur Konjunktion, dabei jedoch von ähnlich großer Bedeutung für ein Horoskop, bildet der Aspekt, bei dem sich die Beteiligten gegenüberstehen, sich in Opposition befinden. Dieser »Spannungsaspekt« muss nicht von Nachteil sein, ist aber in den meisten Fällen negativ zu sehen. Wie alle grundsätzlich negativen Aspekte gehört auch er zu den analytischen, früher einfach schlecht oder disharmonisch genannten Aspekten.

Antiszie/Gegenantiszie

Antiszie und Gegenantiszie ergeben sich astronomisch gesehen aufgrund ihrer gleichen Länge im Verhältnis zu den Solstizien bzw. – bei der Gegenantiszie – den Äquinoktien. Verdeutlichen lässt sich dies durch die beiden Achsen, die das Horoskop in vier gleiche Quadranten teilen und durch die Solstizien, also Sommer- und Winteranfang bzw. durch die Äquinoktien, Frühlings- und Herbstanfang, verlaufen. Stehen sich nun zwei Planeten genau an einer dieser beiden Achsen gespiegelt gegenüber – daher auch die deutsche Bezeichnung »Spiegelpunkte« – so ist dies ähnlich wie eine schwache Konjunktion zu werten, denn würde einer der beiden beteiligten Planeten gespiegelt, so läge er auf dem gleichen Grad wie der andere.

Parallele/Gegenparallele

Dieser von einigen Astrologen als gänzlich zu vernachlässigen beurteilte Aspekt besteht astronomisch gesehen in der gleichgroßen Deklination zweier Planeten. Die Deklination entspricht auf der Himmelssphäre unseren Breitengraden. Verfügen also zwei Planeten über die gleiche Deklination, so sind sie gleich weit vom Himmelsäquator entfernt. Eine Parallele besteht nun, wenn die Planeten in gleicher Richtung, nach Norden oder Süden, vom Äquator entfernt sind. Eine Gegenparallele ergibt sich, wenn sie zwar gleich weit entfernt sind, jedoch ein Planet in der einen, der andere in der anderen Richtung steht. Auf die Verhältnisse der Erde und Städte statt Planeten übertragen bildeten Warschau und Amsterdam eine Parallele, denn sie liegen etwa auf dem gleichen nördlichen Längengrad, während Buenos Aires und Los Angeles, die sich zwar etwa auf dem gleichen Längengrad, jedoch in südlicher bzw. nördlicher Richtung vom Äquator befinden, eine Gegenparallele bilden würden. Vor allem die Wirkung der Parallele wird von den Astrologen, die diesen Aspekt benutzen, als sehr hoch eingeschätzt, ganz ähnlich der des wichtigsten Aspekts, der Konjunktion.

Aspektfigurationen
Auch drei oder mehr Planeten können in einer bestimmten Beziehung zueinander stehen, man spricht dann von Aspektfigurationen. Allgemein lässt sich sagen, dass solche Figuren die Wirkung der beteiligten Planeten verstärken, je mehr daran beteiligt sind, desto stärker die Wirkung. Die wichtigsten sind das T-Quadrat, das große Trigon, das große Quadrat und das Stellatium.

T-Quadrat
Es ergibt sich aus einer Opposition mit einem dritten Planeten, der in Quadratur zu beiden steht, so dass sich bei einer Verbindung der Planeten mit dem Mittelpunkt des Horoskops ein »T« ergibt, bei einer Verbindung der drei Planeten miteinander ein rechtwinkliges Dreieck.

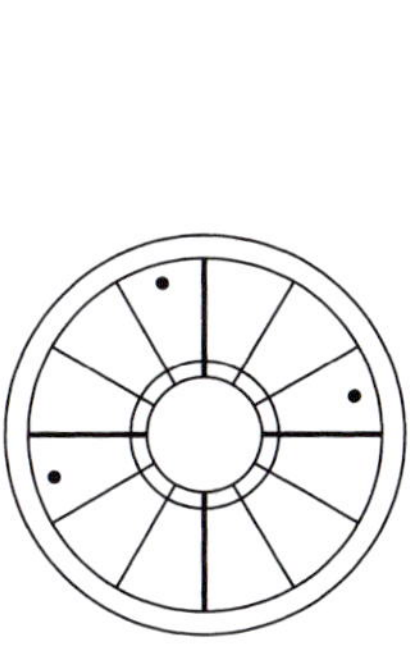

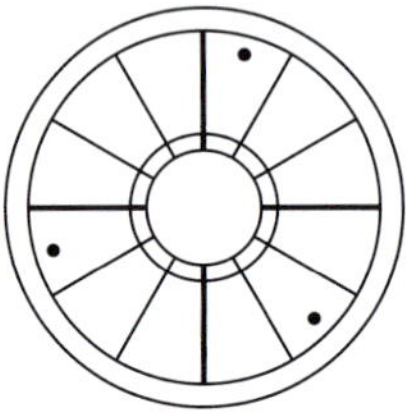

Großes Trigon
Ebenso selten wie das T-Quadrat ist diese Aspektfigur, bei der drei Planeten jeweils in einem Trigon zueinander stehen. Alle drei Planeten befinden sich dabei in einem dem selben Element zugehörigen Tierkreiszeichen, was die harmonisierende Wirkung des Trigons noch verstärken soll.

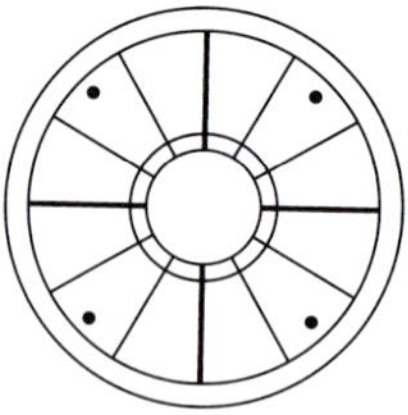

Großes Quadrat
Noch seltener ist das Auftreten zweier Oppositionen, bei denen sich jeder der vier beteiligten Planeten zudem in Quadratur zu zwei anderen befindet. Verbindet man die Planeten mit dem Mittelpunkt des Horoskops ergibt sich ein Kreuz, verbindet man die Planeten miteinander, ein Quadrat. Je nachdem in welcher Zeichengruppe alle vier stehen, spricht man von kardinalem, festem oder beweglichem Quadrat.

Stellatium
Die Anhäufung von mehr als zwei Planeten in einem Tierkreiszeichen oder einem Haus, ein Stellatium, ist für manche Astrologen auch schon gegeben, wenn diese Ballung in einem Quadranten des Horoskops stattfindet.

Häuser

Die Tierkreiszeichen bieten eine Einteilung des Horoskops in zwölf Teile und berücksichtigen dabei den Umlauf der Erde um die Sonne in einem Jahr, denn von der Erde aus gesehen durchläuft die Sonne alle Tierkreiszeichen einmal im Jahr. Unberücksichtigt blieb bisher die tägliche Drehung der Erde um sich selbst, die Berücksichtigung der Tatsache, dass von der Erde aus gesehen alle Tierkreiszeichen und alle Planeten jeden Tag aufgehen, kulminieren – ihren höchsten Stand erreichen – und wieder untergehen. Astrologen versuchten bereits in der Antike, diese Tatsache zu berücksichtigen, denn sie schien ein Horoskop noch wesentlich individueller zu machen, half sie doch, den tatsächlichen Ort des Ereignisses, auf den sich das

Horoskop beziehen sollte, stärker einzubeziehen. Verdeutlichen kann man sich das am besten am Stand der Sonne, da sie für unsere Tageseinteilung maßgeblich ist. So gälte für zwei Personen, die zur gleichen Weltzeit, jedoch in London und New York geboren wären, in bezug auf die Planeten das gleiche Horoskop. Sie stünden in den gleichen Tierkreiszeichen, von den wichtigsten bisher behandelten Faktoren wären nur Aszendent und Medium Coeli verschoben und damit das Achsenkreuz Aszendent-Deszendent bzw. Medium Coeli-Imum Coeli um seinen Mittelpunkt gedreht, da für die Bestimmung beider der Breiten- (Aszendent) bzw. Längengrad (Medium Coeli) des Ereignisses von Bedeutung sind. Während jedoch die Sonne während der Londoner Geburt bereits am Himmel stand, konnte es in New York noch Nacht sein, während Venus als Morgenstern vielleicht in London nicht mehr zu sehen war, konnte dies in New York noch bevorstehen. Trotz diesem offensichtlichen Unterschied befänden sich aber beide Planeten, Sonne und Venus – wie auch alle anderen –, bei unseren beiden neuen Erdenbürgern auf der gleichen Position im Horoskop, lediglich ihre Stellung zu den beiden Hauptachsen wäre unterschiedlich. Denn selbst der Planet, der am schnellsten das Tierkreiszeichen wechselt, der Mond, benötigt hierfür 2,5 Tage. Das Problem ist also nicht nur, dass der Ort des Ereignisses bisher nur in bezug auf AS und MC berücksichtigt werden konnte, sondern auch, dass in einem Zeitraum von 2,5 Tagen für alle Ereignisse die gleiche Planetenkonstellation gilt.

Die Lösung dieses Problems wurde von dem sagenhaften Astrologen Hermes Trismegistos gefunden, die sogenannte Dodekatopos, das System der Orte (griechisch topoi, lateinisch loci) oder Häuser. Dabei handelt es sich um zwölf Häuser, Felder oder Orte, bildhaft um Kuchenstücke, in die sich der Horoskopkuchen aufteilen lässt. Doch wie bei einem Kuchen fragt es sich, wie groß macht man die zwölf Teile, um allen Essern gerecht zu werden, und wo beginnt man mit dem ersten Schnitt? Der Kampf ums Kuchenstück ist bis heute nicht entschieden, astrologische Kapazitäten seit der Antike bemühten sich, hier zu einer passenden Lösung zu kommen, doch ohne Erfolg. Alle bisher entwickelten Systeme, die oft auf komplizierten Berechnungen beruhen und nur durch Tafelwerke für den Laien zu bewältigen sind, haben ihre Anhänger, aber auch Gegner. International am weitesten verbreitet ist glücklicherweise die einfachste Methode, die hier zuerst vorgestellt werden soll.

Äquales Häusersystem

Das äquale (lat. = gleich groß) Häusersystem ist das älteste, einfachste und deshalb wohl auch am häufigsten angewandte Verfahren. Es unterscheidet sich von den inäqualen Systemen dadurch, dass bei ihm alle Häuser gleich groß sind, sie umfassen jeweils 30 Grad auf dem Horoskop. Gleichheit der Häuser gilt sonst nur, auch bei den im nächsten Abschnitt behandelten inäqualen Systemen, für sich gegenüberliegende Häuser, das erste Haus ist also genauso breit wie das siebte, das zweite wie das achte usw. Begonnen wird beim äqualen System – und den meisten anderen Systemen – mit der Zählung am Aszendenten. Er bildet die erste Häuserspitze; so bezeichnet man im Allgemeinen die Trennungslinien zwischen den Häusern. Dabei bildet die erste der zwölf Spitzen, die hier wie gesagt mit dem Aszendenten zusammen fällt, die

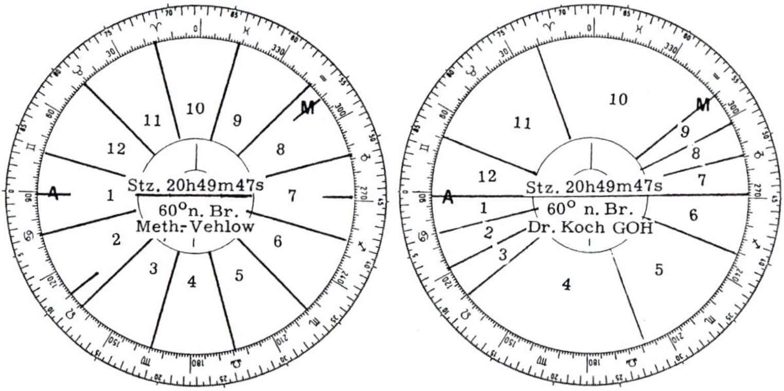

Gegenüberstellung des äqualen Häusersystems (nach Vehlow mit dem Aszendenten in der Mitte des ersten Hauses, links) und einer inäqualen Methode (nach Koch, rechts).

Grenze zwischen erstem und zwölftem Haus. Die folgenden Häuser beginnen nun gegen den Uhrzeigersinn nach jeweils 30 Grad auf dem Horoskopkreis. Das Setzen des Aszendenten in die Mitte des ersten Hauses bildet eine Variante dieses Systems. Das Medium Coeli befindet sich bei dieser Methode nur dann genau auf der zehnten Häuserspitze, wenn das mit dem Horoskop untersuchte Ereignis genau auf dem Äquator stattfindet, da sich dann das Medium Coeli genau in der Mitte zwischen Aszendent und Deszendent befindet. Ist dies nicht der Fall, kann das MC ins achte bis elfte Haus fallen.

Inäquale Häusersysteme

Unter den inäqualen Häusersystemen, bei denen zwar, wie bei allen Häusersystemen, gegenüberliegende Häuser gleich groß, ansonsten die Häuser jedoch nicht gleich groß sind, sind die nach Alcabitius aus dem 10./11. Jh. und das darauf aufbauende des Placidus (17. Jh.), sowie das des Campanus (13. Jh.) gemeinsam mit dem des Regiomontanus (15. Jh.) die bekanntesten. Sie alle versuchen zu korrigieren, dass die Himmelsmitte (MC) nur am Äquator die Häuserspitze des zehnten Hauses bildet und sonst nicht. Man hatte erkannt, dass die als gleichmäßig eingetragenen, vermeintlichen täglichen Sternbewegungen (aufgrund der Erddrehung) von verschiedenen Orten aus betrachtet überhaupt nicht gleichmäßig waren, dass die Schiefe der Ekliptik im Verhältnis zum Himmelsäquator und die damit einhergehende Verzerrung irgendwie berücksichtigt werden müsse. Dies erfordert in jedem Falle relativ komplizierte Berechnungen, die man als Anhänger eines dieser Häusersysteme jedoch gut mit der Benutzung von Ephemeriden vermeiden kann. Die hier genannten drei Häusersysteme erreichen dieses Ziel auf unterschiedlichem Wege, ihnen allen gemeinsam ist jedoch die Grundvoraussetzung, dass die Häuserspitze des zehnten Hauses mit dem MC zusammen fällt. Der Achse zwischen ihm und Imum Coeli kommt bei ihnen allen eine entscheidende Rolle zu. Alle anderen

Häuser werden mit Blick auf dieses Ziel berechnet und erreichen durch die unterschiedlichen Rechenmethoden unterschiedliche Ausdehnungen, wie ein Vergleich der wichtigsten inäqualen Häusersysteme zeigt.

So wie sich die Autoren der verschiedenen inäqualen Häusersysteme zumindest in der Bedeutung des Medium Coeli einig sind, so sind es sich auch die Kritiker in einem wichtigen Punkt, der Allgemeingültigkeit. Sie bemängeln die Eurozentriertheit der Systeme, ihr Versagen bei einer Ausrichtung auf Orte nördlich des 60. Grades nördlicher Breite ebenso wie südlich des 60. Grades südlicher Breite, also den Polregionen. Hier versagen sie manchmal ganz.

Egal, wie man sich entscheidet, ob für das äquale oder eines der inäqualen Systeme: wie bei den Tierkreiszeichen, den Planeten und den Aspekten bestehen mehrere Klassifizierungsmöglichkeiten, nach denen sich die Häuser einteilen lassen, falls es sich um ein System handelt, bei dem die Zählung genau beim Aszendenten beginnt. So gibt es kardinale, nachfolgende und fallende (kadente) Häuser, die in jedem der vier Quadranten das jeweils erste, zweite und dritte Haus meinen. Es gibt des weiteren die sechs Häuser über (7–12) und unter (1–6) dem Horizont und die Häuser der östlichen (1–3 und 10–12) und westlichen (4–9) Hälfte des Horoskops. Darüber hinaus entspricht jedes Haus einem Tierkreiszeichen und wird in der Deutung einem Lebensbereich im Alltag eines Menschen zugeordnet (siehe S. 165).

Personifikation ist nicht nur eine Sache der Astrologen: Jedes Kind malt die Sonne wohl so, wie sie hier auf einem alten Hauszeichen zu sehen ist.

Die Erstellung des Horoskops

Ein Horoskop oder genauer: ein Geburtshoroskop oder Radix-Horoskop ist ein Anzeiger der Positionen von Sonne, Mond und Planeten in Bezug auf den genauen Zeitpunkt einer Geburt an einem bestimmten Ort. Die einfachste Möglichkeit zu einem solchen Horoskop zu gelangen, ist die Nutzung des Internet, in dem es verschiedene Sites gibt, auf denen man sich kostenlos Horoskope erstellen lassen kann (siehe S. 204), die nach der Eingabe der Grunddaten nicht nur mit dessen Zeichnung, sondern auch mit Kurzanalysen glänzen können. Aber mit obiger Definition und dem in den vorangegangenen Kapiteln erworbenen Grundwissen über Astronomie und Astrologie ist es auch möglich, ein Radix-Horoskop auf die althergebrachte Weise zu erstellen und dieses dann – mit Hilfe des nächsten Abschnitts – zu deuten. In der Einleitung zum Kapitel »Das Horoskop« wurde bereits grob beschrieben, was zu einem Horoskop gehört: die Tierkreiszeichen, die Planeten, die Aspekte, die Häuser und vor allem – als Grundlage – der genaue Geburtszeitpunkt und -ort.

Ein empfehlenswertes Werkzeug zur Horoskopstellung ist neben den im Anhang aufgeführten Internetsites das Buch von Lucy Maud Montgomery: Mondphasen, Ephemeriden, Finsternisse 1921–2020.

Eine Bestimmung des Ortes ist näherungsweise mit jedem guten Atlas möglich. Will man, was sich auf jeden Fall empfiehlt, da es sonst vor allem zu Abweichungen beim Aszendenten kommen kann, jedoch die exakte Position erhalten, ist ein Blick in spezielle Tabellen für Astrologen sinnvoll, die beispielsweise den Ephemeriden beigegeben sind. Jeder Ort der Erde ist durch die Angabe seines Längen- und Breitengrades, die kleineren Einheiten heißen Bogenminuten (= ein Sechzigstel Grad) und Bogensekunden (= eine Sechzigstel Bogenminute), möglich. Dabei wird über die Erde ein Liniennetz gezogen, das aus Längenkreisen, die jeweils durch beide Pole verlaufen, und Breitenkreisen, die parallel zum Äquator liegen, besteht. Die 360 Längenkreise entsprechen den 360 Graden eines Kreises und werden, beginnend mit dem allgemein gültigen Nullmeridian, der vom Nordpol gerade nach Süden durch die Sternwarte des Londoner Stadtteils Greenwich verläuft, den Äquator senkrecht schneidet und am Südpol endet, nach Osten und Westen gezählt, so dass es eine östliche und eine westliche Halbkugel gibt. Ähnlich wird mit den Breitenkreisen verfahren, die vom Äquator nach Norden und Süden bis zu den Polen gezählt werden. Der 90. Grad Nord ist der geographische Nordpol, der 90. Grad Süd der geographische Südpol.

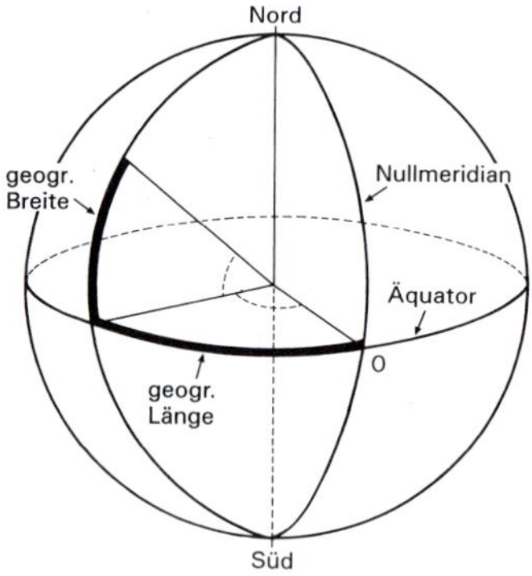

Koordinatensystem zur Bestimmung von Orten auf der Erde.

Greenwich ist durch den Nullmeridian nicht nur für die Orts-, sondern auch für die Zeitbestimmung von großer Bedeutung, denn dieser Längengrad ist seit 1884 Ausgangspunkt der Zonenzeiten. Vor deren Einführung gab es eine verwirrende Vielfalt der Zeiten, denn selbst innerhalb eines Landes konnte es mannigfaltige Abweichungen geben, sobald man sich – wie schon seit Urzeiten – nach dem Sonnenstand richtete und dessen höchste Höhe als Mittag definierte. Nur Orte auf dem gleichen Längengrad hatten demnach die gleiche Zeit. Mit dem Aufkommen schneller Transportmittel, vor allem der Eisenbahn, führte diese Vielfalt zu unerträglichen Zuständen, die Weltzeit (auch GMT = Greenwich Mean Time), die am Nullmeridian gültige Zeit, als Maßstab wurde festgelegt. Von ihr unterscheiden sich die Zonenzeiten in der Regel um ganze Stunden. Etwa je 15 Grad östlicher Länge Abstand vom Nullmeridian wird eine Stunde zugegeben, je 15 Grad westlicher Länge eine Stunde abgezogen. Die deutschsprachigen Länder Europas gehören zur Mitteleuropäischen Zeitzone, die sich am 15. östlichen Längengrad orientiert. Er verläuft durch Görlitz in Ostsachsen und ist gegenüber der Westeuropäischen Zeitzone, die mit GMT identisch ist, um eine Stunde nach vorne verschoben.

Um zur genauen Ortszeit zu gelangen, muss die Geburtszeit um die Verschiebung der Zeitzone gegenüber GMT sowie, falls zum Geburtszeitpunkt gültig, die Sommerzeit korrigiert werden. Das Ergebnis ist die Weltzeit zu diesem Zeitpunkt. Da sich die Erde in jeweils 4 Minuten um einen Längengrad nach Osten dreht, können nun zur Weltzeit pro Längengrad, den der Geburtsort vom Nullmeridian entfernt ist, 4 Minuten hinzuaddiert (östliche Länge) oder abgezogen werden (westliche Länge). Die Geburtszeit für Erika Mustermann, die am 1. November 1980 um 10 h MEZ in Frankfurt am Main geboren wurde, müsste also durch Abzug einer Stunde auf GMT und dann durch Zuzählen von 9 x 4 Minuten – denn Frankfurt liegt etwa auf dem 9. östlichen Längengrad – auf Ortszeit, 9:36 h, korrigiert werden.

Doch die Ortszeit reicht noch immer nicht, um das Horoskop mit den Positionen der Himmelskörper korrekt zu füllen. Unser Ziel ist nicht etwa, hierfür eigene astronomische Berechnungen anzustellen, sondern die Nutzung der Ephemeriden, die seit der Renaissance gebräuchlichen Tabellenwerke, zu ermöglichen, aus denen der Stand der Planeten ablesbar ist – sie jedoch arbeiten mit der Sternzeit. Nur in Spezialwerken, so in ausführlicheren Einführungen in die Astrologie, ist häufig ein Tabellenanhang beigegeben, bei dem die hier erläuterten Rechnungen nicht nötig sind, da sich dessen Informationen über Aszendent, Medium Coeli oder die Planetenpositionen auf fest umrissene geographische Gebiete (z.B. Deutschland) beziehen oder mit Näherungswerten arbeiten und bei denen daher die entsprechenden Zeitkorrekturen – bis auf Sommer-/Winterzeit – bereits enthalten sind. Die Sternzeit ergibt sich aus der Umdrehung der Erde, der Zeit, die sie benötigt, um bezogen auf den Sternenhimmel wieder gleich ausgerichtet zu sein. Dies dauert nicht 24 Stunden, sondern nur 23 Stunden und 56 Minuten (siehe S. 97). Nach dieser Zeit also stehen alle Sterne – außer der Sonne, die ja in der Astrologie als Planet gezählt wird – wieder am selben Platz wie am Tag zuvor (wegen Geringfügigkeit kann hier die Eigenbewegung der Sterne außer Acht bleiben). Um die Sternzeit zu erhalten, die sich Tag für Tag um je 4 Minuten gegenüber der Weltzeit verändert, um 4 Minuten vorgeht – ist ein Erdentag vergangen, sind schon ein Sterntag und 4 Minuten vergangen – genügt ein Blick in die Ephemeriden und eine kleine Rechnung. Die dort für jeden Tag ausgewiesene Sternzeit wird zur Ortszeit hinzugezählt, das Ergebnis ist die Ortssternzeit. Diese kann nun, um so exakt wie möglich zu arbeiten, noch um einen Korrekturfaktor erweitert werden. Er beträgt 9,8 Sekunden pro Stunde GMT. War der Geburtszeitpunkt also wie oben um 9 h GMT müssen zur Ortsternzeit noch 9 x 9,8 Sekunden hinzugezählt werden. Mit der sich so ergebenden Sternzeit kann es nun weitergehen.

Als nächstes werden die Achsen des Horoskops fixiert, also Aszendent (AS) – Deszendent (DS) und Medium Coeli (MC) – Imum Coeli (IC). Aszendent und MC lassen sich in den Ephemeriden ablesen. Dabei ändert sich der Aszendent mit dem Breitengrad, auf dem die Geburt stattfand, da der Horizont sich verschiebt, je nachdem auf welcher Breite man sich befindet. Ein Blick auf dem Nullmeridian vom Äquator nach Osten ließe aufgrund der Schiefe der Ekliptik und der Perspektive ein anderes Tierkreiszeichen aufgehen sehen als dies vom nördlichen Polarkreis der Fall wäre. Natürlich ändert sich der Aszendent jedoch vor allem durch den Längengrad, es macht einen Unterschied, ob die Geburt in Frankfurt am Main oder New York stattfand. Doch dieser Tatsache ist bereits durch die Bestimmung der Ortssternzeit Genüge getan, in die ja die Entfernung vom Nullmeridian bereits eingegangen ist. So galt im gegebenen Moment in New York eine andere Ortssternzeit als in Frankfurt und damit auch eine andere Tabelle mit anderen Aszendentenwerten, wenn New York der Geburtsort war. Nachdem also der Aszendent in der »richtigen« Tabelle der Ephemeriden – der Tabelle für die errechnete Ortssternzeit – im Schnittpunkt der Spalte »Aszendent« mit der Zeile des jeweiligen Breitengrades abgelesen wurde, überträgt man ihn als Nullpunkt in das Horoskop. Der angegebene Wert besteht dabei nicht aus einer Gradzahl von 0–360, sondern aus einem Tierkreiszeichen – damit ist das 30-Grad-Segment innerhalb des Ekliptikkreises identifiziert – und einer Gradangabe zwischen 0 und 30 Grad, die innerhalb dieses Tierkreissegments bestimmt, welcher Punkt des Aszendenten der exakte Punkt am Himmel war, der gerade im Osten aufging, als die Geburt stattfand. Als nächstes wird das Tierkreiszeichensegment komplettiert, so dass es 30 Grad umfasst und die anderen Zeichen gegen den Uhrzeigersinn daran anschließend um den Horoskopkreis gelegt. 180 Grad vom Aszendenten entfernt befindet sich der Deszendent, beide werden durch eine Linie, den Horizont, verbunden. Um aus den nun entstandenen zwei Halbkreisen vier Quadranten zu erhalten, bedarf es nun noch der Himmelsmitte (Medium Coeli, MC) und dessen Pendant, der Himmelstiefe (Imum Coeli, IC).

Da das MC definitionsgemäß der Schnittpunkt zwischen Meridian und Himmelsäquator ist, alle Orte auf einem Meridian das gleiche MC, die gleiche Himmelsmitte, haben, gilt für jede Sternzeit unabhängig vom Breitengrad das gleiche MC. Alle Breitengrade der vorher zum Ablesen des AS benutzten Tabelle haben die gleiche Himmelsmitte. Sie steht darum in der Überschrift der Tabelle und ist daher einfacher abzulesen als der Aszendent. Wie dieser wird sie als Kombination aus Tierkreiszeichen und Gradzahl zwischen 0 und 30 Grad angegeben. Mit einem nach außen weisenden Pfeil und der gebräuchlichen Abkürzung »MC« wird sie in das Horoskop übertragen und dieser Wert dann mit dem gegenüberliegenden, dem »IC« verbunden. Der erste und entscheidende Schritt ist damit gemacht, nun gilt es, die Häuserspitzen einzutragen.

Der erste Schritt: Nachdem Aszendent und Medium Coeli gefunden sind, lassen sich Horizont (Linie A–D) und Meridian (Linie IC–MC) in das Horoskop eintragen.

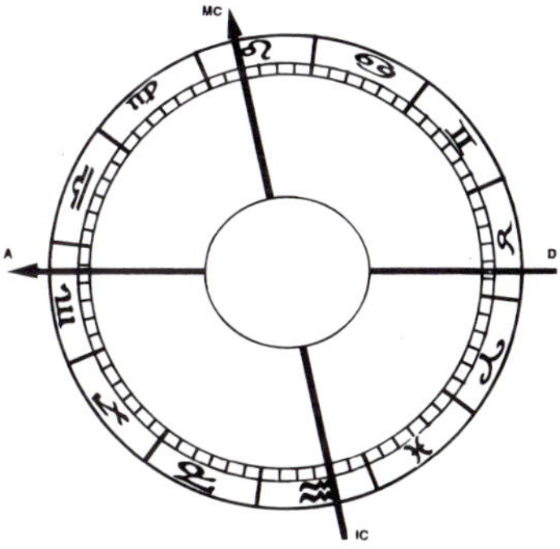

Wie im Abschnitt »Astrologische Grundlagen« erläutert, existieren mehr als 20 Häusersysteme, die sich generell in äqual und inäqual unterscheiden lassen. Die Häuserspitzen der am häufigsten verwendeten inäqualen Systeme, das des Placidus und das des Regiomontanus, können in den Ephemeriden abgelesen werden. Angegeben sind dort das 11. und 12. sowie das 2. und 3. Haus. Die Häuserspitze des 10. Hauses ist mit dem MC, das des ersten Hauses mit dem Aszendenten identisch. Jeweils 180 Grad entfernt, also im Horoskopkreis genau gegenüber, liegen die Häuserspitzen der Häuser 4 bis 9. Bei dem einfachsten und international darum wohl auch populärsten, dem äqualen Häusersystem, werden keine Tabellen benötigt. Die Häuser ergeben sich aus der Position des Aszendenten. Von ihm ausgehend wird das Horoskop gegen den Uhrzeigersinn in zwölf gleich große, je 30 Grad umfassende Teile segmentiert. Sie laufen dadurch parallel zu den Tierkreiszeichen, decken sich jedoch nicht mit ihnen, da sie genau am Aszendenten beginnen, der ja nur im seltenen Fall genau mit dem Beginn oder Ende eines Tierkreiszeichens zusammen fällt. Üblicherweise werden die Häuser 1, 4, 7 und 10 nicht arabisch, sondern römisch beschriftet, da ihnen als Quadrantenspitzen eine besondere Bedeutung zukommt.

Nun fehlen noch die Planeten und die sich aus ihrem Stand ergebenden Aspekte. Eine Planetenposition dürfte den meisten – wenigstens ungefähr – geläufig sein: die der Sonne. Sie stand zur Zeit der Geburt in dem Tierkreiszeichen, das umgangssprachlich als »Sternzeichen« einer Person bezeichnet wird. Man »ist« Krebs, Löwe oder Jungfrau und meint damit, die Sonne stand zur Geburt in einem dieser Tierkreiszeichen. Doch selbst hier ist Vorsicht geboten, wenn der Geburtstag auf einen Tag mit Tierkreiszeichenwechsel, also etwa den 21. Juni fällt. Möglicherweise »ist« der Native, dessen Horoskop man betrachtet, eigentlich schon Krebs, obwohl er sich selbst immer als Zwilling gesehen hat. Hier wie bei den anderen Planeten ist eine genaue Positionierung innerhalb des Tierkreiszeichens notwendig, auch um die Aspekte bestimmen zu können. Die Ephemeriden sind auch hier das Allheilmittel, Berechnungen werden durch sie fast überflüssig, nur der Mond verändert seine Position so schnell, dass es ohne etwas Mathematik nicht geht. Doch zuerst noch ein paar Worte zu den übrigen Planeten. In den Tabellen ist gut zu beobachten, wie unterschiedlich die Geschwindigkeiten bzw. wie verschieden weit die Planeten entfernt sind. Während der Mond jeden zweiten Tag in einem anderen Tierkreiszeichen steht, die Sonne sich täglich – wie alles hier von der Erde aus gesehen – um mehr als ein Grad bewegt, stehen die transsaturnischen Planeten – scheinbar – fast unbewegt am Himmel, ihre Position bleibt über viele Wochen fast unverändert. Die schnelle Positionsänderung des Mondes macht es nötig, seinen ebenso wie für die anderen Planeten nur tageweise angegebenen Stand um ein Grad pro zwei Stunden – so schnell ändert er seine Position – anzupassen. Da die Ephemeriden mit Weltzeit (GMT) rechnen, wird hierfür am einfachsten die Geburtszeit nach GMT berechnet, also je nach Zeitzone um ein oder mehrere Stunden angepasst und diese Zahl dann durch zwei geteilt. Das Ergebnis sind die Doppelstunden und damit die Längengrade, um die sich der Mond vom Beginn des Geburtstages bis zur genauen Geburtszeit bewegt hat. Diese werden zu der in den Ephemeriden enthaltenen Gradzahl addiert. Ist das Ergebnis größer 30, wechselt der Mond ins nächste Tierkreiszeichen. Stand er laut

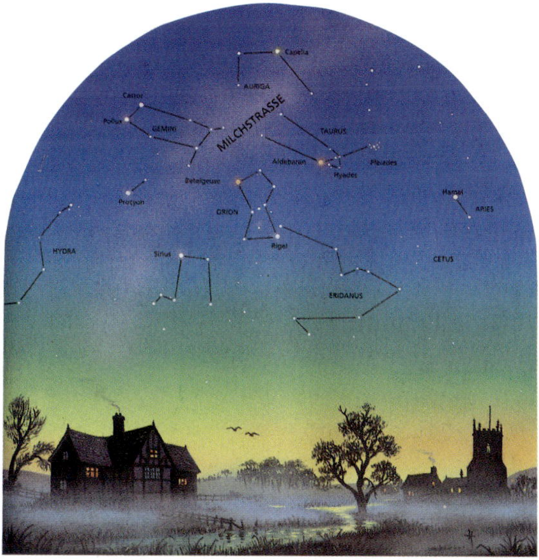

Ein Blick auf den nördlichen Abendhimmel während der Wintermonate ergibt dieses Bild, auf dem auch drei Sternbilder aus dem Tierkreis zu erkennen sind. Welche?

Ephemeride am 1. November um 0:00 h GMT im Widder bei 29 Grad so ergeben sich aus der Berechnung hinsichtlich Erika Mustermann, die am 1. November um 9 h GMT geboren wurde 9 : 2 = 4,5 Grad, die zum Mondstand hinzugerechnet werden müssen. Damit stünde er während der Geburt von Baby Mustermann bei 33,5 Grad im Widder. Da der Wert über 30 liegt und jedes Tierkreiszeichen nur 30 Grad umfasst, wechselte der Mond also bereits ins nächste Zeichen, in den Stier und befindet sich dort bei 33,5–30 Grad, also bei 3,5 Grad. Mit der so errechneten Mondposition sind nun alle Planetenstände erfasst und können mit den entsprechenden Symbolen an die Tierkreissegmente abgetragen werden.

Nun fehlen noch die Aspekte. Sie sind verschieden schwer zu identifizieren. Darum und wegen ihrer Bedeutung kann es genügen, nach den fünf Hauptaspekten Konjunktion, Opposition, Quadrat, Trigon und Sextil zu suchen. Am einfachsten sind die beiden wichtigsten zu erkennen, Konjunktion und Opposition. Egal ob zwei Planeten im gleichen Zeichen stehen oder in Nachbarzeichen, sie können eine Konjunktion bilden. Wie bei den anderen Aspekten ist dabei nicht notwendig, dass es sich um einen exakten Aspekt handelt, Abweichungen, der Orbis, sind bis zu einem gewissen

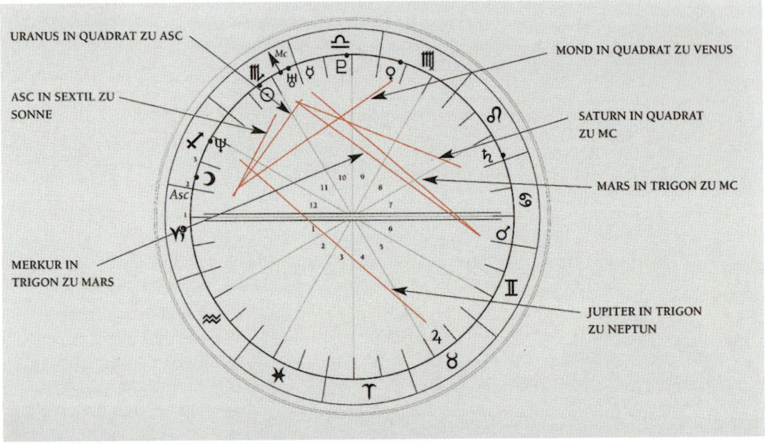

In dieses Beispielhoroskop mit äqualem Häusersystem wurden bereits die Aspekte eingetragen. In einem nächsten Schritt wären nun noch die Aspekte schwarz einzufärben, die negativ gedeutet werden – in vorliegendem Fall wären dies die drei Quadrataspekte.

Maß zulässig. Dieses bestimmt sich danach, wie schnell die beteiligten Planeten sind – wenn sie ihre Position mit großer Geschwindigkeit ändern, ist die Toleranz größer. Bei der Interpretation lassen sich die Abweichungen berücksichtigen, indem die Bedeutung eines Aspekts gesteigert wird, je exakter er ist. Bei den Hauptaspekten ist ein Orbis von 7 Grad in jede Richtung tolerierbar. Das Quadrat ist schwieriger zu erkennen. Eine Hilfe bietet hierbei die Tatsache, dass Planeten, die im Quadrat zueinander stehen, sich normalerweise in Tierkreiszeichen mit der gleichen Qualität, kardinal, fest oder beweglich, befinden. Normalerweise, denn auch hier ist es durch den Orbis möglich, dass sie schon im Nachbarzeichen liegen. Ähnliches gilt für das Trigon, bei dem die Tatsache, dass Tierkreiszeichen, die im Trigon zueinander stehen, dem gleichen Element, also Feuer, Erde, Luft oder Wasser, angehören, die Suche erleichtert. Das einen 60-Grad-Winkel bezeichnende Sextil schließlich bedeutet, dass Planeten in diesem Aspekt zueinander stehen, wenn sie zwei Tierkreiszeichen voneinander entfernt sind. Wichtig: Auch MC und Aszendent können Aspekte zu den Planeten bilden bzw. erhalten durch ihre Winkelbeziehungen zu anderen Teilen des Horoskops eine besondere Bedeutung, auch sie müssen bei der Suche einbezogen werden!

Nun werden die Aspekte eingezeichnet, die synthetischen, zumeist positiven (hier Konjunktion, Trigon und Sextil) durch rote, die analytischen, negativen (hier Opposition und Quadrat) durch schwarze Linien. Um die Darstellung übersichtlich zu halten, sollten die Planetenpositionen hierzu noch einmal etwas ins Kreisinnere versetzt abgetragen werden und dann diese Punkte gemäß den Aspekten verbunden werden.

Um Fehler zu vermeiden und die Horoskoperstellung zu erleichtern, hier noch ein paar Tipps: Fand die Geburt zwischen Sonnenaufgang und Mittag statt, muss die Sonne in den Häusern 10, 11 oder 12, fand sie zwischen Mittag und Sonnenuntergang statt in den Häusern 7–9, zwischen Sonnenuntergang und Mitternacht in 4–6 und schließlich, bei einem ersten Schrei zwischen Mitternacht und Sonnenaufgang, in den Häusern 1, 2 oder 3 stehen.

Die sonnennächsten Planeten Merkur und Venus können niemals zu ihr in Opposition stehen. Merkur kann aufgrund der astronomischen Gegebenheiten niemals weiter als 28 Grad, Venus niemals mehr als 48 Grad von der Sonne entfernt sein. Ist ihr Abstand zur Sonne im Horoskop größer, hat sich ein Fehler eingeschlichen.

Wegen der astronomischen Bedingungen für Voll- und Neumond müssen – war am Geburtszeitpunkt Vollmond – Sonne und Mond in Opposition, bei Neumond in Konjunktion stehen.

Gerade für Anfänger ist es sinnvoll, sich zu den Tierkreiszeichen auch ihre Qualitäten, kardinal, fest oder beweglich, ihr Element, Feuer, Erde, Luft oder Wasser, und ihre Polarität, männlich oder weiblich, zu notieren. Dies hilft bei der Deutung und auch bei der Suche nach den Aspekten.

Hilfreich für die Deutung ist es, sich den Herrscher des Horoskops (siehe S. 132) im Horoskop zu vermerken. Er stimmt immer mit dem Herrscher des Aszendenten überein. Hilfreich, um die Aspekte erkennen zu können, ist eine Schablone in der Form eines Lineals, das ausreichend lang sein muss, um den Innenkreis des Horoskops, auf dem die Planeten eingetragen werden, am Anfang eines beliebigen Tierkreiszeichens zu schneiden (A) und am Ende des vierten darauf folgenden Zeichens (B). Diese Punkte werden auf der Schablone abgetragen. Dann legt man die Schablone wieder mit A an den Anfang eines Zeichens und trägt auf ihr das Ende des dritten darauf folgenden Zeichens (C) ab und tut dasselbe mit A und dem Ende des zweiten darauf folgenden Zeichens (D). Damit sind Quadrat (B), Trigon (C) und Sextil (D) markiert und es lässt sich durch Anlegen der Schablone an jeden Planeten bzw. an AS und MC ermitteln, ob sie mit anderen Punkten einen der genannten drei Hauptaspekte bilden.

Die Deutung des Horoskops

»Ein Horoskop ist nichts anderes als eine zweidimensionale grafische Darstellung der Himmelsorte von Gestirnen zu einem bestimmten Zeitpunkt.« Aus dieser Definition wird klar, dass ein Horoskop der Deutung bedarf, um aus ihm Rückschlüsse auf den Mikrokosmos, die Welt im Kleinen, die Vorgänge auf der Erde und im Leben eines Menschen zu ziehen. Da es sich hier nicht um empirisch nachweisbare Einflüsse handelt, gibt es keine absolut gültigen Bedeutungen der Horoskopkomponenten und ihrer Beziehungen zueinander. Üblich ist die Übernahme tradierter Vorstellungen, die jedoch häufig auf tatsächliche Beobachtungen zurückgehen, wie etwa bei den Tierkreiszeichen, denen oft jahreszeitliche Eigenschaften zugeschrieben werden, oder auf Übertragungen mythologischer Vorstellungen, wie bei den Planeten, denen Charakteristika zuerkannt werden, wie sie ursprünglich die Götter prägten, die ihnen Pate standen. Auch die Häufung von Merkmalen an Menschen, die unter ähnlichen kosmischen Bedingungen geboren wurden, konnte dazu (ver-)führen, diese Beobachtungen zu allgemeinen Regeln zu erheben. Aber, wie die Geschichte

Geburtshoroskop auf den 12. April 1948, 5 Uhr 30 in Gerabronn – Geburtstag und -ort von Joschka Fischer.

Im Rahmen dieses Schnellkurses ist es nicht möglich, auf alle Details der Deutungen einzugehen. Insbesondere ist es nicht möglich, eine Übersicht über die verschiedenen Ansätze zu geben, ihre Besonderheiten und Abweichungen auszuarbeiten. Eine Konkordanz oder Synopse würde nur bestätigen, dass die meisten Astrologen trotz der theoretisch existierenden Vielfalt häufig ähnliche Deutungsmuster bei der Interpretation eines Horoskops benutzen.

zeigt, gab es auch neben diesen traditionellen oft intuitiven Zuordnungen immer wieder neue Deutungsversuche, gerade in den letzten beiden Jahrhunderten. Zudem wurden die Methoden immer ausgefeilter, immer mehr bloß errechnete Komponenten, wie Mondknoten, Halbsummen oder Glückspunkte wurden berücksichtigt, was nicht zuletzt in der Behauptung bisher astronomisch nicht bestätigter Planeten und deren Relevanz für das Horoskop gipfelte. Aber auch schon ohne diese Auswüchse bietet ein Horoskop eine nahezu unendlich große Vielfalt an Kombinationen, so dass mit Fug und Recht behauptet werden kann, dass es bis auf die Ausnahme von nahezu gleichzeitigen Zwillingsgeburten kaum zwei Personen geben dürfte, die über ein deckungsgleiches Horoskop verfügen.

Nachdem zwar keine Klarheit darüber herrscht, woher die Interpretationen kommen, so sind sich die Astrologen jedoch weitestgehend über die generelle Bedeutung von Planeten, Tierkreiszeichen, Häusern und Aspekten einig, während die Bewertung des Aszendenten in Kombination mit dem Sonnenzeichen als Hauptaussagequelle eines Horoskops umstritten ist. Allgemein gilt jedoch, dass der Aszendent den Grundcharakter eines Menschen anzeigt, das Tierkreiszeichen, in dem die Sonne steht, wie er diesen Charakter auslebt (alle 144 Kombinationsmöglichkeiten deutet z.B. Mertz, S. 153–224, s. Literaturverzeichnis).

Die zehn Planeten verkörpern Grundprinzipien des Lebendigen, Antriebskräfte im einzelnen Menschen, Tendenzen, sich unter vorgegebenen Bedingungen in einer bestimmten Art und Weise zu verhalten. Wie dieses Was, also beispielsweise Selbstvertrauen, Mütterlichkeit oder Sinnlichkeit, konkret umgesetzt wird, die Art und Weise, zeigt das Tierkreiszeichen, in dem sich der Planet befindet. Es verleiht dem Planeten ähnlich einer Brille mit getönten Gläsern, durch die man ihn betrachtet, eine gewisse Färbung. So kann sich Sinnlichkeit im Verborgenen manifestieren, sie kann stürmisch ausgelebt werden oder aber zögerlich, mit

Kurz gesagt sind die Planeten das Was im Leben, die Zeichen das Wie im Leben, die Häuser das Wo im Leben und die Aspekte das Wie der Kräfte zweier oder mehrerer Planeten.

einem gewissen Maß an Zurückhaltung. Durch die Widder-Brille betrachtet wird bei den Planeten besonders die Aktivität, das Tun herausgestellt, beim Stier ist es das Konsumieren, das Erwerben, bei den Zwillingen das kommunikative Element und beim Krebs das Gefühl. Die Löwe-Brille unterstreicht das Beherrschende eines Planeten, die Tönung der Jungfrau stellt das Denken genauso in den Vordergrund wie die Waage den Genuss. Skorpion, Schütze und Steinbock lassen alles im Lichte von Engagement, Forscherdrang und Leistungsbereitschaft erscheinen, dem Wassermann geht die Freiheit über alles. Die Schlüsselwörter zu den Tierkreiszeichen sind:

 Widder: Dominant, kraftvoll, begeisterungsfähig, aufrichtig, zielorientiert, heftig, ungeduldig, egoistisch

 Stier: Zuverlässig, warmherzig, bodenständig, beharrlich, Besitz ergreifend, undiszipliniert, schwerfällig

 Zwillinge: Kommunikativ, schlagfertig, intellektuell, scharfsinnig, nüchtern, vielseitig, unruhig

 Krebs: Fantasievoll, liebevoll, sensibel, gefühlsbetont, formbar, fürsorglich, launisch

 Löwe: Großzügig, kreativ, mitteilsam, kraftvoll, liebevoll, strategisch, herrisch

 Jungfrau: Intelligent, bescheiden, kopfbetont, ordentlich, kritisch, pingelig

 Waage: Charmant, elegant, kontaktfreudig, gelassen, gesellig, diplomatisch, leichtgläubig, nachtragend

 Skorpion: Ernsthaft, intuitiv, leidenschaftlich, getrieben, radikal, eifersüchtig

 Schütze: Optimistisch, voller Forscherdrang, philosophisch, idealistisch, wissbegierig, pathetisch, taktlos

 Steinbock: Diszipliniert, pragmatisch, nüchtern, beherrscht, umsichtig, ehrgeizig, berechnend

 Wassermann: Selbstständig, gelassen, originell, aufrichtig, erfinderisch, kreativ, menschlich, distanziert

Fische: Fantasievoll, liebenswürdig, sensibel, biegsam, beeinflussbar, geistesabwesend, weltvergessen

Diese kurze Charakterisierung wird deutlicher, wenn alle Kombinationen von Planeten und Tierkreiszeichen betrachtet werden. Ebenso wird deutlich, dass das Wie, also das Tierkreiszeichen, gegenüber dem Was, dem Planeten, nur von eher untergeordneter Bedeutung ist. Jeder der zehn Planeten, jedes Was, kann sich also auf zwölf Arten zeigen, jedes Grundprinzip hat zwölf Möglichkeiten sich zu konkretisieren. Das Ergebnis einer Deutung der Planetenpositionen in den Tierkreiszeichen, ein Vorgang, der von Astrologen an den Anfang gestellt wird, noch bevor die Häuser, in denen die Planeten stehen, und damit der Teil des Horoskops, der sich auf die 24 Stunden einer Erdumdrehung bezieht, Berücksichtigung finden, kann man kurz gesagt als Analyse des Temperaments bezeichnen.

Üblicherweise wird dabei so vorgegangen, dass nicht der Tierkreis Zeichen für Zeichen durchgesehen wird, sondern es wird danach gefragt, in welchen Zeichen Sonne und Mond stehen. In der Wichtigkeit folgend werden danach die anderen »persönlichen« Planeten, also der Planet, der das aufsteigende Zeichen, den Aszendenten, beherrscht, dann schließlich diejenigen, die die Herrscher der Zeichen sind, in dem die Sonne beziehungsweise der Mond steht, interpretiert. Zuletzt werden die dann noch fehlenden Planeten gedeutet. Da die persönlichen Planeten jeweils individuell bestimmt werden, wurde für die folgende stichwortartige Darstellung aller Planeten-Tierkreiszeichen-Kombinationen die astronomische Reihenfolge der Planeten, beginnend – nach Sonne und Mond – beim sonnennächsten, dem Merkur, gewählt.

Die Planeten in den Tierkreiszeichen

Sonne

Die Sonne gibt Aufschluss über den Eindruck, den ein Mensch in der Öffentlichkeit hinterlässt, wie er von anderen gesehen wird, wie er sich selber darstellt und schließlich über seine Mentalität, seine Denkungsart. Sie gibt den Antrieb dazu, zu werden, was man ist. Sie symbolisiert die Lebensenergie, darum ist ihr auch das Herz zugeordnet. Besonders einflussreich ist die Sonne auf eine Person, wenn sie sich im Löwen befindet.

Eine in Süditalien um 1230 entstandene lateinische Zusammenstellung einer viel älteren Einführung in die Astronomie von Albumasar, das Liber astrologiae, ziert diese Miniatur. An ihren Attributen, Krone und Lichtrad sowie dem Löwen ist die Sonne mit dem von ihr beherrschten Tierkreiszeichen zu erkennen.

Sonne im Widder: Durchsetzungs- und Tatkraft, Pioniergeist, Ungeduld, Draufgängertum.
Sonne im Stier: Sinnesfreude, Materialismus, Sicherheitsdenken, Pragmatismus, Ausdauer, Starr- und Trägheit.
Sonne in den Zwillingen: Kontaktfreude, Neugierde, Anpassungsvermögen, Flexibilität, Vielseitigkeit, Oberflächlichkeit, Sprunghaftigkeit.
Sonne im Krebs: Einfühlungsvermögen, Fürsorglichkeit, Phantasie, Kreativität, Schutzbedürftigkeit, Sensibilität, Wehleidigkeit.
Sonne im Löwen: Selbstbewusstsein, Lebensfreude, Großzügigkeit, Risikobereitschaft, Eitelkeit, Arroganz.
Sonne in der Jungfrau: Vernunft, Konzentration, Ordnungsliebe, Ehrgeiz, Pedanterie, Geiz.
Sonne in der Waage: Harmoniestreben, Charme, Geselligkeit, Bequemlichkeit, Konfliktscheu, Wankelmütigkeit.
Sonne im Skorpion: Instinkt, Leidenschaft, Widerstandfähigkeit, Eifersucht, Dogmatismus.
Sonne im Schützen: Idealismus, Freiheitsstreben, Toleranz, Zielstrebigkeit, Engagement, Überheblichkeit.
Sonne im Steinbock: Fleiß, Ausdauer, Ehrgeiz, Pflichtgefühl, Strenge, Starrköpfigkeit.
Sonne im Wassermann: Originalität, Ideenreichtum, Provokationslust, Individualismus, Kühle, Exzentrik, Unzuverlässigkeit.
Sonne in den Fischen: Sensibilität, Hilfsbereitschaft, Mystik, Beeinflussbarkeit, Undurchsichtigkeit, Suchtgefährdung.

Mond

Aufgrund seiner Phasen wird der Mond mit dem Wandel in Verbindung gebracht, aber auch mit Sensibilität, Intuition und Instinkt. Er symbolisiert die dunkle Seite des Menschen, das seelisch Unbewusste, die Phantasie und die schöpferische Kraft. Sein Einfluss ist beson-

Mond im Widder: Idealismus, Impulsivität, Ungeduld, Begeisterungsfähigkeit.
Mond im Stier: Genussfähigkeit, Realismus, Naturliebe, Gruppenabhängigkeit, Bequemlichkeit.
Mond in den Zwillingen: Kontaktfreudigkeit, Scheinintellekt, Oberflächlichkeit, Verdrängung, Gefühlsschwankungen.
Mond im Krebs: Empfindungsfähigkeit, Einfühlungsvermögen, traditionelle Bindungen, Mütterlichkeit, Schutzbedürfnis, Schüchternheit, Labilität.
Mond im Löwen: Großzügigkeit, Optimismus, Egozentrik, Verletzlichkeit, Kritikunfähigkeit, Stolz.
Mond in der Jungfrau: Emotionale Vernunft, Gefühlskontrolle, Berechenbarkeit, Kälte.
Mond in der Waage: Harmoniebestreben, Taktgefühl, Kreativität, Furcht vor Einsamkeit, Gefühlsopportunismus.
Mond im Skorpion: Gefühl und Leidenschaft, Sinnlichkeit, wechselhaftes Schicksal, Prinzipientreue, starke Vorurteile.
Mond im Schützen: Seelische Toleranz, emotionaler Erkenntnisdrang, emotionale Überheblichkeit, Geltungssucht.
Mond im Steinbock: Emotionale Zurückhaltung, Treue, Ernsthaftigkeit, Zuverlässigkeit, starke Bindungen, Pessimismus, Hysterie.
Mond im Wassermann: Spontaneität, Unabhängigkeit, Angst vor emotionaler Festlegung, Unberechenbarkeit, Unbeständigkeit.
Mond in den Fischen: Offenheit, Toleranz, Sentimentalität, Phantastereien.

ders stark, wenn er im Krebs steht, da er dort seine ihm verwandte Kraft findet.

Merkur

Als Planet, der besonders mit dem Intellekt in Verbindung gebracht wird, gleichzeitig aber auch für Lernen und Kommunikation steht, ist sein Einfluss besonders in den Zwillingen und in der Jungfrau groß, denn dort verstärkt er die schon diesen Zeichen zugesprochenen kommunikativen bzw. intellektuellen Faktoren. Wer einen guten Merkur hat, findet zur rechten Zeit das rechte Wort, heißt es. Steht er gut, in günstigen Aspekten, ist man mit rascher Reaktionsgabe, einem schnellen Verstand und Redegewandtheit ausgestattet, steht er schlecht, wird sein Einfluss zu Neid, Voreiligkeit und manchmal Betrug.

Merkur im Widder: Vorwärtsdrängender Geist, schnelle Auffassungsgabe, Kritiklust, Subjektivität, Nervosität.
Merkur im Stier: Pragmatischer Verstand, langsame Auffassungsgabe, Geschäftssinn, Beeinflussbarkeit.
Merkur in den Zwillingen: Geistige Beweglichkeit, gutes Reaktionsvermögen, Vorliebe für Denkspiele, Abstraktionsfähigkeit, Besserwisserei, Schwatzhaftigkeit.
Merkur im Krebs: Kreatives Denken, Redegewandtheit, Naivität, Stimmungsabhängigkeit.
Merkur im Löwen: Schöpferischer Geist, intellektuelle Dominanz, Selbstherrlichkeit, Eitelkeit in bezug auf den Verstand, Prahlerei.
Merkur in der Jungfrau: Pragmatisch-realistischer Verstand, Forschergeist, Opportunismus, Berechnung.
Merkur in der Waage: Harmonisierendes Denken, Kunstverstand, Spielneigung.
Merkur im Skorpion: Dogmatisch-kämpferisches Denken, Problembewusstsein, schwarzer Humor.
Merkur im Schützen: Fähigkeit zur Aussöhnung von Meinungen, intellektuelle Toleranz, Nachlässigkeit in Details, Geltungssucht.
Merkur im Steinbock: Ernsthaftes, logisch-präzises, konventionelles und langsames Denken, Ausdauer, Sarkasmus.
Merkur im Wassermann: Irrational-sprunghaftes, unkonventionelles, schnelles Denken, Schlagfertigkeit.
Merkur in den Fischen: Schöpferisches, freies, undogmatisches Denken, Toleranz, Intuitivität, Überspanntheit, Weltfremdheit.

Der Planet, der laut Albumasar die Wissenschaften fördert und darum ein aufgeschlagenes Buch als Attribut zugeordnet bekommt, ist Merkur. Neben diesem die von ihm beherrschten Zeichen Jungfrau und Zwillinge. Ebenfalls aus dem Liber astrologiae von Georgius Fendulus.

Venus

Venus war die Göttin der Liebe und so steht auch ihr Planet dafür, ebenso wie für Harmonie, Sinnesfreude, Leidenschaft, Lust, Erotik und Sexualität, Kunstsinn und Weiblichkeit. Da er hauptsächlich mit positiven Wirkungen in Verbindung gebracht wurde, nannte man ihn – wie auch Jupiter – Wohltäter. Besonders stark ist sein Einfluss, wenn er in Stier oder Waage steht.

Venus im Widder: Starke erotische Energie, Begeisterungsfähigkeit, Temperament, Mangel an Fingerspitzengefühl.
Venus im Stier: Erdgebunden, Charme, Sinnlichkeit, Beständigkeit, Geselligkeit, erotische Passivität, Bequemlichkeit.
Venus in den Zwillingen: Kontaktfähigkeit, Promiskuität, Selbstdarstellungsdrang, Oberflächlichkeit, Angst vor emotionaler Tiefe.

Venus wird von den Fischen erhöht, sie wird von diesem Zeichen positiv beeinflusst. In der einen Hand hält sie ein altes Musikinstrument, ein Psalterium, in der anderen einen Trinkbecher, denn der Text Albumasars verweist bei Venus auf Weingenuss und die Musik. Miniatur aus dem Liber astrologiae.

Venus im Krebs: Hingabefähigkeit, Einfühlungsvermögen, Familiensinn, Verletzlichkeit.
Venus im Löwen: Lebensfreude, Sinnenfreude, liebt das Auffällige, Pompöse, die Zurschaustellung, Eitelkeit.
Venus in der Jungfrau: Tendenz zur emotionalen Kontrolle, gute Menschenkenntnis, mangelnde Eigenständigkeit, Bigotterie.
Venus in der Waage: Romantisch, künstlerische Begabung, Geschmack, Wankelmütigkeit.
Venus im Skorpion: Leidenschaftlichkeit, Hingabe, Eifersucht, große Konfliktpotenziale.
Venus im Schützen: In Beziehungen tolerant und optimistisch, Maßlosigkeit in der Liebe, Neigung zu Dreiecksbeziehungen, überhöhte Erwartungen an die Partnerschaft.
Venus im Steinbock: Zuverlässig und ernsthaft in der Liebe, Treue, Anhänglichkeit, Mangel an Genussfähigkeit, Hemmungen, Kühle.
Venus im Wassermann: Erotisch unkonventionell, Unabhängigkeit, Unberechenbarkeit, Sprunghaftigkeit.
Venus in den Fischen: Altruismus, Idealismus und Romantik in der Partnerschaft, Sehnsucht, uninteressiert am Materiellen, Tagträumereien.

Mars

Auch für den Mars gilt, dass ihm, wie der Venus, Wirkungen nachgesagt werden, die durch die mythologischen Vorstellungen geformt sind, die sich die Griechen von ihrem Gott machten. War Ares, römisch Mars, der Gott des Krieges, also ein kämpferischer, aggressiver, impulsiver Bewohner des Olymp, so wird der Einfluss des gleichnamigen Planeten dementsprechend als besonders groß in bezug auf aggressive Tendenzen, auf Leidenschaft, Leistungsorientierung und Initiative gesehen. So wie Venus für die weibliche Seite, ist Mars für die männliche Seite einer Persönlichkeit »zuständig«. Er symbolisiert allgemein die instinktiven Anteile am Menschsein, Trieb- und Tatkraft und beherrscht das Tierkreiszeichen Widder. Als letztem der persönlichen Planeten kommt seiner Zeichenstellung gerade noch eine individuelle Bedeutung zu, wenn diese auch leicht durch Häuserstellungen und Aspekte überlagert wird.

Mars im Widder: Handlungsdrang, Tatkraft, wenig Ausdauer, Streitlust, Reizbarkeit, Rechthaberei.
Mars im Stier: Beständigkeit und Ausdauer im Durchsetzen von Eigeninteressen, Erwerbstrieb, Eigensinnigkeit, Sturheit.
Mars in den Zwillingen: Flexibilität, Entschlussfähigkeit, Beweglichkeit, Narzissmus, Flatterhaftigkeit, Verzettelung.
Mars im Krebs: Kreatives Durchsetzen von Eigeninteressen, Beschützertrieb, Angst vor direkter Konfrontation, Stimmungsabhängigkeit, Antriebsschwäche.
Mars im Löwen: Hohes Energiepotenzial, Selbstvertrauen, Führungswille, Selbstherrlichkeit, Faulheit, Selbstgerechtigkeit, Rechthaberei, Eitelkeit.
Mars in der Jungfrau: Pragmatismus, Wissensdurst, Methodik, Ehrgeiz, Mangel an Spontaneität.
Mars in der Waage: Kontaktfreudigkeit, Liebessehnsucht, Gruppenarbeiter, Unsicherheit, Konfliktangst.
Mars im Skorpion: Willenstärke, Durchsetzungskraft, explosive Triebkraft, Konsequenz, Unzufriedenheit.
Mars im Schützen: Instinktive Toleranz und Führungsanspruch, Abenteuerlust, Risikobereitschaft, Gier, Maßlosigkeit, Geltungssucht.
Mars im Steinbock: Durchsetzungskraft, Selbstständigkeit, Zuverlässigkeit, Ernsthaftigkeit, Selbstdisziplin, Hemmungen.
Mars im Wassermann: Reformbereitschaft, Sprunghaftigkeit, multitaskingfähig, Konzentrationsstörungen, schizoid.
Mars in den Fischen: Offenheit, Hingebungsdrang, Toleranz, Einfühlsamkeit, soziales Engagement, Melancholie.

Stehen die Planeten in den Tierkreiszeichen, die von ihnen beherrscht werden, wird ihr Einfluss verstärkt. Nach welcher Regel die Zuordnung erfolgte, veranschaulichte ein französischer Buchillustrator im 15. Jh.: Gegenüberliegende Tierkreiszeichen wurden, ihrer Reihenfolge am Himmel nach, jeweils einem Planeten zugeordnet. Von den zwei übrigen Zeichen ging das stärkere, der Löwe, an die Sonne, für den Mond blieb der Krebs.

Jupiter

»Erweiterung«, in geistiger aber auch körperlicher Hinsicht, heißt das Schlüsselwort, um den Einfluss Jupiters zu charakterisieren. Erweiterung, Entfaltung, Verwirklichung des Bestmöglichen in bezug auf die von der Sonne gelegten Anlagen. Der Planet, der besonders stark im Schützen wirkt, fördert Treue und Gerechtigkeit und führt zu – manchmal übermäßigem – Optimismus. Einem Göttervater gemäß symbolisiert Jupiter auch Autorität, Ehrgefühl und Würde, aber auch Hochmut und Stolz. Er und Saturn haben aufgrund ihrer Stellung im Planetensystem weder eindeutig individuelle noch generationsübergreifende Einflüsse. Für die folgenden Charakterisierungen gilt darum noch mehr das, was bereits für die Marsdeutungen gesagt wurde.

Jupiter als Herrscher über Fische und Schütze, ebenfalls im Liber astrologiae des Georgius Fendulus, eines Astrologen am Hofe Kaiser Friedrichs II.

Jupiter im Widder: Ideenreichtum, Führungsqualitäten, Freiheitsbedürfnis, Eigeninitiative, Übereifer, Fanatismus.
Jupiter im Stier: Großzügigkeit, Genussfreude, Glück, Solidarität, Hilfsbereitschaft.
Jupiter in den Zwillingen: Sorglosigkeit, geistige Beweglichkeit, gesellschaftliche Gewandtheit, Reiselust, Opportunismus.
Jupiter im Krebs: Gefühlsreichtum, Familiensinn, Häuslichkeit, Verführbarkeit.
Jupiter im Löwen: Führungswille, Beliebtheit, Großzügigkeit, Ehrgeiz, Hochmut.
Jupiter in der Jungfrau: Organisationstalent, Pflichtbewusstsein, Fleiß, Sparsamkeit, Spießbürgerdenken.
Jupiter in der Waage: Gerechtigkeitssinn, Erfolg in Beziehungen, Verhandlungsgeschick.
Jupiter im Skorpion: Leidenschaft, Prinzipientreue, Charisma, Triebhaftigkeit, Willensstärke, Aggressivität, Ehrgeiz, Stolz.
Jupiter im Schützen: Moralische Integrität, Gerechtigkeitsdenken, Idealismus, Fanatismus.
Jupiter im Steinbock: Vertrauenswürdigkeit, soziale Einsatzbereitschaft, Politiksinn, Pessimismus.
Jupiter im Wassermann: Positivismus, Ideenreichtum, Risikobewusstsein, Humor, Egoismus.
Jupiter in den Fischen: Altruismus, Hingabe, großes Kunstgefühl, Pazifismus, interessiert an spirituellen Themen.

Saturn

Wie die Nachbarplaneten Venus und Mars für die weibliche respektive männliche Seite einer Persönlichkeit stehen, so bilden Jupiter und Saturn, der Schicksalsplanet, ebenfalls zwei Kehrseiten einer Medaille. Steht Jupiter für Erweiterung, für das Gebotene, so steht der letzte der mit bloßem Auge erkennbaren Planeten, Saturn, für Einschränkung und Kontrolle, für das Verbotene. Wie Venus und Jupiter als Wohltäter galten, so galt er als Übeltäter, das »große Unglück«, unter den Planeten. Als mythologischer Vater Jupiters verfügte Saturn über Autorität, der Volksmund sagt: Wer einen guten Saturn hat, setzt sich langsam aber sicher durch. Ausdauer und Beharrlichkeit – Deutungen, die heute noch mit seinem Einfluss in Verbindung gebracht werden. Auch Schutz, Schmerz und das Gedächtnis sind Begriffe, die mit Saturn verbunden werden, im Extrem Pessimismus, Kälte, Verbissenheit und Depression. Sein Einfluss potenziert sich im Steinbock.

Saturn im Widder: Unabhängigkeit, Ausdauer, Disziplin, Rücksichtslosigkeit.
Saturn im Stier: Sparsamkeit, Geduld, Sicherheitsdenken, Workaholic.
Saturn in den Zwillingen: Gründlichkeit, wissenschaftliches Denken, Profilverlust.
Saturn im Krebs: Mütterlichkeit, Geduld, Verantwortung, Liebessehnsucht.
Saturn im Löwen: Zuverlässigkeit, Entschlossenheit, Autorität, Verzicht.
Saturn in der Jungfrau: Verantwortungsbereitschaft, Pflichterfüllung, Aufopferung, Kritikfreude.
Saturn in der Waage: Fleiß, Beharrlichkeit, Vernunft im Gefühlsleben.
Saturn im Skorpion: Hartnäckigkeit, Lebensernst, Prüfung der Leidenschaften.
Saturn im Schützen: Aufrichtigkeit, Robin-Hood-Syndrom, Gerechtigkeitssinn, missionarisch.
Saturn im Steinbock: Selbstsicherheit, Umsicht, Konzentration, Arroganz, Sparsamkeit.
Saturn im Wassermann: Reformstreben, soziale Verpflichtung, Zähigkeit.
Saturn in den Fischen: Gefühlstiefe, Bescheidenheit, Mitgefühl, Opferbereitschaft, Einsamkeitssehnsucht, Okkultismus.

Saturn im Zeichen des Steinbocks.
Reste einer ursprünglich aus dem 14. Jh. stammenden Freskierung sind im Kommunalpalast in Padua zu sehen. Es scheint das erste Mal zu sein, dass ein solches Bauwerk mit einem astrologischen Figurenprogramm geschmückt wurde. Von den Fresken Giottos, des berühmtesten Malers der Zeit, ist jedoch kaum etwas erhalten. Auch Saturn, der statt der üblichen Sense eine Fahne trägt, ist ein Ergebnis vielfältiger Übermalungen.

Uranus

Der Einfluss eines mit Uranus verbundenen Zeichens ist, ebenso wie der der beiden noch folgenden Planeten, relativ gering, denn da sie zwischen 7 und 32 Jahren in ein und demselben Zeichen stehen, wirken sie gleichermaßen auf Millionen von Menschen. Darum führt eine detailliertere Betrachtung dieser drei Planeten in den Tierkreiszeichen bezüglich der Deutung individueller Horoskope zu wenig brauchbaren Aussagen. Allgemein lassen sich mit Uranus Veränderung und Störungen verbinden, die Abweichungen von der Norm signalisieren, das Prinzip Mutation. Er symbolisiert die Intuition, das Hinwegsetzen über Traditionen und Erfahrungen und findet seine verwandte Kraft im Wassermann.

Neptun

Verschwommen wie Dinge im Wasser, über das der Meeresgott Neptun gebietet, sind die durch diesen Planeten symbolisierten Themen. Mit dieser Unklarheit einher geht die – der langsamen Bewegung des Planeten geschuldete - unmerkliche Veränderung, die man dem Einfluss Neptuns ebenfalls nachsagt. Er symbolisiert das Mystische, Mantik und Okkultismus, animalische Urinstinkte und Fantasien, aber auch Selbstlosigkeit und Selbstvergessenheit.

Pluto

Auch bei Pluto überlagert der Generationeneinfluss seine Bedeutung für einzelne Schicksale. Manche Astrologen bringen umwälzende Ereignisse mit seinem Wechsel von einem Tierkreiszeichen in ein anderes in Zusammenhang, was jedoch nicht immer gelingt und darum konstruiert wirkt. Richtig ist, dass seine letzten Eintritte in den Krebs (1914) und in den Löwen (1939) mit dem Ausbruch beider Weltkriege zusammenfielen, für 1995, seinen letzten Wechsel (in den Schützen), lässt sich dazu kein welthistorisches Pendant finden. Umgekehrt beharrte er 1989, dem Ende des Kalten Krieges, ganzjährig im Löwen. Wenn überhaupt, so lassen sich Pluto sprunghafte Veränderungen, seinem mythischen Namensgeber, dem Gott der Unterwelt, gemäß Sterben und Tod zuordnen. Er wird als höhere Stufe des Mars angesehen, ähnliche Zusammenhänge werden von einigen Astrologen zwischen Uranus und Merkur bzw. Neptun und Venus gesehen. Der am weitesten entfernte Planet des Sonnensystems beherrscht das Tierkreiszeichen Skorpion.

Die Planeten in den Häusern

Für die astrologische Interpretation eines Horoskops bildet die Hauspositionen der Planeten den wichtigsten Faktor. In den Häusern findet das Leben statt, sie sind der Ort, das »Wo«, in dem die durch die Tierkreiszeichen markierten Grundveranlagungen zur Umsetzung kommen, wo sich der betreffende Planet manifestiert, ob – und das zeigen dann neben dem Tierkreiszeichen die Aspekte und das Gesamtbild –

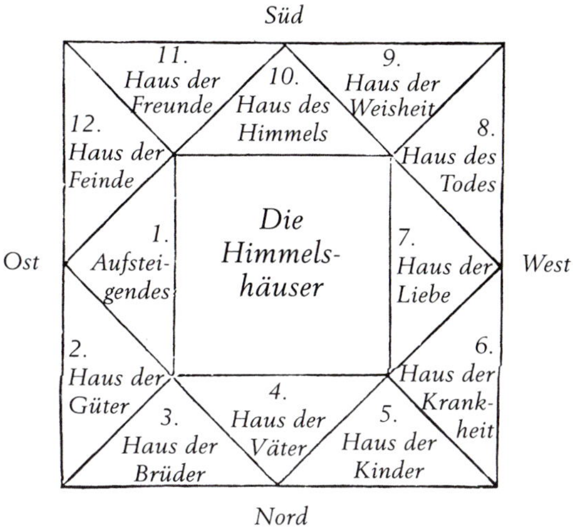

Die Himmelshäuser mit den ihnen zugeschriebenen Bedeutungen.

zum Guten oder zum Schlechten. Die Häuser sind neben dem Aszendenten dasjenige Element des Horoskops, das die genaueste und individuellste Deutung zulässt, da sich die Häuserpositionen, unabhängig vom gewählten Häusersystem, am schnellsten ändern, schneller als die Position jedes Planeten in den Tierkreiszeichen. Zur Erinnerung: Alle wichtigen Häusersysteme beginnen mit der Zählung beim Aszendenten, bei ihm liegt die Spitze des ersten Hauses. Schon bei zwei Personen, die am selben Ort, jedoch im Abstand von 4 Minuten geboren wurden, hat sich der Aszendent – und damit alle Häuser – um ein Grad verschoben. Während der schnellste »Planet«, der Mond, ca. 2,5 Tage benötigt, um ein Tierkreiszeichen zu wechseln, durchwandern alle Planeten an einem Tag alle 12 Häuser, stehen durchschnittlich nur 2 Stunden in jedem Haus. Da dies wie gesagt für alle Planeten gilt, hat – im Gegensatz zu ihrer Tierkreiszeichenstellung – die Hausstellung des schnellsten Planeten, des Mondes, in der Deutung ein ähnlich großes Gewicht wie die des langsamsten, Pluto.

Die zwölf Häuser, Felder oder Orte – alle Bezeichnungen werden synonym benutzt – lassen sich, ähnlich wie die Tierkreiszeichen, in vier Gruppen einteilen, jedoch nicht in Feuer, Luft, Erde und Wasser, sondern – gemäß den Bereichen, dem »Wo«, in denen ihnen eine Bedeutung zukommt – in persönliche, stoffliche, geistige und seelische Häuser. So gilt das 1. Haus als persönliches, das 2. Haus als stoffliches, das 3. als geistiges Haus usw. Was damit gemeint ist, wird unmittelbar aus der Kurzbeschreibung jedes Hauses auf den nun folgenden Seiten deutlich, auf die jeweils die Deutung aller Planetenstände im jeweiligen Haus folgt.

Das erste Haus

Das erste Haus, verwandt mit dem kardinalen, vom Mars beherrschten Feuerzeichen Widder, gibt Auskunft über das Bild, das man von sich hat, und darüber, wie man gerne gesehen werden möchte. Zugehörige Begriffe sind Persönlichkeit, körperliche und geistige Anlagen, Selbstdarstellung, Egozentrik. Es stimmt zumindest teilweise mit dem Aszendenten überein und ist quasi die Startposition für den Lebenslauf. Seine Spitze, also der Beginn des Hauses, wird auch als »Ich-Punkt« bezeichnet.

Sonne im I. Haus: Unabhängig, selbstbewusst, eigenständig, egozentrisch, undiplomatisch.
Mond im I. Haus: Sensibilität, künstlerische Begabung, Anpassungsgabe, Selbstfixierung.
Merkur im I. Haus: Schnelle Auffassungsgabe, Lebensklugheit, eigenständig im Denken, Egoismus.
Venus im I. Haus: Charme, hingabefähig, leichtlebig, Ehrgeiz, Geltungsbedürfnis.
Mars im I. Haus: Führungsanspruch, Aggressivität, Durchsetzungskraft, Ungeduld, Eile, Egoismus.
Jupiter im I. Haus: Offenheit, Ehrlichkeit, Optimismus, große Ausstrahlung, selbstherrlich, sich selbst gegenüber unkritisch.
Saturn im I. Haus: Pflichtgefühl, konsequent, ausdauernd, schüchtern, vorsichtig, konservativ.
Uranus im I. Haus: Originalität, Unabhängigkeit, Sprunghaftigkeit, unberechenbar, Aggressionshemmung.
Neptun im I. Haus: Idealismus, künstlerisch-mediale Anlagen, Einfühlungsvermögen, verträumt, labil, durchsetzungsschwach.
Pluto im I. Haus: Zielstrebig, Forscherdrang, unbeirrbar, Charisma, Herrschsucht, zwanghafte Tendenzen.

Soeben hat Mars mit seinem Richtschwert einen Gefangenen geköpft – Lanze und Schwert typisieren ihn als Krieger. Gemeinsam mit den von ihm beherrschten Zeichen Widder und Skorpion ist auch er im Liber astrologiae des Fendulus präsent.

Das zweite Haus

Als stoffliches Haus, verwandt mit dem fixen von der Venus beherrschten Erdzeichen Stier, zeigt das zweite Haus die Einstellung des Horoskop-Eigners zum Mate-

Sonne im 2. Haus: Zuverlässig, pragmatisch, genussfreudig, gesellig, unflexibel, neigt zu Vorurteilen.
Mond im 2. Haus: Sicherheitsstreben, Spekulationsgefährdung, Gemütlichkeit, Existenzangst.
Merkur im 2. Haus: Pragmatisches und ökonomisches Denken, Geschäftsbegabung.
Venus im 2. Haus: Kunstgefühl, Schaffenskraft, Sammelleidenschaft, Vergnügungssinn, Existenzangst, Sicherheitsbedürfnis.
Mars im 2. Haus: leidenschaftlich, kraftstrotzend, großzügig, genusssüchtig, Angst vor Risiken und materiellen Verlusten.
Jupiter im 2. Haus: Geschäftsglück, Wohlstand, beruflicher Erfolg, Großzügigkeit, Existenzangst, materialistisch.
Saturn im 2. Haus: Vorsichtig, misstrauisch, geizig, sparsam.
Uranus im 2. Haus: Instabile materielle Existenz, finanzielle Spekulationen, wurzellos.
Neptun im 2. Haus: Instinkt für materielle Entwicklungen, großzügig, orientierungslos, labile Gesundheit.
Pluto im 2. Haus: Sinnlich, Sammelleidenschaft, Geschäftssinn, Leidenschaft, Existenzangst, Geiz.

riellen, zu Geld und Besitz, generell zum Geben und Nehmen, zum Umgang mit Materien und Substanzen. Seine Spitze ist der »Vermögenspunkt«.

Das dritte Haus

Früher Geschwisterhaus genannt – da zu ihnen die ersten Kontakte geschaffen wurden – geht es in ihm um Kommunikationsmöglichkeiten und Umgangsformen im Alltag. Als geistiges Haus mit Analogie zum flexiblen, vom Merkur beherrschten Luftzeichen Zwillinge, ist es der Ort, an dem man symbolhaft Klarheit über die sprachliche Gewandtheit, den praktischen Intellekt und die schriftliche Ausdrucksmöglichkeit erhalten kann. Wissen, Sprache, Verstehen und das Bewusstsein sind die Gebiete, über die das dritte Haus Auskunft gibt. »Kommunikationspunkt« heißt seine Spitze.

Sonne im 3. Haus: Flexibel, schnell im Kopf, kommunikativ, eitel, eingeschränkt bindungsfähig, flatterhaft.
Mond im 3. Haus: Emotionales Denken und Sprechen, im Extremfall Demagoge, Gespür für Kontakte, Scheinintellekt.
Merkur im 3. Haus: Sehr kommunikativ, starke Neugier, vielseitige Interessen, Verhandlungsgeschick, Sprach- und Schreibbegabung.
Venus im 3. Haus: Liebt intellektuelle Herausforderungen, für Flirts empfänglich, Geschäftssinn, Oberflächlichkeit, zahlreiche Bekanntschaften.
Mars im 3. Haus: Hartnäckigkeit, »scharfe Zunge«, Bewegungsdrang, Streitlust, rücksichtslos, verletzend.
Jupiter im 3. Haus: Analytische Begabung, Bildungsdrang, starkes Kontaktbedürfnis, Angeber.
Saturn im 3. Haus: Sensibel, praktisch, tiefschürfend, Kontaktschwierigkeiten.
Uranus im 3. Haus: Selbstdarstellungsdrang, kreative Intelligenz, Originalität, Besonnenheit, stur.
Neptun im 3. Haus: Intuitives Denken, erfinderisch, fantasievoll, mangelnde Klarheit im Ausdruck, unsicher.
Pluto im 3. Haus: Selbstsicherheit, Neugier, Mitteilungsbedürfnis, rhetorische Fähigkeiten, Arroganz.

Das vierte Haus

Als erstes seelisches Haus – es steht in Analogie zum kardinalen, vom Mond beherrschten Wasserzeichen

Sonne im IV. Haus: Familiensinn, verschlossen, kontaktgehemmt.
Mond im IV. Haus: Hypersensibilität, Heimsehnsucht, Geborgenheitssehnsucht, extremes Mutterverhältnis, Überempfindlichkeit, Gefühlsduselei.
Merkur im IV. Haus: Intensiver Elternkontakt, Tendenz, Gefühle zu beschreiben, Geschichtsinteresse.
Venus im IV. Haus: Starke Bindungen an Haus und Heim, Gemütlichkeit, künstlerische Begabung.
Mars im IV. Haus: Selbstkritisch, familiäre Spannungen, Neigung zu Autoaggression.
Jupiter im IV. Haus: Glück in der Familie, traditionsbewusst, Interesse an Geschichte.
Saturn im IV. Haus: Diszipliniertes Gefühlsleben, häufig streng erzogen, ernsthaft, Gefühlsblockade, Berührungsängste.
Uranus im IV. Haus: Seelische Empfindsamkeit, Ungeborgenheit in der Familie, sprunghaftes Loslösen, Angst vor eindeutigen Empfindungen.
Neptun im IV. Haus: Starke Empfindsamkeit, spirituelle Veranlagung, schwere Kindheit, kompliziertes Mutterverhältnis.
Pluto im IV. Haus: Fähigkeit zu intensivsten Empfindungen, Selbstdisziplin, extreme Stimmungsschwankungen, Zweckoptimismus, Ehrgeiz, Machtanspruch.

Krebs – und früher vereinfachend »Elternhaus« genannter Teil des Häusersystems erfährt man in ihm etwas über Herkunft und Familie, über geistige, familiäre und gesellschaftliche Heimat. »Herkunftspunkt« ist daher die Bezeichnung der zugehörigen Häuserspitze.

Das fünfte Haus
Nach Geschwister- und Elternhaus kam früher als sechstes Haus das Haus der Kinder. Es ist verwandt mit dem fixen, von der Sonne beherrschten Feuerzeichen Löwe. Kreativität und Lebenslust spiegelt dieses zu den persönlichen Häusern zählende Haus wieder, vor allem aber auch Erotik und Fortpflanzungsmöglichkeiten. Kinder gehören also auf jeden Fall dazu, jedoch auch Spiel, Sport und Freizeit. Ähnlich wie die Bereiche der anderen Häuser lässt sich der Lebensbereich, über den das Haus Auskunft gibt, stichwortartig mit Hilfe der Häuserspitze merken, die hier »Triebpunkt« heißt.

Sonne im 5. Haus: Lebensdrang, prägender Vaterbezug, Angst vor Verantwortung, wehleidig, egoistisch.
Mond im 5. Haus: Romantische Sehnsüchte, emotional geprägtes Verhalten, Vaterproblematik, unbeständig.
Merkur im 5. Haus: Risikobereitschaft, intellektuell, Eigenliebe, Snobismus.
Venus im 5. Haus: Erfüllte Sexualität ist Glücksvoraussetzung, künstlerische Neigungen, Verführungsgabe, Darstellungstrieb, eitel.
Mars im 5. Haus: Hohes Energiepotenzial, unkonventionelles Liebesleben, Gerechtigkeitsempfinden, Sportleidenschaft, risikofreudig, eigensinnig, stolz, eitel.
Jupiter im 5. Haus: »Königskonstellation«, Erfolg, starke Genussorientierung, Enthusiasmus, Risikobereitschaft, großspurig, naiv, Selbstüberschätzung.
Saturn im 5. Haus: Konsequent, rational, humorlos, ehrgeizig, depressiv, extremer Vatereinfluss.
Uranus im 5. Haus: Kreativ, künstlerisch veranlagt, Angst vor Konventionen und davor, festgelegt zu werden.
Neptun im 5. Haus: Sensitives Handeln, leichtgläubig, animalische Triebhaftigkeit, instinktive Lust, Gefühlsverleugnung.
Pluto im 5. Haus: Machtorientiert, prinzipientreu bis dogmatisch, Mangel an Spontaneität, Probleme in der Sexualität.

Das sechste Haus

Dem zweiten stofflichen Haus, früher »Krankheitshaus«, sind Gesundheit und Arbeit zugeordnet. Mit seiner Spitze, dem »Kraftpunkt«, demonstriert es, dass es bei beidem auf die Kraftreserven ankommt, über die der Horoskop-Eigner verfügt. Symbolisiert wird zudem das Dienen, die Bereitschaft zum Opfer, zur Hingabe, zur Identifizierung mit einer Aufgabe. Es ist verwandt mit dem flexiblen, von Merkur beherrschten Erdzeichen Jungfrau.

Sonne im 6. Haus: Zuverlässig, pragmatisch, ordentlich, pflichtbewusst, farblos, autoritätsgläubig.
Mond im 6. Haus: Analytisches Denken, Gefühlsseismograph, innerer Stress, Gefühlskontrolle, psychosomatische Gefährdung, kritikanfällig.
Merkur im 6. Haus: Arbeitsfleiß, Organisationstalent, ausgeprägte Reflexe, Nutzen wichtiger als Moral, viele Sorgen.
Venus im 6. Haus: Pragmatisches Verhältnis zur Erotik, Lebenslust, Scheinhingabe, Hilfsbereitschaft, »no sports«.
Mars im 6. Haus: Leistungsorientiert, Arbeitswut, ungeduldig, nervös, leicht gelangweilt, krankheitsanfällig.

Jupiter im 6. Haus: Führungsbegabung, leistungsfähig, großzügig, sprachbegabt, hilfsbereit, schlampig, phlegmatisch.
Saturn im 6. Haus: Starke Selbstkontrolle, Pflichterfüllung, soziale Ader, Gesundheitsgefährdung, risikoscheu.
Uranus im 6. Haus: Anfällig für Krankheiten durch Anspannung, unsteter Lebensrhythmus, Widerspruch als Selbstzweck.
Neptun im 6. Haus: Freiheit zur Unvernunft, größtmögliche Individualität, Hypochondrie, psychosomatische Anfälligkeit.
Pluto im 6. Haus: Extrem leistungsorientiert, selbstbewusst, masochistische Tendenzen, Neigung zur Zwanghaftigkeit.

Das siebte Haus

Auch das siebte Haus zählt zu den drei geistigen Häusern und steht in Analogie zum kardinalen, von der Venus beherrschten Luftzeichen Waage. Wie beim drit-

Die astrologischen Bezeichnungen und Inhalte der Horoskophäuser

1	Aszendent *(Horoskopos, Anatole) locus geniturae*	*vita* – Leben	Persönlichkeit (ego): Individualität, geistiges Sein
2	Porta inferna *locus pecuniae*	*lucrum* – Reichtum	Hab und Gut: Eigentum, Reichtum, physisches Sein
3	Bona dea, thea	*fratres* – Geschwister	Kommunikation: Beziehungen, nahe Wege, Korrespondenz, Annäherung, Wissenschaft
4	Imum coeli *(hypogeion)*	*genitor* – Erzeuger	Herkunft (id): Heim, Familie, Vorfahren, Landsleute, Vaterland
5	Bona fortuna *(agathe tyche)*	*natio* – Nachkommenschaft	Liebe: Vergnügen, Versuchung, Freude, Spiele, Nachkommen
6	Mala fortuna *(kake tyche)*	*valetudo* – Gesundheit	Schicksal: Gesundheit, Beschäftigung, Streben
7	Deszendent *(occasus, dysis)*	*uxor* – Gattin	Partnerschaft (alter ego): Ehe, Vertragsbeziehungen
8	Porta superna *(argon) locus piger*	*mors* – Tod	Tod: Wandel, Erbschaft, fremder Reichtum
9	Peregrinationes *(deus, helion, gloria) locus dei*	*pietas* – Frömmigkeit	Glaube: weite Wege, Fremde, Ferne, Trennung
10	Medium coeli *(mesuranema, hypergeion, honores)*	*regnum* – Regierung	Stellung (Super ego): Ehre, Ehrgeiz, Ehrungen
11	Bonus daemon, genius *(agathosdaimon) locus diei*	*beneficio* – Wohltätigkeit	Freundschaft: Gesellschaft, Zufälle
12	Malus daemon, genius	*carcer* – Gefängnis	Beschränkung: Barrieren, Nachstellungen, Schwierigkeiten, Verluste, Isolation

ten Haus geht es in ihm um Kommunikation, jedoch begrenzt auf eine Person, auf den Partner. Aus der Zeit, als Partnerschaft noch gleichbedeutend war mit Ehe, stammt daher auch der alte Name »Ehehaus«. Inzwischen sieht man die Aussagemöglichkeiten viel umfassender, Partnerschaft kann auch im beruflichen Bereich gemeint sein. Immer jedoch handelt es sich um einen Gegenüber, mit dem man eng verbunden ist, eine enge Du-Beziehung, die zur Benennung der Häuserspitze mit »Du-Punkt« geführt hat. Nicht zufällig liegt er dem Ich-Punkt des ersten Hauses gegenüber.

Sonne im VII. Haus: Kontaktfreudigkeit, abhängig, lebenslange Bindungen, extreme Trennungsangst, unselbstständig.
Mond im VII. Haus: Starke Partnerschaftsbindung, Popularität, stimmungsabhängig.
Merkur im VII. Haus: Intellektuelle Partnerschaftsbeziehung, ästhetisches Denken, vermittelnd, harmoniesüchtig, Konfliktangst.
Venus im VII. Haus: Starkes Kontaktbedürfnis, Anlehnungsbedürfnis, auf Äußerlichkeiten fixiert.
Mars im VII. Haus: Konfliktorientiertes Denken, geistige Beweglichkeit, vitales Sexualleben, kämpferische Auseinandersetzungen.
Jupiter im VII. Haus: Erfolg durch andere, beliebt, Bindungsprobleme, Minderwertigkeitsgefühle.
Saturn im VII. Haus: Äußerst treu, gehemmt, förmlich.
Uranus im VII. Haus: Attraktiv, Freiheitsbedürfnis, ablenkbar, leicht zu begeistern, sprunghaft.
Neptun im VII. Haus: Absolute Begegnungsoffenheit, unbewusste Angst vor Bindungen und Verbindlichem
Pluto im VII. Haus: Charismatische Ausstrahlung, sucht das Publikum, Dominanz in der Partnerschaft.

Das achte Haus

Das seelisch orientierte achte Haus soll Aufschlüsse geben über die Grenzfragen des Lebens, die bis zum Tod reichen. Es darum gleich »Todeshaus« zu nennen, wie man es früher tat, entspricht nicht seiner umfassenden Symbolkraft, zu der neben Auskünften zu Tod und Wiedergeburt auch die Auseinandersetzung mit Krisen, mit Verlusten und Selbstzweifeln gehört. In alten Systemen, die nur aus acht Häusern bestanden,

Sonne im 8. Haus: Konsequentes Handeln, zuverlässig, intolerant, unflexibel, dogmatisch.
Mond im 8. Haus: Sensibilität, unbewusste Todessehnsucht, Leidenschaft am falschen Ort.
Merkur im 8. Haus: Großes Interesse an Grenzfragen, Sinn für Geheimwissenschaften, intensiver Sexualtrieb, hohe Abstraktionsfähigkeit.
Venus im 8. Haus: Charisma, Leidenschaftlichkeit, Tendenz zum Zwanghaften in der Erotik.
Mars im 8. Haus: Risikowille, Opferdrang, selbstgrüblerisch, Schuldgefühle.
Jupiter im 8. Haus: »Missionarskonstellation«, Toleranz aus Prinzip, Führernatur, sehr ehrgeizig, unbelehrbar.
Saturn im 8. Haus: Selbstdisziplin, Ehrgeiz, Eifersucht, Einsamkeit, Prinzipienreiterei.
Uranus im 8. Haus: Flexibel, lockere Einstellung zum Geld, in der Partnerschaft schwankend und uneindeutig.
Neptun im 8. Haus: Undogmatisch, Ideologieaversion, kreatives Sexualleben, großzügig, prinzipienlos.
Pluto im 8. Haus: Starke Intuition, rationales Denken, scharfsinnig, Tendenz zu Schuldgefühlen und Hemmungen.

war es das letzte und beschloss den Kreislauf des Lebens. Es ist verwandt mit dem fixen, von Pluto beherrschten Wasserzeichen Skorpion.

Das neunte Haus

In diesem, dem dritten persönlichen Haus geht es um die geistigen Interessen, um Glaubensrichtungen, um Bewusstseinserweiterungen, den Aufbruch zu neuen Horizonten, beispielsweise auch durch Fernreisen. Das mit dem flexiblen, von Jupiter beherrschten Feuerzeichen Schütze verwandte neunte Haus gibt Zielvorgaben zur Überwindung von Krisen, lässt große Projekte und neue Dimensionen erkennen. Die zugehörige Häuserspitze umreißt dies alles mit dem Begriff »Geistpunkt«.

Sonne im 9. Haus: Tolerant, großzügig, geltungssüchtig.
Mond im 9. Haus: Glaubenssehnsucht, Fernweh, Selbstüberschätzung.
Merkur im 9. Haus: Bildhaftes Denken, Interesse an Philosophie, Missionierungsdrang, Tagträumer.

Venus im 9. Haus: Besondere Beliebtheit, künstlerische Ambitionen, Reiselust.
Mars im 9. Haus: Aufbruchwille, Ruhelosigkeit, Forscherdrang, selbstherrlich, Gleichgültigkeit anderen gegenüber.
Jupiter im 9. Haus: Weitblick, Welterfahrung, kreative Fantasie, ausgeprägtes Gerechtigkeitsempfinden.
Saturn im 9. Haus: »Pädagogenkonstellation«, konventionell, diszipliniert, schüchtern, befangen.
Uranus im 9. Haus: Klug, begeisterungsfähig, originell, erfinderisch, Interesse an der Astrologie, widersprüchliche Weltanschauung.
Neptun im 9. Haus: Idealistisch, tolerant, tief religiös, manipulierbar.
Pluto im 9. Haus: Perfektionismus, uneingestandener Machtanspruch, starkes Verantwortungsgefühl, Unzufriedenheit.

Das zehnte Haus

Wieder ganz weltlich, »stofflich« geht es im nächsten Haus zu: Es zeigt symbolhaft die Ziele, die man im Leben erreichen kann, die nach außen sichtbare Selbstverwirklichung in Beruf und Gesellschaft, gibt Auskunft über die Karrieremöglichkeiten, sagt etwas über Ruhm und Anerkennung. Auf eine kurze Formel bringt es wieder die Bezeichnung der Häuserspitze: »Zielpunkt«. Eine Analogie besteht hier zu dem vom Saturn beherrschten kardinalen Erdzeichen Steinbock.

Sonne im X. Haus: Abhängigkeit von Gesellschaft und Öffentlichkeit, leistungs- und karriereorientiert, mögliche Vaterproblematik.
Mond im X. Haus: Ausgeprägtes Gerechtigkeitsempfinden und soziales Gewissen, emotionale Disziplinierung, Anerkennung im Berufsleben.
Merkur im X. Haus: Einfallsreichtum, Redebegabung, gute Merkfähigkeit, langsame Auffassungsgabe.
Venus im X. Haus: Teamarbeiter, treu und zuverlässig, Faulheit, Lethargie.
Mars im X. Haus: Karriereorientiert, Selbstdisziplin, Geltungstrieb, Ehrgeiz, Ausdauer, Streitsucht.
Jupiter im X. Haus: Berufserfolg, hohes Ansehen, wichtigtuerisch.
Saturn im X. Haus: Hochgesteckte Ziele, in ihrer Verfolgung Ausdauer und Zähigkeit, Vernachlässigung der Privatsphäre.
Uranus im X. Haus: Sprunghafter Aufstieg und Fall, plötzliche Berufswechsel, schwierige Lebensbehauptung.

Neptun im X. Haus: »Psychologenkonstellation«, psychologisch-spirituelle Interessen, unabhängig vom Zeitgeist, eigenständig, psychisch labil.
Pluto im X. Haus: Führungsanspruch, Geltungsdrang, ruhelos.

Das elfte Haus

Für das mit dem fixen, vom Uranus beherrschten Luftzeichen Wassermann verwandte elfte Haus heißen die Stichworte Freunde, Gruppe, Gemeinschaft. Es verlässt die Ebene des Persönlichen und gibt Auskunft über die soziale Einstellung des Horoskop-Eigners. An seinem Beginn steht der »Sozialpunkt«. Es zeigt dem Astrologen symbolisch die Ideale des Nativen, die weder etwas mit materieller noch direkter gesellschaftlicher Anerkennung zu tun haben.

Sonne im 11. Haus: Individualist, kritikempfindlich, sprunghaft, nervös.
Mond im 11. Haus: Starkes Sozialgefühl, Überempfindlich gegen Kritik, Stimmungsschwankungen.
Merkur im 11. Haus: Schnelle Auffassungsgabe, originell im Denken, provokativ, großes Interesse an Gruppenzugehörigkeit, Freundschaftspflege, nervös und unruhig.
Venus im 11. Haus: Soziales Engagement, Gemeinschaftsgefühl, Bindungsängste.
Mars im 11. Haus: Unkonventionell, unabhängig, Einsatz für Gemeinschaftsaufgaben, kühl, distanziert.
Jupiter im 11. Haus: Kosmopolit, oberflächlich, idealistisch, utopisch.
Saturn im 11. Haus: Gesellig, Schwierigkeiten Freunde zu finden, innere Anspannung.
Uranus im 11. Haus: Freundlich und distanziert, gesellig, unberechenbar.
Neptun im 11. Haus: Altruismus, Offenheit, Gemeinschaftssinn, Angst vor Verantwortung.
Pluto im 11. Haus: Von der Meinung anderer abhängig, orientierungslos, sophistisch, angespannt.

Das zwölfte Haus

Ganz auf das Innere konzentriert, Meditation, Besinnung, Mystik und Sehnsüchte umfassend, das eigene Ich in Abgeschlossenheit erforschend zeigt das zwölfte Haus den Horoskop-Eigner. Ist das sechste Haus der

Ort des Berufes, so ist das zwölfte der Ort der Berufung. Das zwölfte Haus gibt Auskunft über die inneren Kräfte, über das, was traditionell die Seele verkörpert – seine Zuordnung zu den seelischen Häusern liegt auf der Hand, dass es mit dem flexiblen, von Neptun beherrschten Wasserzeichen Fische verwandt sein muss, ergibt sich von selbst.

Sonne im 12. Haus: Unabhängig, undurchschaubar, Opportunist, weltfremd.
Mond im 12. Haus: Interesse an Psychologie und Okkultismus, Ablehnung alles Oberflächlichen, seelisch unabhängig und labil, unbewusstes Einsamkeitsgefühl.
Merkur im 12. Haus: Unkonventionell, Interesse an Grenzwissenschaften, gesellschaftliche und intellektuelle Außenseiterposition.
Venus im 12. Haus: Idealismus, frei von Vorurteilen, heimliche Liebesaffären, Gefühlsverschlossenheit.
Mars im 12. Haus: Tiefgründig, zurückhaltend, weltfremd.
Jupiter im 12. Haus: Glück in der Einsamkeit, Streben nach Ruhe und Frieden, sensibel, unbestechlich, Hang zur Esoterik.
Saturn im 12. Haus: Eigenbrötlerei, undiszipliniert, pessimistisch, einsam.
Uranus im 12. Haus: Künstlerisch-technische Begabung, Helfersyndrom, leicht zu verführen.
Neptun im 12. Haus: Mitfühlend, Einzelgängertum, weltfremd.
Pluto im 12. Haus: Bescheiden, unaufdringlich, heimlichtuerisch, Einsiedlerdasein.

Die Aspekte

Nachdem das Was, Wie und Wo im Leben durch die Betrachtung der Gestirnstände in den Tierkreiszeichen und Häusern gedeutet werden kann, fehlen als viertes Grundelement nun noch die Aspekte zur Beurteilung eines Horoskops. Sie verstärken oder schwächen den Einfluss der an dem Aspekt beteiligten Planeten. Dabei hilft grundsätzlich die Einteilung nach synthetischen und analytischen Aspekten bei der Beurteilung, insbesondere die alten Klassifizierungen in harmonisch und disharmonisch, in gut und schlecht, die den heutigen Bezeichnungen synthetisch und analytisch entsprechen, weisen dabei den Weg. Dabei meint »gut« nicht unbedingt, dass als positiv anzusehende Wirkungen

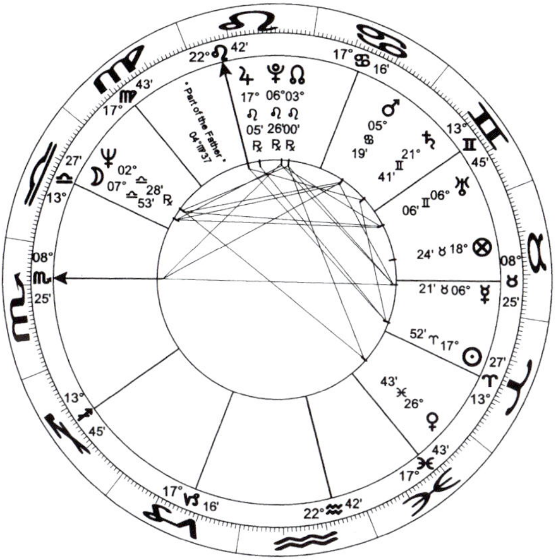

Geburtshoroskop Gerhard Schröders, geboren am 7. April 1944 um 22 Uhr MESZ in Blomberg-Mossenburg (nach der klassischen Methode Rafael Gil Brands).

und Einflüsse verstärkt werden, sondern nur, dass der Aspekt die Ergänzungsmöglichkeiten der beteiligten Planeten zur Geltung bringt und nicht, wie bei den »schlechten«, analytischen Aspekten die Unvereinbarkeiten, die zu Spannungen führen, die der Horoskopinhaber aushalten muss. Dieses Aushalten kann als Problembewusstsein durchaus letztlich auch wieder positiv gedeutet werden.

Neben dieser weitestgehend gültigen Grundfeststellung zur Wirkung der Aspekte muss jede Winkelstellung jedoch gesondert betrachtet werden: Um welchen Aspekt handelt es sich? Welches sind die beteiligten Planeten? Hat man es mit einem exakten Aspekt zu tun, dessen Winkelstellung also auf das Grad genau ist oder gibt es ein Orbis, eine Abweichung, und wie groß ist sie? Die Deutungen all dessen gehen weit auseinander, darin unterscheidet sich die Betrachtung der Aspekte nicht von derjenigen der Häuserpositionen. Trotzdem sollen die folgenden, auf die wichtigsten Aspekte konzentrierten Bemerkungen helfen, ein Horoskop auch hinsichtlich der Aspekte auszuwerten und zu möglichst sicheren Aussagen zu

DIE HAUPTASPEKTE		
Symbol	Aspekt	Winkeldifferenz
☌	Konjunktion	0°
⚹	Sextil	60°
□	Quadrat	90°
△	Trigon	120°
☍	Opposition	180°

gelangen. Vorausgeschickt sei noch, dass es wichtiger ist, dass eine Verbindung zwischen zwei Planeten besteht und erst danach, welcher Art sie ist.

Konjunktion: Dieser einflussreichste Aspekt bewirkt eine Konzentration von Kräften und führt dadurch zu einer Kraftverstärkung oder aber auch zu Spannungen.
Sextil: Das Sextil ist ein positiver, harmonischer Aspekt, der zu einer lockeren, unbeschwerten Lebenseinstellung verhilft, indem er die Entfaltung der positiven Einflüsse aller beteiligten Planeten fördert.
Quadrat: Der analytische »Herausforderungs- oder Widerstandsaspekt« wirkt stark negativ und steht für Hindernisse und Herausforderungen. Jedoch erzeugt auch er eine Spannung, die zum konstruktiven Umgang einlädt und dadurch Kraft und Ausdauer stärkt.
Trigon: Ein Trigon, bei dem die betroffenen Planeten aus demselben Element (Feuer, Wasser, Erde, Luft) sind, fördert die Harmonie und führt zum Ausgleich, zur Synthese der beteiligten Einflüsse. Es gilt als mittelstarker, positiver Aspekt.
Opposition: Ein sehr starker, negativ gesehener Aspekt, der zu einer polaren Spannung führt, die Ärger und Konflikte heraufbeschwört, aber auch zur Klärung herausfordert. Darum wird die Opposition auch »Begegnungsaspekt« genannt. Im besten Fall führt sie zu Charakterstärke und dem Willen zu Veränderung.

Die Aspekte der Sonne: Je stärker der Aspekt, desto größer seine Wirkung auf den Einfluss der Sonne und damit auf das Leben eines Menschen.

Die Aspekte des Mondes: Sie wirken sich ganz allgemein auf die spontanen, instinktiven Reaktionen eines Menschen aus, verstärken bei einem beteiligten Mars die Art, wie ein Mensch reagiert, geben bei Saturn

Apektbedeutungen nach Johannes Kepler

0°	Konjunktion	Stärke durch Verbindung, Schwäche durch Abstoßung
30°	Semisextil	Anregung, Wechselbeziehung, Möglichkeit
36°	Dezil	Zusammenhang, Vermittlung, Chance
45°	Halbquadrat	Haken, Treppe, Störung, Hürde
60°	Sextil	Ordnung, Förderung, Gunst
72°	Quintil	Ausgleich, gutes Zusammenspiel, Rührigkeit
75°	Bilin	Heimtücke, Leidenschaft, Leiden
90°	Quadrat	Spannung, Sperre, Härte, Pressung
105°	Trilin	Unruhe, Erschütterung, Kampf
108°	Tridezil	wie Dezil (36°)
120°	Trigon	Harmonie, Vorteil, Erfolg, Glück
135°	Trioktil	Schickung, Fügung, Versperrung, Angriff
144°	Biquintil	Anschluss, Schlüssel, Gewinn
150°	Quincunx	Täuschung, Sehnsucht, Entscheidungszwang, Verzicht
165°	Tao	Hinterhalt, Krise
180°	Opposition	Gegensatz, Ergänzung, Widerstreit, Zwietracht

noch Vorsicht hinzu und fördern bei einem Aspekt Mond-Jupiter Leidenschaft und Begeisterung.

Die Aspekte des Merkur: Steht ein Planet in Aspekt mit Merkur, so betont dieser die intellektuelle Seite dieses Planeten und fördert zumeist einen lebhaften Geist. Ist der Aspekt analytisch, so kann Merkur Spannungen und Stress hervorrufen.

Die Aspekte der Venus: Wie Jupiter ist Venus traditionellerweise ein günstiger Planet. So wirken auch die Aspekte, die sie mit anderen Planeten bildet, fast ausschließlich positiv, manchmal jedoch so sehr, dass die resultierende Übertreibung, wie beispielsweise beim Genuss von Dingen, als negativ empfunden werden kann.

Die Aspekte des Mars: Ganz anders als bei der Venus ist der Einfluss des Mars auf die mit ihm in Aspekt stehenden Planeten. Er reicht von sehr positiv bis sehr negativ, denn die Energien, mit denen er den Einfluss dieser Planeten auf den Menschen stärkt und belebt, können einerseits leistungsfördernd, andererseits aber auch Aggressionen steigernd wirken.

Die Aspekte des Jupiter: Als »guter« Planet hat auch Jupiter wie Venus hauptsächlich einen positiven Einfluss auf die mit ihm in einem Aspekt verbundenen

Planeten und verstärkt dann, vor allem mit Sonne, Mond, Mars und Saturn, die positiven Wesenszüge eines Menschen.

Die Aspekte des Saturn: Die Aspekte des Schicksalsplaneten Saturn zeigen, dass auch scheinbar negativen Wirkungen positive Seiten abzugewinnen sind. Indem sie auf die Einflüsse der jeweils beteiligten Planeten hemmend wirken, gelingt es nämlich auch, Extreme zu mildern. Die positive Folge: eine Stabilisierung.

Die Aspekte des Uranus, des Neptun und des Pluto: Die sich nur langsam verändernden Aspekte dieser drei Planeten üben ihren Einfluss generationsweise aus. Bei Neptun haben seine Aspekte die stärkste Wirkung, die dieser Planet überhaupt in einem Horoskop entfalten kann. Einen individuellen Einfluss haben nur die starken Aspekte aller drei transsaturnischen Planeten und auch nur dann, wenn sie zum Aszendenten, zum MC oder zu den persönlichen Planeten in Winkelstellung stehen.

Gesamtbetrachtung des Geburtshoroskops

Ist man, nachdem mit den Tierkreiszeichen, den Planeten, den Häusern und den Aspekten die wichtigsten Faktoren zur Deutung eines Horoskops vorgestellt wurden, ein Astrologe? Kann man selbst berechnete, mit dem Computer erstellte oder völlig fremde Horoskope damit so deuten, dass der Horoskop-Eigner – abgesehen von der grundsätzlichen Frage nach dem Sinn eines Horoskops – damit etwas anfangen kann? Nein! Denn auch der, der die Zutaten zu einem Menü kennt, ist noch kein Koch. Es gehören, neben einigen Faktoren, auf die hier aufgrund ihrer Umstrittenheit oder aus Platzgründen verzichtet wurde, wie die Deutung des Aszendenten, die Mondknoten, Fixsterne u.A.m., vor allem viel Erfahrung und psychologisches Einfühlungsvermögen dazu. Denn die Deutungen sind oft sehr allgemein, mit Konjunktiven und Fragezeichen verbunden, die nur durch die mithelfende Interpretation des Horoskop-Eigners aus dem Weg geräumt wer-

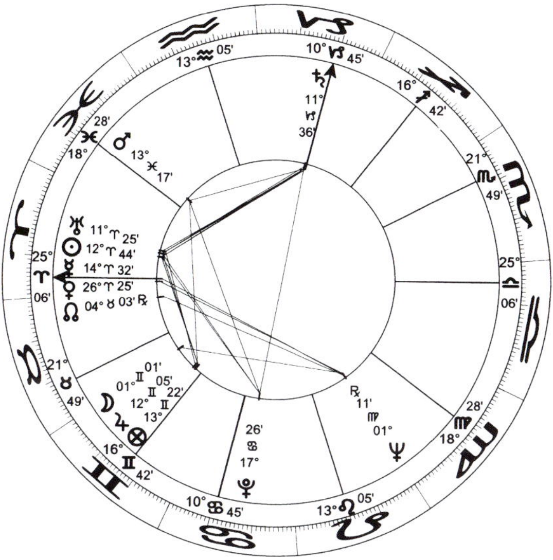

Dem Alt-Bundeskanzler Helmut Kohl hat Rafael Gil Brand ebenfalls ein Geburtshoroskop nach seiner klassischen Methode erstellt.

den können, wenn es sich nicht um ein ausschließlich schriftliches Gutachten handelt. Die Kunst des Astrologen ist es, ihm die symbolische Ebene eines Horoskops durch Entsprechungen so anschaulich zu machen, dass es dem Nativen schrittweise gelingt, die allgemeine, abstrakte Ebene zu verlassen, um am Ende ein passendes und im besten Fall anregendes Ergebnis zu erzielen.

Dynamisierung des Horoskops

War das alles? Nein, bei Weitem nicht! Denn ist man erst einmal mit der Deutung eines Geburtshoroskops vertraut, bietet die Astrologie noch vieles mehr, das hier nur angerissen werden kann. Die spannendsten Möglichkeiten, das erworbene Wissen auszubauen, bestehen darin, das zu versuchen, was Astrologen in der Vergangenheit immer am meisten fasziniert hat und das eigentliche Anliegen der ersten Sterndeuter war: der Blick in die Zukunft, die Prognose. Anders gesagt gilt es, eine Dynamisierung vorzunehmen, den Faktor Zeit mit einzubeziehen und damit Antworten auf Fragen zu erhalten, wie sich der Horoskop-Eigner in der

Zukunft verhalten sollte, um im Einklang mit den von den Sternen vorgegebenen Konstellationen zu leben. Denn laut Ptolemäus liege der Wert der Astrologie auch darin, die Gefahren zu kennen, für die man prädisponiert ist, denn man sei dann besser gerüstet, sie zu vermeiden. Allgemein ist man heute der Ansicht, dass es nicht möglich ist, genaue Ereignisse vorherzusagen. Im Thesenpapier astrologischer Vereinigungen heißt es dazu: »Auch bei der Prognose ist nicht das konkrete Ereignis fassbar, sondern seine sich aus der Struktur ergebende Bedeutung, eine Bedeutung, die sich in verschiedenen sinngemäß gleichen Ereignissen manifestieren kann.« Anhand der im Voraus berechenbaren Konstellationen der Gestirne sind Feststellungen über bestimmte Phasen im Leben des Horoskop-Eigners möglich, in denen bestimmte Ereignisse eher realisierbar sind als zu anderen Zeiten, in denen »die Sterne günstig/ungünstig stehen«. Um letztlich einzutreffen, bedarf es zum Einen der dazu notwendigen Umweltbedingungen, zum Andern den eigenen Willen, die von den Sternen gegebenen Vorgaben für sich zu nutzen. Ein Beispiel soll dies verdeutlichen: Ermöglicht eine prognostizierte Konstellation in einer bestimmten Phase des Lebens die feste Bindung an einen Partner, so gehört hierzu jedoch zum Einen das Vorhandensein dieses potenziellen Partners in dieser Phase – die Sterne könnten noch so günstig stehen, lebte man dann wie »Robinson Crusoe« auf einer einsamen Insel – und zum Anderen der Wille, nicht gegen den Himmel zu arbeiten, sondern die Chance des Moments zu ergreifen.

Die wichtigsten Techniken zur Erstellung der Prognosen bauen auf dem Geburtshoroskop auf. Die Methoden in Stichworten sind: Transite, Direktionen, Progressionen, Solare und Lunare.

Transite

Transite berücksichtigen die Tatsache, dass alle Planeten in unterschiedlichen Geschwindigkeiten den Tierkreis durchqueren. Zu genau vorausberechenbaren

Zeitpunkten berühren sie dabei entscheidende Punkte im Geburtshoroskop (Aszendent, MC, Häuserspitzen) und lösen dadurch fördernde oder hemmende Einflüsse aus.

Direktionen
Bei den Direktionen werden alle Faktoren des Geburtshoroskops pro Lebensjahr um den täglichen Bogen eines Planeten, meistens der Sonne, vorgeschoben. Da die Sonne pro Tag ihre Position im Tierkreis um ein Grad verändert, werden bei der Betrachtung der Situation im 40. Lebensjahr alle Planeten um 40 Grad verschoben und das sich dadurch ergebende Horoskop dann interpretiert.

Progressionen
Ähnlich wie bei den Transiten wird auch bei den Progressionen die Bewegung der Planeten berücksichtigt, nun aber aller Planeten. Dabei gilt die Gleichung: ein Jahr = ein Tag. Um eine Prognose über ein bestimmtes Lebensjahr, zum Beispiel das 37., abzugeben, erstellt der Astrologe auf Grundlage des Geburtshoroskop ein Horoskop für den 37. Tag nach der Geburt und setzt beide in Beziehung zueinander.

Solare
Bei den Solaren handelt es sich um ein auf den Moment berechnetes Horoskop, in dem die Sonne wieder den gleichen Stand hat, wie zur Zeit der Geburt (»astronomischer Geburtstag«) jedoch in dem Lebensjahr, das betrachtet werden soll und für den Ort, an dem der Horoskop-Eigner zum aktuellen Zeitpunkt wohnt.

Lunare
Entsprechendes gilt für das Lunar-Horoskop mit dem Unterschied, dass es nur für 28 Tage gültig ist, bis der Mond nämlich erneut die gleiche Stellung wie im Geburtshoroskop eingenommen hat.

> »Astrologie ist nichts anderes als eine nachweislich falsche Theorie zur Erklärung nachweislich nicht vorhandener Tatbestände.«
> Ludwig Reiners

Seit der Antike gibt es glühende Verfechter der Astrologie genauso wie ihre Kritiker. Dabei haben sich deren Argumente im Laufe der Zeit mit der Entwicklung der Naturwissenschaften gewandelt. Wurde vor 2000 Jahren vor allem mit Mitteln der Logik begründet, warum die Sterne eine bestimmte Wirkung auf uns haben oder warum dies gerade nicht sein kann oder aber warum die Astrologie ungeeignet ist, diese Wirkungen zu deuten, wurde der Glaubenskampf nach den theologisch-weltanschaulichen Argumenten der Astrologiegegner des Mittelalters seit dem Zeitalter der Entdeckungen vermehrt mit den Waffen der Empirie geführt. Im 20. Jh. schließlich versuchten verschiedene Astrologen mit statistischen Methoden den Beweis zu liefern, dass die Astrologie als exakte Wissenschaft zu gelten habe. Gegnern wie Verfechtern genügte es dabei nie, ihr einfach den Status zuzubilligen, der ihr nach Meinung vieler ihrer Anhänger zukommt: ein gleichberechtigter Platz neben anerkannten Fächern wie Theologie und Psychologie – beide mit dem Instrumentarium der exakten Wissenschaften nicht zu bewerten.

Einer der bedeutendsten antiken Kritiker der Astrologie war der Philosoph und Schriftsteller Marcus Tullius Cicero (106–43 v.u.Z.). In seiner Schrift »De divinatione« führt er im Wesentlichen sieben Argumente an, die seines Erachtens gegen die sich damals ihrem Höhepunkt zustrebende Astrologie sprachen, die er in einem Atemzug mit Prognosetechniken wie der Deutung des Vogelflugs oder der Eingeweideschau behandelte. Während über letztere die Zeiten inzwischen völlig hinweggegangen sind, hat die Astrologie überdauert. Da sie auch 2000 Jahre nach der Kritik des berühmten Rhetorikers noch mit Instrumentarien arbeitet, die schon zu seinen Zeiten genutzt wurden, verlieren auch Ciceros Argumente – oder zumindest ein Teil – nichts von ihrer Relevanz. Es sind: 1. Da die Planeten unendlich weit voneinander entfernt sind, können sie nicht den gleichen Einfluss auf die Menschen haben. 2. Die Sternenkonstellationen unter-

> »Wir werden in einem vorausbestimmten Augenblick geboren, an einem vorausbestimmten Platz, und haben, wie der Jahrgang eines Weines, die Qualität des Jahres und der Jahreszeit, in der wir zur Welt kamen. Nicht mehr und nicht weniger behauptet die Astrologie.«
> C.G. Jung

scheiden sich je nach Breitengrad, auf dem man sich befindet, dies werde nicht genügend berücksichtigt. 3. Warum wirken die Gestirne auf den Menschen, warum nicht das viel leichter fassbare Wetter? 4. Bei der astrologischen Betrachtung wird die soziale und kulturelle Prägung eines Menschen vernachlässigt. 5. Wie kann es sein, dass viele Menschen trotz unterschiedlicher Horoskope gemeinsam den gleichen Tod in einer Schlacht sterben? 6. Die Prognosen der Astrologen gehen meistens nicht in Erfüllung. 7. Wie können Zwillinge ein unterschiedliches Schicksal erleiden? Diese Argumente waren nicht neu und die professionellen Sterndeuter beeilten sich, ihre Modelle so abzuwandeln, dass das ein oder andere Argument seinen Stachel verlor. Andere haben an ihrer Aktualität nichts verloren.

Im Mittelalter formulierten vor allem Theologen ihre Bedenken und stuften die Astrologie als Aberglaube ein, den es auszurotten galt. Dabei argumentierten

Andreas Cellarius zeigte in seinem Werk »Harmonia macrocosmica« 1660 auch das kopernikanische System, das er noch um die 1610 von Galilei entdeckten vier Jupitermonde, Io, Europa, Ganymed und Callisto ergänzte.

»Wenn an der Astrologie soviel dran wäre, wie die Anhänger glauben, gäbe es kaum noch eine andere Wissenschaft. Und wenn so wenig dran wäre, wie die Gegner glauben, gäbe es die Astrologie nach 6000 Jahren nicht immer noch.«
Unbekannter Medizinmann

sie hauptsächlich theologisch-dogmatisch, weniger logisch-sachlich. Der jüdisch-spanische Gelehrte Abraham ibn Esra, Verfasser des wichtigsten astrologischen Werks des mittelalterlichen Judentums, ging einen anderen Weg und formulierte die Grenzen der Sterndeutung anhand von Beispielen. Dabei entkräftete er die Argumente 4 und 5 des Cicero, denn er verlangt, dass Astrologen bei ihrer Deutung unbedingt die sozialen, kulturellen und persönlichen Rahmenbedingungen wie Glaube und Elternhaus beachten müssten, stellt fest, dass das Wetter einen Einfluss auf das Schicksal haben kann und dass vor allem der Wille des Menschen dessen Leben in andere Bahnen als die vorhergesagten lenken könne.

Mit der Wiedergeburt der Antike in der Renaissance und der neuen Wertschätzung des Menschen begann ein Boom in den Wissenschaften, der zu Erkenntnissen und Entdeckungen führte, die neue Zweifel an der Astrologie keimen ließen. Die wichtigsten waren 1543 die Formulierung des heliozentrischen Weltbilds durch Kopernikus und die Entdeckung der transsaturnischen Planeten Uranus, Neptun und Pluto seit dem 18. Jh. Während die Tatsache, dass die Sonne den Mittelpunkt

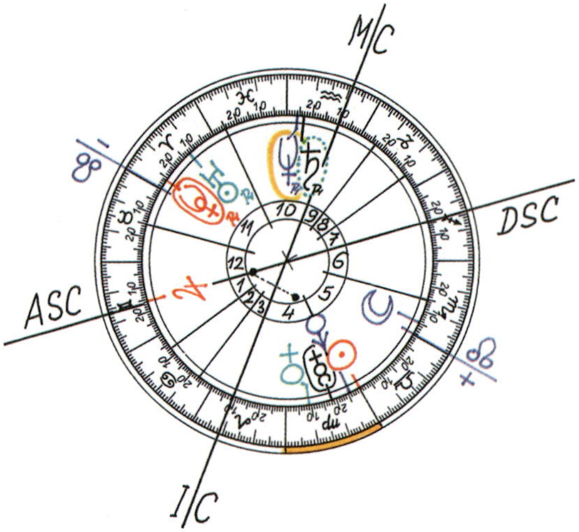

Ungefähres Horoskop der Entdeckung des Planeten Neptun am 23. September 1846 abends in Berlin.

Miniatur aus der Handschrift »De Sphaera«: Der Jupiter als Herrscher der Tierkreiszeichen Fische und Schütze und seine Kinder (15. Jh.). Nach der Entdeckung des Neptun wurden die Fische diesem zugeordnet.

unseres Planetensystems bildet, die Astrologie weitestgehend unbeeindruckt ließ, wurden die neuen Planeten einfach in die klassischen Modelle integriert und ihre Position in alten Horoskopen ergänzt. Aus der Betrachtung vergangener Schicksale wurde nun versucht, allgemeine Deutungen für diese Planeten abzuleiten. Natürlich waren sie schon immer vorhanden, ihr individueller Einfluss jedoch aufgrund ihrer Ferne und Langsamkeit so gering, dass Astrologie bis zu ihrer Entdeckung auch ohne sie nicht falsch, mit ihrer Hilfe jedoch »richtiger«, eine Ausdifferenzierung der Deutung nun möglich war. Zuletzt sei noch ein wichtiges, besonders in der Aufklärung, aber auch noch heute immer wieder vorgebrachtes naturwissenschaftliches Argument gegen die Astrologie kurz betrachtet. Aufgrund der bereits in der Antike bekannten Präzession, also der Pendelbewegung der Erde um ihre Achse in etwa 25 800 Jahren, verschieben sich die Sternbilder, die Kulisse für die Planeten, Jahr für Jahr, so dass die Sonne bei einem laut Kalender Krebs-Geborenen heute tatsächlich nicht mehr im Sternbild Krebs, sondern meistens bereits im Löwen steht, ja dass es in Wirklichkeit heute 13 Sternbilder in der Ekliptik gibt und die magische Zahl 12 Vergangenheit ist. Dem wird entgegnet, dass es ja nicht die Sternbilder seien, mit denen Astrologen arbeiten, sondern die Tierkreiszeichen, die ähnlich einem Hausnummernsystem, nur einen Platz im All markieren. Ein Gasthaus, das eine Zeit lang voller Musikanten war, könne auch noch »Gasthaus zu den Musikanten« heißen, wenn diese schon lange weitergezogen seien. Doch, wie kommt es, dass manche glauben, dann noch immer die Musik zu hören?

Nachdem die Naturwissenschaften zwar seit der Antike große Fortschritte gemacht hatten, das geozentrische Weltbild widerlegt war und Astronomen die Reihe der Planeten ergänzen konnten, hatte man jedoch außer den Gezeiten und der Gravitation immer noch keine eindeutig messbaren Beweise für einen Einfluss der Gestirne auf irdische Vorgänge. Zumindest diejenigen unter den Astrologen, die der Sterndeutung mehr als nur eine symbolische, psychologisierende Aussagekraft zubilligten, die an eine direkte Wirkung kosmischer Vorgänge auf das Leben eines jeden Menschen glaubten, versuchten nun verstärkt, hierfür Beweise zu finden. Zu diesem Zweck schlugen sie, wie in der Folge auch die Gegner dieser Hypothese, zwei grundsätzliche Wege ein: Das Experiment, zum Beweis, ob generell Reaktionen von lebendigen Organismen auf nicht-irdische Vorgänge feststellbar sind und die statistische Auswertung vorhandenen Datenmaterials bezüglich konkreter astrologischer Fragestellungen.

Naturwissenschaftliche Experimente zeigen beispielsweise, dass chemische Reaktionen von Sonneneruptionen beeinflusst werden, extreme Ausbrüche sind an Baumringen ablesbar. Auch andere Zusammenhänge zwischen Sonnenaktivität und irdischen

Vorgängen konnten dokumentiert werden, doch die Frage, inwieweit diese Vorgänge etwas mit Planetenstellungen zu tun haben, bleibt offen.

Der Verdienst des Ehepaars Michel Gauquelin (1928–91) und Francoise Schneider Gauquelin (geb. 1929) ist es, durch die Auswertung Tausender von Daten auf einige statistische Anomalien gestoßen zu sein, die tradierte Deutungen einzelner astronomischer Konstellationen zu bestätigen scheinen. Am berühmtesten ist der sogenannte »Mars-Effekt«. Hierbei handelt es sich um statistisch auffällige Abweichungen in vorher astronomisch definierten Sektoren bei gewissen Persönlichkeitsmerkmalen, die für den Erfolg in bestimmten Berufen verantwortlich sind. Die Sektoren wurden durch den Stand eines Planeten innerhalb seiner täglichen Bewegung von Aufgang bis Untergang definiert. Immer wieder konnte dabei bestätigt werden, dass willensstarke Spitzensportler häu-

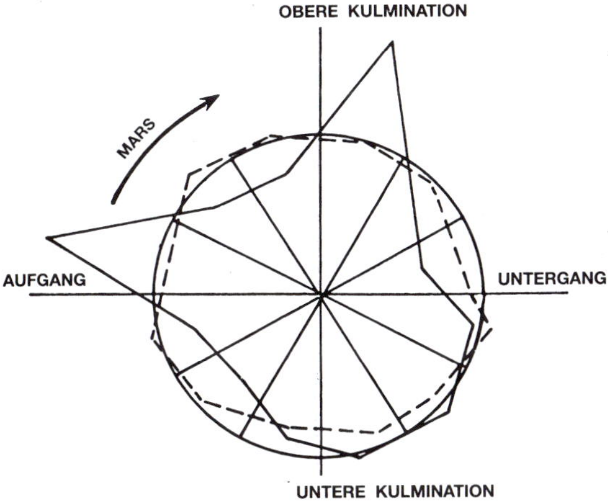

Während sich die Geburten von gewöhnlichen Sportlern (gestrichelte Linie) bezogen auf die tägliche Bahn des Mars normal verteilen, häufen sich die Geburten berühmter Sportler (durchgezogene Linie) auffällig.

figer geboren werden, wenn sich Mars im Aufgehen befindet oder kulminiert. Solche Effekte konnten bisher nur für Mond, Venus, Mars, Jupiter und Saturn festgestellt werden, für die anderen fünf Planeten, vor allem die Sonne, nicht. Eine neuere Untersuchung, die durch das Institut für Demoskopie Allensbach im

Auftrag von Gunter Sachs auf Grundlage von mehr als 10 000 Interviews vorgenommen wurde, sollte Aufschluss darüber geben, ob eine Korrelation zwischen Sonnenzeichen und ursprünglich zu Zwecken der alljährlichen Werbeträger-Analyse erhobenen 348 Merkmalen, wie Freizeitbeschäftigungen, Interesse am Naturschutz oder Benutzung von Deos, besteht. Die Ergebnisse wurden von Allensbach nicht kommentiert, signifikante Abweichungen waren jedoch feststellbar und wurden von Sachs publiziert ebenso wie seine Analyse Tausender Daten bezüglich einer Häufung von Scheidungsraten, Suiziden usw., die ähnliche Ergebnisse brachte. Kritiker wenden ein, ebenso gut hätte Sachs eine Korrelation zwischen Scheidungsraten und Wetterverhältnissen oder Scheidungsraten und Musikgeschmack suchen können und wäre ebenso fündig geworden.

Bei aller Statistik darf vor allem der Faktor Mensch nicht übersehen werden. Kritiker merken an, dass eine große Ungenauigkeitsquelle dadurch ins Spiel kommt, dass oftmals mit weichen Faktoren, mit qualitativen Aussagen gearbeitet werden muss – dies trifft auf die Beurteilung der Gauquelins, wenn sie aufgrund biographischen Materials Personen zu Gruppen zuordnen, ebenso zu, wie auf die Aussage von Horoskop-Eignern über das Zutreffen der Prognosen. Gerade hier haben Blindversuche gezeigt, dass mit einem identischen, an zahlreiche Menschen versandten, detaillierten Horoskop eine große Trefferquote erreicht werden kann. Die Mehrzahl der Adressaten fand sich in diesem Horoskop wieder, bestätigte die gemachten Aussagen als zutreffend. In dieselbe Richtung gehen zahlreiche dokumentierte Fälle von treffenden Deutungen trotz falscher Geburtszeit-Angaben.

Man mag sich zu den etwa 50% der erwachsenen Bevölkerung in westlichen Industrie-Nationen zählen, die einen Einfluss der Gestirne auf das menschliche Schicksal für möglich halten oder zu der Hälfte, die gegenteiliger Meinung ist. Wie für alles andere gilt auch hier, Toleranz zu beweisen nach dem Motto

»leben und leben lassen« und die Astrologie als, wenn auch durch vielerlei Scharlatane in Verruf geratenen, Teil unseres kulturellen Erbes anzusehen – eines Erbes, dass auf eine lange Geschichte zurückblickt. Ob es nötig ist, wie es 1975 zahlreiche Wissenschaftler, darunter auch 18 Nobelpreisträger, getan haben, ein Manifest gegen die Astrologie zu unterzeichnen, ob man sie als bloßes Spiel mit erdachten Regeln ablehnt, ob man sie wie einen psychologischen Persönlichkeitstest als symbolische Darstellung des Unbewussten sieht oder aber wichtige Entscheidungen nur nach Befragung des Horoskops trifft, muss jeder für sich beurteilen.

The 5th Wave By Rich Tennant

»Ich gebe Ihnen einen Tipp. Vergessen Sie die Analyse der Rennen – versuchen Sie, das Geburtshoroskop des Pferdes zu bekommen.«

Abendstern
Allgemein die in der Abenddämmerung schon sichtbare Venus. In der Astrologie jeder Planet, der kurz nach der Sonne untergeht.

AC
Abkürzung für Aszendent.

Antiszie
Schwacher Aspekt, bei dem die Horoskoppunkte symmetrisch zur Solstitialachse des Horoskops (0 Grad Krebs – 0 Grad Steinbock) liegen.

Aphel
Sonnenfernster Punkt eines Planeten auf seiner Bahn um die Sonne. Gegensatz: Perihel.

Apogäum
Entferntester Punkt der Ellipsenbahn eines Himmelskörpers von der Erde. Gegensatz: Perigäum

Apsiden
Bei einer Ellipse die zwei Punkte größter Annäherung und Entfernung vom Zentralkörper.

Äquinoktialpunkte
Frühlings- und Herbstpunkt, die Schnittpunkte der Ekliptik mit dem Himmelsäquator.

Äquinoktium
Tag- und Nachtgleiche, um den 21. März und 23. September schwankend. Gegensatz: Solstitium.

Archetyp
Urvorstellungen, Urbilder, Symbole und Bilder des kollektiven Unbewussten, wie z.B. Kreuz oder »strahlender Held«.

Aspekt
Winkelkonstellationen der Planeten und/oder anderer Horoskoppunkte zueinander. Traditionsgemäß werden fünf Hauptaspekte und zwölf Nebenaspekte unterschieden.

Asteroid
»Sternähnliche«, so die Übersetzung, Körper kleinerer Masse im Sonnensystem.

Astrologie
Die Lehre von dem in den Sternen wirkenden geistigen Sinn, die Lehre von der Deutung der Sterne.

Astronomie
Die Lehre von den in den Sternen wirkenden Naturgesetzen.

Aszendent
Punkt der Ekliptik, der zu einer gegebenen Zeit an einem gegebenen Ort gerade an dessen Osthorizont aufgeht.

Äußere Planeten
Siehe: Obere Planeten.

Biquintil
Zweifünftelschein. Nebenaspekt mit einem Winkel von 144 Grad.

Chaldäer
Abwertende Bezeichnung für Astrologen zur Zeit des Römischen Reiches.

Coniunctio aurea
Königsaspekt, die seltene Konjunktion von Jupiter und Saturn.

DC
Abkürzung für Deszendent.

Dekanat
Sechsunddreißigster Teil des tropischen Tierkreises mit einer Ausdehnung von 10 Grad.

Deszendent
Punkt der Ekliptik, der zu einer gegebenen Zeit an einem gegebenen Ort gerade an dessen Westhorizont untergeht. Er liegt dem Aszendenten genau gegenüber und bildet mit ihm eine der Hauptachsen des Horoskops.

Detrimentum
Vernichtung, der Stand eines Gestirns in dem Tierkreiszeichen, das dem von ihm beherrschten gegenüberliegt. Durch diese Position wird der Einfluss eines Planeten abgeschwächt.

Direktion
Basis jeder Prognosetechnik der Astrologie, bei der der Himmel am Tag der Geburt auf das weitere Leben projiziert wird. Man unterscheidet Primär-, Sekundär- und Tertiärprojektion.

Divination
Deutung eines Horoskops.

Domination
Die Position eines Planeten in seinem Domizil.

Domizil
Das einem Planeten zugeordnete Tierkreiszeichen.

Eklipse
Sonnen- oder Mondfinsternis

Ekliptik
Schnittkreis der Erdbahnebene mit der Himmelssphäre; scheinbare Bahn der Sonne innerhalb eines Jahres.

Elektion
Technik der Stundenastrologie, die zu einem Vorhaben günstigste Zeit aus den Konstellationen auszuwählen.

Elemente
Die Naturphilosophie der Griechen kannte die vier Elemente Feuer, Erde,

Wasser und Luft, die durch Ptolemäus mit den Tierkreiszeichen in Verbindung gebracht wurden.

Elongation
Winkelabstand zwischen Planet und Sonne, die Differenz ihrer ekliptikalen Länge.

Ephemeride
Tabelle des täglichen Gestirnstandes.

Erdzeichen
Die dem Element Erde zugeordneten Tierkreiszeichen Stier, Jungfrau und Steinbock.

Erhöhung
Exaltation. Zustand eines Planeten, bei dem sein Einfluss am stärksten ist. Gegensatz: Erniedrigung.

Erniedrigung
Fall. Zustand eines Planeten, bei dem sein Einfluss am schwächsten ist. Gegensatz: Erhöhung.

Fatalismus
Glaube an ein unabänderliches Schicksal.

Feuerzeichen
Die dem Element Feuer zugeordneten Tierkreiszeichen Widder, Löwe und Schütze.

Fixstern
Alte Bezeichnung für die Sterne, von denen man annahm, sie seien an der äußersten Himmelssphäre befestigt und bewegten sich nicht.

Fragehoroskop
Horoskop bezüglich einer Frage, die ein künftiges Ereignis betrifft. Es wird auf den Ort gestellt, an dem sich der Astrologe befindet und auf den Zeitpunkt des erwarteten Ereignisses oder denjenigen, zu dem der Astrologe von der Frage Kenntnis erhielt.

Frühlingspunkt
Widderpunkt, der Äquinoktialpunkt auf der Bahn der Sonne, in dem sie den Himmelsäquator von Süden nach Norden überschreitet. Gegensatz: Herbstpunkt.

Geburtsastrologie
Siehe: Genethlealogie

Geburtsherrscher
Die Planeten, die sich im I. Haus aufhalten und dadurch für Charakter und Schicksal entscheidend sind.

Geburtszeit
Neben dem Geburtsort der entscheidende Faktor für die Berechnung eines Geburtshoroskops. In Deutschland muss die Geburtszeit seit 1898 beim Standesamt angegeben werden.

Genethlealogie
Geburtsastrologie. Wichtigstes Teilgebiet der Individual-Astrologie und heute wichtigster Bereich der Astrologie überhaupt.

Geozentrisches Weltbild
Auf die Erde als Mittelpunkt bezogenes Modell der Welt. Gegensatz: Heliozentrisches Weltbild.

Glückspunkt
Wichtigster sensitiver Punkt – ein Punkt mit besonderem Einfluss – im Horoskop, der sich durch die Addition des Abstandes zwischen Sonne und Mond zum Aszendenten ergibt und nach seiner Lage in den Häusern, den Tierkreiszeichen und in bezug auf andere Punkte gedeutet werden kann.

Große Konjunktion
Das Zusammenstehen von Jupiter und Saturn in der Nähe einer der Spitzen des aus den Feuerzeichen gebildeten Dreiecks.

Haus
1) auch Ort oder Feld, eine Untergliederung der Ekliptik in zwölf Teile, die die tägliche Drehung der Erde repräsentieren und unabhängig von den Tierkreiszeichen den Horoskopkreis ebenfalls in zwölf Teile trennen. Diese können unterschiedlich oder gleich groß sein, zu ihrer Berechnung existieren mehr als 20 Methoden. Der Beginn eines Hauses heißt Häuserspitze.
2) Jedes Tierkreiszeichen ist einem Planeten zugeordnet, es wird von diesem beherrscht und wird auch dessen Haus genannt.

Heliozentrisches Weltbild
Auf die Sonne als Mittelpunkt bezogenes Modell der Welt. Gegensatz: Geozentrisches Weltbild.

Herbstpunkt
Waagepunkt, der Äquinoktialpunkt auf der Bahn der Sonne, in dem sie den Himmelsäquator von Norden nach Süden passiert. Gegensatz: Frühlingspunkt.

Herrscher des Horoskops
Der Planet, der das Tierkreiszeichen beherrscht, in dem der Aszendent steht.

Himmelsäquator
Projektion des Erdäquators auf die Himmelssphäre.

Himmelspole
Schnittpunkte der Erdachse mit der Himmelssphäre.

Himmelssphäre
Gedachte Kugel mit unend-

lich großem Radius, in deren Mittelpunkt sich der Beobachter befindet und auf die die Himmelskörper projiziert werden.

Horizontachse
Die Achse im Horoskop, die durch die Verbindung von Aszendent und Deszendent entsteht.

Horoskop
Momentaufnahme auf den Tierkreis bezogener Konstellationen am Himmel.

Horoskopachse
Die Verbindung zweier bedeutsamer, sich gegenüberliegender Punkte im Horoskop. Hauptachsen sind Aszendent–Deszendent und Medium Coeli–Imum Coeli.

Imum Coeli
IC, Himmelstiefe.
1) Schnittpunkt der Ekliptik mit dem Ortsmeridian unter dem Horizont.
2) Das IV. Haus des Horoskops, dem Medium Coeli gegenüber liegend.

Innere Planeten
Siehe: Untere Planeten.

Kalender
1) Verzeichnis der Tage, Wochen und Monate eines Jahres.
2) System der Zeiteinteilung. Beim Lunar-Kalender beruhend auf Mondphasen mit 12 Monaten zu 29,5 (= 354 Tage) Tagen, beim Sonnen-Kalender 365,25 Tage.

Kardinale Punkte
Die vier Punkte, die Ekliptik, Horizont und Meridian in einem gegebenen Zeitpunkt gemeinsam haben: Aszendent, Deszendent, Medium Coeli und Imum Coeli.

Katarchen-Astrologie
Bereich der Individual-Astrologie, in der die »Anfänge« von Handlungen gedeutet werden und nicht der Anfang eines Lebens wie bei der Genethlealogie.

Klassische Planeten
Sonne, Mond, Merkur, Venus, Mars, Jupiter und Saturn.

Kometen
Himmelskörper, die sich in Bahnen um die Sonne bewegen und dabei einen Schweif bilden. Bedeutung kommt ihnen nur in der Mundan-Astrologie zu.

Konjunktion
Zusammenschein. Einer der fünf Hauptaspekte, bei dem die beteiligten Gestirne die gleiche Länge haben.

Konstellation
s. Aspekte

Kosmobiologie
Wissenschaft zur Erforschung kosmischer Einflüsse auf biologische Vorgänge auf der Erde.

Kulmination
Durchgang eines Gestirns durch den Meridian des Beobachtungsortes.

Lichter
Großes und Kleines Licht nannten Astrologen früher Sonne und Mond.

Luftzeichen
Die dem Element Luft zugeordneten Tierkreiszeichen Zwillinge, Waage und Wassermann.

MC
Abkürzung für Medium Coeli.

Medium Coeli
MC, Himmelshöhe.
1) Schnittpunkt der Ekliptik mit dem Ortsmeridian über dem Horizont.
2) Das X. Haus des Horoskops, dem Imum Coeli gegenüber liegend.

Meridian
1) Ein durch beide Pole verlaufender Großkreis, bezüglich des irdischen Koordinatensystems mit der Gradzählung mit dem Nullmeridian durch Greenwich beginnend.
2) Mittagskreis. Durch Zenit und Nadir ebenso wie durch die beiden Himmelspole verlaufender Kreis, auf dem die Sterne ihre größte Höhe über dem Horizont erreichen.

Mondknoten
Auch Drachenpunkte. Schnittpunkte der Mondbahn mit der Ekliptik.

Morgenstern
Die am Morgenhimmel gerade noch westlich von der Sonne sichtbare Venus.

Mundanastrologie
Die astrologische Deutung des Weltgeschehens. Gegensatz: Individual-Astrologie.

Nadir
Dem Zenit gegenüber liegender »Fußpunkt«.

Nativität
Geburtshoroskop.

Nebenaspekt
Einer von zwölf nur mittel bis schwach wirkenden Winkelstellungen zwischen Gestirnen.

Neue Planeten
Uranus, Neptun und Pluto.

Obere Planeten
Mars, Jupiter, Saturn, Uranus, Neptun und Pluto, die Planeten, die die Bahn der Erde einschließen. Gegensatz: Untere Planeten.

Opposition
Gegenschein. Hauptaspekt mit einem Winkel von 180 Grad.

Orbis
Reichweite. Maximaler Wirkungskreis eines Aspekts. Seine Größe wird in Grad angegeben.

Perigäum
Erdnächster Punkt der Ellipsenbahn eines Himmelskörpers. Gegensatz: Apogäum.

Perihel
Sonnennahster Punkt eines Planeten auf seiner Bahn um die Sonne. Gegensatz: Aphel.

Planet
Nichtselbstleuchtender Himmelskörper von mehr als 1000 km Durchmesser, der sich um einen Zentralkörper bewegt und von diesem bestrahlt wird.

Platonisches Jahr
Zeitraum, in dem sich die Erdachse aufgrund der Präzession einmal um die Ekliptikachse bewegt. Es entspricht 25 729 Sonnenjahren.

Polarität
Jedes Tierkreiszeichen ist mit dem jeweils gegenüberliegenden Zeichen polar verbunden. Dabei sind die Feuer- und Luftzeichen mit positiver, die Erd- und Wasserzeichen mit negativer Polarität versehen.

Präzession
»Vorrücken« des Frühjahrspunktes auf der Ekliptik entgegen der Richtung der Tierkreiszeichen aufgrund der langsamen Kreiselbewegung der Erde.

Quadranten
Die vier Viertel des Geburtshoroskops.

Quadrat
Viertelschein. Hauptaspekt mit einem Winkel von 90 Grad.

Quinkunx
Fünfzwölftelschein. Nebenaspekt mit einem Winkel von 150 Grad.

Quintil
Fünftelschein. Nebenaspekt mit einem Winkel von 72 Grad.

Radix-Horoskop
Horoskop zur Geburt (Geburtshoroskop) eines Menschen oder – im übertragenen Sinn – einer Sache (z.B. Städtegründung).

Rückläufigkeit
Die von der Erde aus beobachtete, auf Bahnlänge und Geschwindigkeit zurückzuführende scheinbare zeitweise Rückwärtsbewegung von Planeten, die in den Ephemeriden durch ein »R« am jeweiligen Planetensymbol gekennzeichnet wird.

Septil
Siebtelschein. Nebenaspekt mit einem Winkel von 51 Grad.

Sextil
Sechstelschein. Hauptaspekt mit einem Winkel von 60 Grad.

Siderischer Tierkreis
Etwa 16 Grad breite, die Himmelskugel umspannende Zone, in deren Mitte die Ekliptik verläuft. Auf ihm befinden sich die zwölf unterschiedlich großen Tierkreissternbilder und der Schlangenträger, der jedoch nicht dazu gerechnet wird.

Solstitium
Sonnenwende. Zum Sommer-Solstitium am 21./22.6. erreicht die Sonne ihre größte nördliche Deklination, den Wendekreis des Krebses. Zum Winter-Solstitium am 21./23.12. erreicht die Sonne ihre größte südliche Deklination, den Wendekreis des Steinbocks. Gegensatz: Äquinoktium.

Sternbilder
Gruppen heller Sterne, die bereits seit der Antike zu Bildern ergänzt wurden. Die heute existierenden 88 Sternbilder sind genau begrenzte Sterngebiete, zu denen jeweils alle dort befindlichen Sterne zählen.

Sternzeichen
Ungenaue Kurzform für Tierkreiszeichen.

Sternzeit
Auf der täglichen Umdrehung der Erde um ihre Achse beruhende Zeiteinteilung, deren Einheit der Sterntag ist, der gegenüber dem mittleren Sonnentag um 3 Minuten und 56,569 Sekunden kürzer ist. Exakt die Zeit, die die Erde benötigt, um der Sonne wieder genauso zugekehrt zu sein, wie einen Tag zuvor.

Tierkreiszeichen
Abschnitte des tropischen Tierkreises von je 30 Grad Länge mit den Namen der Tierkreissternbilder.

Transit
»Übergang« eines laufenden Planeten über einen als feststehend gedachten Faktor des Geburtsbildes zur Prognose von künftigen Einflüssen auf den Nativen.

Trigon
Drittelschein. Hauptaspekt mit einem Winkel von 120 Grad.

Tropischer Tierkreis
Einteilung des siderischen Tierkreises in zwölf gleich große Abschnitte, die die Namen der Tierkreissternbilder tragen und am Frühlingspunkt mit dem Widder beginnen.

Unaspektierter Planet
Planet, der mit keinem anderen Gestirn in einem Aspekt steht.

Untere Planeten
Merkur und Venus, die Planeten, deren Bahn innerhalb der Erdbahn verläuft. Gegensatz: Obere Planeten.

Vertikalachse
Die Achse im Horoskop, die Medium Coeli und Imum Coeli verbindet.

Wasserzeichen
Die dem Element Wasser zugeordneten Tierkreiszeichen Krebs, Skorpion und Fische.

Wendekreis
Die beiden Breitenkreise, in denen die Sonne während ihrer beiden Solstitien im Zenit steht, bevor sie sich wieder dem Äquator zuwendet. Zwischen ihnen, dem nördlichen Wendekreis des Krebses und dem südlichen des Steinbocks, befinden sich die Tropen.

Zeitalter
Die Zeit, die der Frühlingspunkt benötigt, um ein Sternbild des siderischen Tierkreises zu durchwandern. Gerade in unserer Zeit beginnt, so die verbeitete Ansicht, mit dem Zeitalter des Wassermanns ein neues Zeitalter.

Zenit
Scheitelpunkt. Der Punkt über dem Horizont, an dem eine Vertikale zur Horizontebene die Himmelssphäre schneidet.

Zodiak
Aus dem Lateinischen »zodiacos« abgeleitetes anderes Wort für Tierkreis.

Webseiten

Im Internet gibt es zahllose Seiten zur Astrologie. Ein paar gut strukturierte, informative oder auch nur unterhaltsame Angebote sind im Folgenden, alphabetisch geordnet, aufgeführt.

www.astro.com
Meistbesuchte Astro-Site mit kostenlosen Horoskopen, Zeitzonen-Atlas und Ephemeriden für 3000 Jahre. Außerdem Suchmaschine zur Feststellung von Längen- und Breitenkoordinaten für 300 000 Orte in aller Welt. Download-Möglichkeit für alle 4 Bände »Astrologische Menschenkunde« von Thomas Ring.

www.astro2000-online.de
Astrologieprogramm, mit dem sich Online Horoskope berechnen lassen.

www.astroconnect.de
Bietet kostenfreie Horoskope mit Kurzdeutung, Links und als Besonderheit eine Astro-Uhr, die in Form eines Horoskops den jeweils aktuellen Planetenstand in den Tierkreiszeichen für Berlin anzeigt.

www.astrodata.ch
Fernlehrgang, Hg. von Astrologie heute, Computer-Horoskop-Service

www.astrologie.de
Sehr umfangreiches Angebot zur Astrologie und Esoterik, kommerzielle Seite mit Buchshop, Softwareangeboten und guten Links

www.astrologieheute.ch
Zweimonatlich erscheinende Schweizer Astrologie-Zeitschrift, die auch Horoskopanalysen und Kurse anbietet.

www.astrologix.de
Forum und Chat. Nicht kommerziell.

www.astrovedic.de
Infos zur vedischen (indischen) Astrologie.

www.astrowoche.de
Das wöchentlich erscheinende Magazin im Netz. Eine Besonderheit ist hier eine Darstellung des aktuellen Sternenhimmels für jeden Ort in Deutschland.

www.dav-astrologie.de
Homepage des Deutschen Astrologen-Verbands. Hier lassen sich die Adressen der verschiedenen vom DAV betriebenen Ausbildungszentren recherchieren.

www.kernastro.de/monduhr.html
Mondkalender mit täglichen Empfehlungen.

www.lhl.lib.mo.us/pubserve/hos/stars/toc.htm
Hervorragende Quelle für Sternkarten

www.meridian-magazin.de
Fachzeitschrift zur Astrologie mit Online-Archiv

www.sternwelten.com
Online Astrologie-Magazin mit Newsletterdienst und fast 300 gut sortierten Links auf andere Sites, u.a. zu Freeware für astrologische Anwendungen.

Udo Becker (Hrsg.): Lexikon der Astrologie, Herrsching 1988

Peter Berling: Zodiak. Die Geschichte der Astrologie, München 2002

Bertelsmann Neues Lexikon in 10 Bänden

Dieter Blume: Regenten des Himmels, Berlin 2000

Rafael Gil Brand: Lehrbuch der klassischen Astrologie, Mössingen 2000

Duden »Etymologie«: Herkunftswörterbuch der deutschen Sprache, Mannheim 1989

Dtv-Brockhaus Lexikon in 20 Bänden

Hans Jürgen Eysenck/ David Nias: Astrologie – Wissenschaft oder Aberglaube?, München 1982

Hans Georg Gundel: Zodiakos. Tierkreisbilder im Altertum, Mainz 1992

Nancy Hathaway: Wie alt ist die Sonne und wie weit weg sind die Sterne?, München 1998

Gertrud I. Hürlimann: Astrologie, Schaffhausen 1990

Hans-Ulrich Keller: Kosmos Himmelsjahr 2003, Stuttgart 2002

Wilhelm Knappich: Geschichte der Astrologie, Frankfurt 1967

Karl Kraft: Zum Capricorn auf den Münzen des Augustus, in: Jahrbuch für Numismatik, 17, 1967, S. 17-27

Paul Kunitzsch: Arabische Sternnamen in Europa, Wiesbaden 1959

Marion D. March/ Joan McEvers: Lehrbuch der astrologischen Prognose, Freiburg 1998

Otto Mazal: Die Sternenwelt des Mittelalters, Graz 1993

B. A. Mertz: Astrologie, Niedernhausen 1988

Simon und Jaqueline Mitton: Astronomie, Weinheim 1999

Anistatia Miller/ Jared Brown: Die Jahrtausend-Enzyklopädie der Astrologie, München Peter Niehenke: Astrologie, Stuttgart 2000

Lucy Maud Montgomery: Mondphasen, Ephemeriden, Finsternisse 1921–2020, München 2003

Wolfgang Oppenheimer: Die Macht der Sterne, München 1994

Rae Orion: Astrologie für Dummies, Bonn 2000

David Ovason: Der Nostradamus-Code, München 1999

Derek Parker: Familiar to All, London 1975

Julia und Derek Parker: KISS Das Einsteiger-Handbuch Astrologie, München 2001

Wolfgang von Rohr: Astrologie für eine neue Zeit, München 1999

Michael Roscher: Das Astrologie-Buch: Berechnung, Deutung, Prognose, München 1989

Gunter Sachs: Die Akte Astrologie, München 1997

Schülerduden »Die Astronomie«, Mannheim 1989

William Shea: Kopernikus, Spektrum der Wissenschaft Biografie, 1/2003

Sandra Shulman: Geschichte der Astrologie, Eltville 1978

Milan Spurek: Das große Handbuch der Astrologie, München 1996

Gotthard Strohmaier: Arabische Astronomie, in Spektrum der Wissenschaft Spezial 2/2002

Kocku von Stuckrad: Geschichte der Astrologie, München 2003

Komilla Sutton: Indische Astrologie, Freiburg 2001

Ralph Tegtmeier: Sternenglaube-Sternenzauber. Das Weltbild der Astrologie, Köln 1990

Jürgen Teichmann: Wandel des Weltbildes, Reinbek 1985

Erich Übelacker: Unser Sternenhimmel rund ums Jahr, Niedernhausen 1987

Erich Übelacker: Sternbilder und Sternzeichen, Nürnberg 1995

B. L. van der Waerden: Die Anfänge der Astronomie, Groningen 1968

Personenregister

Sachregister

Bildnachweis

akg-images 11, 33, 44, 61, 193

akg-images, Erich Lessing 32

Alfons Mucha 65

Aus: E. Howe: Uranias Kinder (Beltz Athenäum Vlg. 1995, S. 47) 66

Aus: H.P.B. – In Memory of Helena Petrovna Blavatsky (1931) 67

Aus: M. Junkelmann, Die Reiter Roms 27

Aus: Meridian, Ebertin Verlag, Freiburg i. Br. 148

Aus: Schülerduden Astronomie (Bibliographisches Institut & F. A. Brockhaus AG, Mannheim 1989, S. 191f/282f) 106 oben und unten, 108

Aus: W. Ekschmitt, Die Sieben Weltwunder (Taf. 21) 28

Biblioteca Estense, Modena (Lat. 209) 134, 137, 195

Biblioteca Marucelliana, Florenz 53

Bibliothèque Nationale, Paris (Barthelmus, »Le livre des Propriétés des choses«) 169

Bibliothèque Nationale, Paris (Nat. Ms. lat. 7330, G. Fendulus, Liber Astrologiae, Fol. 50v/56r/54v/45v/48r) 165, 167, 168, 170, 175

Bibliothèque Nationale, Paris 31, 85

British Library, London 25

dpa Bilderdienst 46

Forschungsbibliothek Gotha (MS. Orient. A 1507, BL. 19B) 84

Gotthard Strohmaier 87

Hans von Aachen: Johannes Kepler. Schloß Rychnov nad Kněžnou/Böhmen 51

Hofbibliothek der Manuskripte Václavs IV. 43

Institut de France – Musée Condé, Château de Chantilly (Foto: Etablissements Giraudon) 38

Landesamt für Denkmalpflege und Archäologie Sachsen-Anhalt. Foto: Juraj Lipák 10

Mary Evans Picture Library 95

Nach »Inscr. Ital. XIII 2 p. 309, Nr. 56« 13 unten

Nach »Negebauer-Parker EAT III pl. 47b« 19

Nachlass des Yacinto Yaria, Rom 13 oben

Nasa 101 oben, 110

Padua, Palazzo della Regione 171

Palphot, Herzlia 80

Peter de Jode, Stich nach einem Gemälde von Anthonis van Dyck 52

Photographie Giraudon, Paris 17

Pierpont Morgan Library/Art Resource, New York 34

Scala Group S.p.A., Firenze 127

Scrovegni Chapel, Padua 29

Sternkatalog Petrus' de Gaioldis, Strahov-Bibliothek, Prag 120, 122, 125 oben und unten

Trinity College Cambridge 24

Ur- u. frühgesch. Funde Südbadens, Nr. 8, aus Legionslager Dangstetten 23 oben

Verlag Fr. Paul Lorenz, Freiburg/Baden 72